SOLD OUT

JAMES RICKARDS

'서서히 그리고 갑자기' 세계 경제를 파괴하는
공급망 위기와 부의 미래

SOLD
솔드 아웃
OUT

제임스 리카즈 지음 | 조율리 옮김

RHK
알에이치코리아

진정한 영웅이자 영감을 주는 사람,

제임스 클로드 리카즈에게

가진 사람은 더 받아서 차고 남을 것이며,

가지지 못한 사람은 가진 것마저 빼앗길 것이다.

-〈마태복음〉13장 12절

《솔드 아웃》 한국어판에 서문을 싣게 되어 기쁘다. 1981년 한국 땅을 처음 밟은 이래, 여러 번 한국을 방문했다. 한국에 갈 때마다 환영받는 느낌이 들었고, 친절한 사람들과 부강한 경제, 높은 수준의 정책 논의가 인상 깊었다. 내가 참석한 회의에는 한국 정부 관계자뿐만 아니라 일본, 중국 등 한국의 주요 교역국 관계자들도 자리를 같이했는데, 동아시아와 세계정세에서 한국의 중요성을 재확인하는 계기였다.

그중 가장 기어에 남는 건 서울에서 열린 금융 콘퍼런스였다. 벤 버냉키 전 연방준비제도이사회FRB 의장과 함께 토론했던 콘퍼런스로, 미국으로부터 약 1만 1천 킬로미터 떨어진 한국에서 두 명의 미국인이 전 세계 통화정책을 주제로 의견을 교환했다. 언론은 이를 심도 있게 보도했고, 전문가들이 참석하여 우리의 목소리에 귀 기울여 주었다. 런던이나 도쿄, 상하이와 같은 세계 금융의 중심지에 있음을 확실히 느낄 수 있었다.

《솔드 아웃》에는 전 세계 독자들뿐만 아니라 한국 독자들 마음에도 와닿는 내용이 담겨 있다. 물론 한국은 조선, 반도체, 자동차, 가전제품 등 다양한 종류의 첨단 제조업 상품을 수출하는 수출 강국이지만, 한국만의 특성이 있다.

중국은 완제품을 수출한다. 핸드폰 수출에서 좋은 성적을 거두고 있지만, 핸드폰은 상대적으로 부가가치가 낮은 품목이다. 중국은 무역액에 핸드폰 수출 총액을 포함하지만, 수출 총액에서 부가가치가 차지하는 비중은 약 6%에 불과하다. 중국이 핸드폰을 제조하려면 반도체와 기술, 특수 유리를 비롯해 수백 개 부품을 한국, 독일, 일본, 미국으로부터 수입해야 한다. 중국의 기술 및 부품 수입 비용은 수출로 얻는 수익과 맞먹는다. 기본적으로 중국은 부가가치를 거의 창출하지 못하며, 세계 무역에서 중국의 역할은 저비용으로 부품을 조립하는 역할로 축소된다.

독일과 일본은 수출 강국이다. 하지만 중국과는 달리, 생산성이 높은 노동력을 이용해 철강부터 기술까지 여러 분야의 완제품을 생산한다. 독일과 일본에서 생산한 제품의 부품 대부분은 국내에서 조달받는다. 에너지를 수입하지만, 비교적 자국의 기술을 사용하므로 이 두 국가가 생산하는 부가가치는 크다. 항공기를 제외하고 미국은 제품 생산과 수출에 있어 이 국가들만큼 성적이 좋지는 않지만, 에너지를 수출하고 라이선스 형태로 기술을 판매하는 부문에서는 선두 주자를 달리고 있다.

한국은 다르다. 물론 완제품을 생산하기도 하지만, 중간재를 수출하는 주요 국가이기도 하다. 이는 즉 한국이 미국과 유럽에서 사용되는 반도체를 생산하고, 일본·중국·호주 등 다른 국가의 첨단 공정에 부품을 공급함을 의미한다. 자동차 등 완제품을 생산하는 동시에 반도체 등 중간재를 수출하는 조합은 한국을 글로벌 공급사슬에서 독특하고 중요한 위치를 차지하게끔 한다. 공급사슬에 차질이 생기면 한국이 피해를 볼 뿐만 아니라, 한국이 생산하는 투입품에 의존하는 많은 첨단 제조업 국가들도 타격을 받는다.

《솔드 아웃》은 2019년에 시작된 글로벌 공급사슬 붕괴와 새로운 글로벌 공급사슬을 구축하기 위한 지속적인 투쟁을 다루고 있다. 이러한 투쟁은 2035년 이후까지 계속될 것이다. 이해가 가기 쉽게 비유하자면, 비싼 꽃병이 깨져 수천 개로 조각난 상황이다. 깨진 조각을 붙여 이전의 꽃병으로 되돌리려는 희망은 헛되다. 새로 사야 한다.

위의 예시와 같이, 글로벌 공급사슬도 고도의 복합성을 띤다. 고장 나면 고칠 수 없다. 새로운 공급사슬을 구축해야 하며, 이는 10년 이상 걸릴 것이다. 새로운 공급사슬이 완성될 때까지 우리는 1989년 냉전이 막을 내린 이후부터 2019년까지 30년 동안 성장해 왔던 기존의 공급사슬보다는 훨씬 비효율적인 공급사슬에 기대면서 혼란을 헤쳐 나가야 한다.

이 책에서는 사탕과 치즈케이크 등 사소한 물건에서부터 항공 공학 등 중요 분야 제품의 공급이 부족한 일화를 공급사슬 붕괴의 증거로 내세운다. 로스앤젤레스에서 닝보까지, 태평양을 가로지르는 컨테이너선 적체 현상도 다룬다. 그다음에는 트럼프 전 대통령의 대중국 무역전쟁, 코로나19 확산, 우크라이나 내전 등 파국의 이면에 숨겨진 역동과 정치라는 주제를 조명한다.

또, 기후 위기론 등 엘리트들이 오래전부터 주도해온 정책과 공급사슬 붕괴 전부터 존재해왔으나 공급사슬 붕괴에도 일조한 결함 있는 기후변화 모델을 살펴볼 것이다. 마지막 장에서는 국가 공동체College of Nation라는 잠재적인 해결책을 조명한다. 국가 공동체가 힘을 합치면 회복력이 높은 새로운 공급사슬을 건설할 수 있다. 이러한 공동체는 공동의 가치와 법치주의를 중시하는 민주주의 국가로 구성되며, 공동체 안에서 국가 간 신규 아웃소싱 관계와 물류 노선 구축이 가능하다.

일본, 미국, 캐나다, 호주, 브라질, 인도, 서유럽뿐만 아니라 한국도 국가 공동체에 포함된다. 하지만 인권을 침해하고 법치를 존중하지 않는 중국, 이란, 베네수엘라, 미얀마 등의 국가는 제외되어야할 것이다. 국가 공동체에서 배제된 국가들은 그들 간의 공급망을 구축하고, 이 위기를 헤쳐 나갈 방법을 모색해야 한다.

그렇다고 해서 가입국과 비가입국 간의 무역이 자취를 감추리라는 뜻은 아니다. 무역의 범위는 천연자원, 농업, 단순 제조업에만 제한될 것이다. 첨단 산업 정보는 공유되지 않고, 첨단 산업 제품의 무역은 중단되거나 광범위한 제한을 받게 될 것이다. 1차 효과로 인해 초기 비용이 클 수 있지만, 장기적으로는 물류와 정치적 혼란이 덜할 것이기에 국가 공동체가 주도하는 방식은 더 경제적이다.

《솔드 아웃》에는 지금 일어나고 있는 인플레이션과 미래에 다가올 디플레이션을 다루는 장도 있다. 공급사슬 붕괴로 상품이 부족해지고 운송 병목 현상이 일어났기 때문에 공급사슬 붕괴는 전 세계 인플레이션에 영향을 미쳤다. 이런 식의 인플레이션은 공급 문제가 이끌기 때문에, 인플레이션은 힘을 잃고 불황과 디스인플레이션, 최종적으로는 디플레이션으로 빠르게 이어질 수 있다.

투자자들은 현재의 인플레이션에 적응했지만, 디플레이션은 거의 대비하지 않았다. 이 책을 읽으면 한 상황이 다른 상황과 어떻게 이어지는지, 급변하는 조건에 견딜 수 있도록 포트폴리오를 어떻게 조정해야 하는지에 관한 이해도가 상승할 것이다.

이렇게 전개되는 상황을 한국은 팔짱 끼고 바라볼 수만은 없다. 한국은 세계에서 가장 중요한 무역국으로 손꼽히며 고부가가치를 창출하는 경제 구조를 지니고 있다. 전 세계 공급사슬에서 일어나는 일로 부정적인 영향을 받을 뿐만 아니라, 해결책 도출을 선도할 수 있는 위치에 있다.

나는 《솔드 아웃》이 요즘 위기가 끊이지 않고 휘청이는 세계 경제에 관한 귀중한 관점을 제공하리라고 확신한다. 내가 이 책을 쓰면서 즐거웠던 만큼, 한국 독자들도 이 책을 읽으며 즐거웠으면 하는 바람이다.

머리말

기술을 바탕으로 하는 시스템은 너무 복합적인 방식으로 운영되는 나머지, 사람들은 종종 그 시스템이 어떻게 운영되는지 더 이상 이해하지 못한다.
– 루벤 슬론Reuben Slone, J. 폴 디트만J. Paul Dittmann, 존 T. 멘처John T. Mentzer,
《새로운 공급사슬 의제(2010)》1

오늘날의 공급사슬은 과거와 크게 다르지 않은 모습으로 상업이나 문명의 역사만큼 오래 존재해왔다.

튀르키예 남부 해안 지역 울루부룬Uluburun 근처에는 1982년 스펀지 다이버(해저에서 사람이 쓸 수 있는 스펀지를 수집하는 다이버 – 옮긴이) 메흐메트 차크르Mehmed Çakir가 발견한 청동기 시대의 유물이 있다. 차크르는 귀 모양 손잡이가 달린 금속 잉곳(금속 또는 합금을 한 번 녹인 다음 주형에 흘려 넣어 굳힌 것 – 옮긴이)을 비롯해 여러 유물을 발견했다고 말했다(전문가들은 더 쉽게 옮기려는 목적으로 귀 모양 손잡이가 탄생한 것 같다고 추측했다). 튀르키예 남서부 보드룸Bodrum

에 있는 해양 고고학 박물관은 차크르의 설명에 근거해, 잔해의 범위와 난파선 안에 담겨 있던 내용물을 확인하기 위해 일련의 조사를 시작했다. 1984년부터 1994년까지 유물 발굴을 위한 다이빙이 계속되었다. 믿을 만한 정보에 따르면 이 난파선의 역사는 청동기 시대 후기인 기원전 1300년경까지 거슬러 올라간다. 지중해에서 후기 청동기 시대의 가장 화려한 인공물을 발견한 것은 수중 유적 발굴의 제일 큰 수확이었다.

선박에는 무역품과 예술품이 실려 있었다. 구리 잉곳 354개, 타원형의 구리 주괴 121개, 주석 1톤 등이 발견되었다. 구리와 주석을 합금해 청동을 주조했다. 가나안(현 이스라엘 – 옮긴이)에서 만든 항아리, 옥, 라벤더, 그리고 코발트 청색을 띤 잉곳, 아프리카 흑단, 상앗빛 엄니, 거북이 등껍질, 호박 구슬, 금, 동상, 메달, 게다가 이집트의 여왕이자 파라오 아케나텐Pharaoh Akhenaten의 아내인 네페르티티Nefertiti의 이름이 새겨진 황금 풍뎅이 장식품도 있었다.

이 선박은 아몬드, 무화과, 올리브, 고수 등 아주 다양한 식품을 운반하기도 했다. 무기도 실려 있었다. 화살촉, 메이스, 단검, 도끼를 비롯해 미케네(현 그리스 – 옮긴이)와 가나안, 그리고 이탈리아에서 만들어진 것으로 추정되는 여러 종류의 검이 네 자루나 있었다. 선박 자체는 레바논산 삼나무로 만들어졌다.

울루부룬 선박은 지중해 무역로를 항해했다. 시계 반대 방향으로 부는 탁월풍을 따라 동쪽으로는 아프리카 해안을, 북쪽으로는 레반틴 해안을, 서쪽으로는 오늘날 튀르키예에 해당하는 해안을 따라 배를 몰았다. 에게해와 이오니아해로 향했으며 길목에 있는 항만과 궁전 여러 곳에 들렀다. 난파선에 실려 있던 화물의 규모와 다양성 외에도, 가장 눈에 띄는 특징은 물품의 원산지와 목적지가 전 세계 곳곳에 퍼져 있다는 점이었다.

황금 풍뎅이는 이집트로 향하고 있었다. 흑단과 금은 아프리카에서 왔다. 호박의 원산지는 발트 지역이었다. 항아리는 레반트(동부 지중해 및 그 섬과 연안 제국-옮긴이)에서 만들어졌을 가능성이 컸다. 몇몇 무기는 미케네에서 왔다. 실제로 울루부룬 난파선은 오늘날 수단에서 스웨덴까지, 시칠리아에서 시리아까지 약 13만 제곱킬로미터 이상의 지역을 아우르는 복합적인 공급사슬의 핵심이었다. 이 난파선은 발트해나 홍해를 항해한 적은 없었다. 그 지역에서 만든 물품들은 로도스Rhodos, 크노소스Knossos, 필로스Pylos 등 지중해 항만을 거쳐야 했다. 상인들은 항만에서 상품을 선박에 실어 수출하거나 납품할 물건을 받을 수 있었다. 금은 발트해에 도달할 수 있었고 호박은 고대 이집트 왕국 최초의 수도인 멤피스에 배송되었다. 물론 이 과정은 다음 날 바로 배송되는 아마존 프라임의 새벽 배송처럼 빠르지는 않았다. 하지만 수요와 공급을 일치시키겠다는 목표는 오늘날과 같았다.

기원전 4세기에 알렉산더대왕은 군대 보급망을 더욱 단순하게 만들어 전쟁 비용을 혁신적으로 줄였다. 그는 군대가 무기와 식량을 직접 운반해야 하며, 널리 뻗어 있는 공급사슬과 수레, 짐을 끄는 동물과 지원 인력을 없애야 한다고 주장했다. 덕분에 군대는 전례 없는 수준으로 자유롭게 이동할 수 있었고, 그 결과 측면 기동과 기습을 할 수 있었다. 알렉산더대왕은 전투에서 승승장구했다. 그의 스승 아리스토텔레스가 적시 재고 관리Just-in-time Inventory Management의 진정한 아버지였을지도 모른다.

오늘날 확장된 글로벌 공급사슬 역시 새로운 발명품은 아니다(현재 공급사슬은 충칭에서 뉴욕까지 1만 2천 킬로미터 정도 뻗어 있다). 고대 로마부터 르네상스 시대까지 번영했던 실크로드는 중국 장안長安(현 시안-옮긴이)에서 콘스탄티노폴리스(현 이스탄불-옮긴이)까지 일직선으로 약 6천8백 킬로미터에 달했다. 실제 육상 경로는 더 길었고 지금의 물류 노선만큼이나 위압적이었다. 실크로드 길목에 있던 사마르칸트Samarkand(우즈베키스탄의 도시-옮긴이)나 카슈가르Kashgar와 같은 도시에는 중요한 시장들이 있었다. 한쪽 끝에서 다른 쪽 끝 지점까지 마차 한 대로 비단이나 옥, 보석, 향신료와 같은 물품을 운반한 것은 아니었다. 도중에 있는 시장들에서 물품을 하역한 뒤 다른 마차에 실을 수 있었다. 이는 오늘날의 물류 운송에서 크로스 도킹Cross Docking(물류센터로 입고되는 상품을 받는 즉시 중간 저장 단계가 거의 없거나 전혀 없이 재고 분류만 한 다음 배송 지점으로 배송하는 시스템-옮긴이)이라고 불리는 방식과 비슷하게 행해졌다. 1980년대 후반, 월마트Walmart는 소매 업계에서 선구적인 크로스 도킹 기술로 찬사를 받았는데, 12세기 사마르칸트에서 활동하던 상인들은 그 주장에 이의를 제기할지도 모르겠다.

7세기와 8세기에 이슬람교가 부상하면서 이집트에서 아일랜드를 잇던 공급사슬이 끊기게 되었다. 하지만 인간의 독창성과 거래를 하려는 욕망은 결코 수그러드는 법이 없었다. 노르인(고대의 노르웨이인 – 옮긴이)들은 동쪽으로 발트해를 통과한 뒤 다시 서쪽으로 드네프르Dnieper강과 비스툴라Vistula강을 따라 콘스탄티노폴리스에 이르는 새로운 물류 노선을 만들었다. 이 노선은 이슬람교의 장벽을 우회했다. 바이킹의 무덤에서 로마의 동전이 발견되고 금발에 머리를 길게 기른 바랑인(바랑기아인 또는 바랑인은 주로 9세기에서 10세기에 동쪽 및 남쪽으로 이주해 지금의 러시아, 벨라루스, 우크라이나 일대에 정착한 북게르만족의 일파를 일컫는다 – 옮긴이) 시위대가 비잔틴 황제를 경호한 이야기가 탄생하는 계기가 되었다.

지중해 무역을 막던 이슬람교의 장벽은 11세기 후반에 십자군 전쟁이 시작되면서 무너졌다. 이 시기는 13세기부터 17세기까지 재정 및 항해 능력이 최고조에 달했던 베네치아 공화국의 발흥과 일치한다. 베네치아는 물론 베네치아와 경쟁해온 제노바와 피사의 해상 강대국들은 거의 5백 년 내내 닫아뒀던 중동과 연결하는 지중해 무역로를 다시 개방했다. 오늘날 이스탄불의 랜드마크로 손꼽히는 갈라타 타워Galata Tower는 제노바인들이 1348년에 이탈리아 비잔틴제국(동로마제국 또는 로마제국의 연속체인 제국으로, 수도는 콘스탄티노폴리스였다 – 옮긴이)의 상업이 최고 부흥기를 맞았을 때 세운 탑이었다. 1291년 십자군 전쟁이 끝난 뒤에도 베네치아는 레반트와 계속 무역을 이어나갔다. 이슬람과 그리스도교 모두 해양 항로를 포기하기에는 그 항로로 얻는 이득이 너무 컸기 때문이었다.

알렉산더대왕의 예에서 볼 수 있듯 공급사슬은 항상 군사적 성공 또는 실패와 밀접하게 연관되어 있었다. 나폴레옹은 모스크바에서, 히틀러는 스탈린그라드(현 러시아의 볼고그라드 – 옮긴이)에서 처참하게 패배했다. 공급사슬이 너무 빈약하게 뻗어 있던 것도 한 가지 이유였다. 제2차세계대전 당시 아이젠하워 전 대통령은 연합군의 가장 중요한 사령관으로 손꼽혔는데, 그가 공격 당일에 성공을 거뒀던 비결은 간단했다. 연합군이 물류에 통달했고, 식량과 물, 연료, 탄약이 침공군과 비슷한 수준으로 갖춰져 있어서였다. 오늘날 중국의 군사적 위협이 조절될 수밖에 없는 이유도, 중국에서 석유나 천연가스가 나지 않고 해양 보급선이 쉽게 차단될 수 있다는 사실 덕분이다.

19세기 제국주의 시대에는 상업적·군사적 동기가 맞물려 역사상 가장 길고 복합적인 몇몇 공급사슬이 구축되었다. 볼리비아의 포토시에서 귀금속과 기타 천연자원을 추출한 뒤 콩고로 수출해 유럽의 제조업과 금융업을 지지하고 도왔다. 원자재를 수출하면서 철로와 인프라에 사용되는 제품과 중장비 등을 받았다. 군사력과 노예제도가 제국을 뒷받침했다. 비록 지금은 시행되지 않는 제도지만, 전 세계 역사상 전례 없는 규모로 당시 무역로와 공급사슬을 성장시켰다.

제국주의는 세계화의 첫 번째 시대(1870~1914년)에 절정에 다다랐다. 보불전쟁이라고도 불리는 프랑스-프로이센 전쟁(1870년)이 막을 내렸을 때부터 제1차세계대전(1914년)이 발발했을 때까지 주요 국가 간의 갈등은 상대적으로 적었다. 제국주의가 화려하게 꽃 피던 시기에는 무역도 호황의 정점을 찍었다. 존 메이너드 케인스John Maynard Keynes는 1914년 여름에 쓰고 1919년에 출판된 저서 《평화의 경제적 결과The Economic Consequences of the Peace》에서 당시 정세를 다음과 같이 요약했다.

> 런던에 사는 사람은 아침에 침대에 앉아 차를 마시면서 거는 전화 한 통으로 전 세계의 다양한 물건을 살 수 있었다. 적당한 양을 주문할 수 있었고 대문 앞에 물품이 배송되리라 기대했다. 동시에 같은 수단을 이용해 천연자원과 세계 곳곳에 있는 신규 기업에 투자할 수 있었으며, 노력을 들이거나 문제없이 이익을 거둘 수 있었다. 또는 소유한 부를 이용해 원하거나 추천받은 괜 찮은 규모의 마을에 거주하면서 주민들과 원만한 관계를 형성할 수 있었다. 마음만 먹으면 여권이나 서류 없이 당장 값싸고 편한 이동 수단으로 다른 나라를 여행하거나 날씨가 다른 지역으로 갈 수 있었다. 자기 하수인에게 시켜 근처 은행에서 언제든지 귀 금속을 편리하게 공급받을 수도 있었다. 종교나 언어, 관습에 관 한 지식도 갖추지 않은 채 해외로 나가 자신의 부를 사용해 영향 력을 행사할 수 있었다. 아주 사소한 차질이라도 생긴다면 그는 심기가 불편해지고 놀라움을 금치 못할 것이다. 하지만 그 무엇 보다 중요한 사실은 이러한 상황이 정상적이고 당연하며, 더 발 전하거나 영원히 지속될 것이라고 믿었다는 점이다.[2]

코로나19 시대의 해외여행은 케인스가 1914년에 묘사했던 여행처럼 그리 쉽지 않다. 1990년대 후반 아마존이 등장하기 전까지는 전 세계에서 물건을 사는 일 역시 쉽지 않았다. 어쨌든 케인스가 묘사한 글로벌 시스템은 제1차세계대전의 발발로 무너져내렸다.

1917년부터 1922년 사이에 러시아제국, 독일제국, 오스트리아·헝가리 제국, 오스만제국은 모두 멸망했다. 중국의 청나라는 1911년에 붕괴했다. 제국주의의 영향으로 수십 년 전에 이미 국력이 쇠퇴한 상태였지만 말이다. 그 뒤 세계무역과 글로벌 공급사슬은 제1차세계대전 종결(1919년)부터 베를린 장벽이 무너질 때까지(1989년) 70년 동안 1914년의 공급사슬만큼 길게 펼쳐져 있지 못했다.

1920년대에 국제무역이 회복하기 시작했다. 하지만 독일과 오스트리아, 그리고 그 뒤 프랑스에서 발생한 하이퍼인플레이션은 전후 복구의 어려움과 맞물려 발전을 막았다. 1930년대의 대공황으로 무역은 붕괴했고, 제2차세계대전(1939~1945년) 동안 전쟁 물자가 필요해지자 또 차질이 빚어졌다. 브레턴우즈 체제(1944년)는 1920년대의 환율과 준비 통화 문제를 완화하기 위해 마련되었으나, 1950년대에 독일과 일본의 환율 통제와 전후 재건 산업에 드는 비용으로 인해 진전이 더뎠다. 1962년 미국 무역확장법U.S. Trade Expansion Act of 1962과 케네디 라운드라 불리는 관세무역일반협정General Agreement on Tariffs and Trade, GATT(1964~1967년)의 제6차 라운드가 비농산물에 대한 관세 대부분을 35%까지 삭감하면서 국제무역이 다시 뻗어나가는 새 시대가 열렸다. 하지만 그 결과로 생겨난 무역 시스템은 진정한 의미에서 세계적이라고 말하기는 어려웠다. 공산주의 중국, 소련, 그리고 철의 장막 뒤에 있는 소련의 위성 국들이 참여하지 않았기 때문이었다.

세계화의 두 번째 시대는 1989년 베를린 장벽이 붕괴하면서 막을 올렸다. 그로부터 얼마 지나지 않아 1991년, 소련이 붕괴했고 덩샤오핑이 이끄는 중국은 세계무역 강국으로 빠르게 부상했다. 1979년 덩샤오핑이 개혁을 시작했다. 그러나 1989년 일어난 톈안 먼 사태는 그의 발목을 붙잡았다. 덩샤오핑은 남부 지방 주요 도시를 순방하고(1992년), 중국 위안화를 전격적으로 평가절하했으며 (1994년), 홍콩을 중국으로 반환시킴으로써(1997년) 현대화를 향한 중국의 노력을 다시 정상 궤도에 올려놓았다. 1997년에 그는 세상을 떠났지만 2001년 중국이 GATT의 후신인 세계무역기구World Trade Organization, WTO에 가입하게 되면서 그의 마지막 노력은 빛을 발했다. 러시아는 2012년 뒤늦게 WTO에 가입했다.

러시아와 중국이 무역을 개방하는 동안 서방세계는 전후 발전을 공고히 하고 있었다. 유럽경제공동체(1957~1992년)가 성공적인 성과를 거둠에 따라, 그 후신인 유럽연합 European Union, EU이 1992년에 결성되고, 미국, 멕시코, 캐나다는 1994년에 북미자유무역협정North American Free Trade Agreement, NAFTA을 맺었다. EU와 NAFTA 모두 저관세·무관세 무역 지대를 광범위하게 형성하는 데 이정표를 확립했다. NAFTA는 2019년에 미국-멕시코-캐나다 협정US-Mexico-Canada Agreement, USMCA으로 새롭게 개정되었다. 러시아와 중국, EU와

USMCA가 한군데 모이자 세계무역의 전반적인 그림이 완성되었다. 세계무역과 글로벌 공급사슬은 범위와 복합성 면에서 1914년과 비슷하지만 그 규모는 훨씬 더 커졌다.

글로벌 공급사슬은 별로 변한 점이 없는데 왜 신문의 머리기사는 걱정을 자아낼까? 소비자들은 반도체, 에너지, 육류, 우유, 달걀 등 여러 공급사슬이 붕괴했다는 기사를 매일 접한다. 사실 그런 기사는 읽을 필요도 없다. 과거에는 재고가 많았으나 이제는 구하기 힘든 물건을 사려고 줄을 서는 모습 그리고 '솔드 아웃'되어 비어 있는 슈퍼마켓 선반을 보면서 직접 공급사슬의 붕괴를 목격한다. 로스앤젤레스 항만의 화물선 적체 현상으로 붕괴의 규모는 더더욱 커지고 있다.

트럭이 부족해지자 컨테이너는 접시 위에 층층이 놓인 팬케이크처럼 차곡차곡 쌓여갔다. 심지어 컨테이너가 선박에서 하역되었는데도 말이다.

공급사슬은 과거부터 존재해왔다. 하지만 공급사슬 관리라는 학문이 생긴 것은 비교적 최근의 일이다. 상인들은 수천 년 동안 불확실성과 역경을 마주하고 해적들까지 상대해야 했다. 빠른 속도의 컴퓨터, 스캐닝, 무선통신, 그리고 정교한 계산을 내놓는 응용수학이 부상하자, 상인과 제조업체는 원자재와 완제품을 원산지에서 소비자에게 배송하는 문제를 해결할 수 있는 도구를 갖추게 되었다. '공급사슬'은 1980년대 이전에는 아주 드물게 사용되는 표현이었다. 오늘날 공급사슬이라는 학문은 작은 규모의 소매점 운영부터 대규모 기업 리스크 관리에 이르기까지 모든 비즈니스 프로세스에 녹아 있다. 대학에서는 공급사슬 관리Supply Chain Management, SCM 기술을 가르치고, 전문가들의 연구 대상이 되며, 최상위 전문 컨설턴트는 유료로 자문을 제공한다.

이러한 응용 학문은 적시 재고 시스템Just-In-Time Inventory, JIT과 복합 운송, 당일 배송, 크로스 도킹, 무선 주파수 식별 장치Radio Frequency Identification, RFID, GPS 추적 기술 등 놀라운 발견으로 이어졌다. 모든 것은 한 우물만 파듯 효율성에만 초점을 맞췄다. 공급사슬 관리자는 소비자에게 낮은 비용으로 물건을 공급하고 소비자 만족도를 향상하기 위해 인정사정없이 비용을 절감하고 지연되는 일이 없게 애썼다. 효율성은 높았지만 눈에 보이지 않는 비용을 치렀다. 효율성만 따져 중복되는 부분을 제거하면 회복력도 낮아졌다. 값싼 노동력을 얻고자 중국까지 공급사슬을 확대하면 부정적인 결과가 발생할 위험이 기하급수적으로 증가했다. 적시 재고 시스템의 경우 물품의 인도가 제시간에 이루어지지 않으면 전체 공장을 폐쇄해야 했다. 하나의 공급업체에서 물품을 조달받을 경우 할인받을 수 있겠지만 화재나 홍수, 지진이 발생해 단일 공급에 차질이 빚어졌을 때는 파국을 초래할 수 있었다.

공급사슬 전문가들은 이러한 차질을 인식하고 있었다. 그들은 일부를 언급하기도 했지만 인식하지 못한 것이 있었다. 바로 복합적인 시스템의 역학 관계다. 역학 관계는 창발성創發性(하위 계층에는 없는 특성이나 행동이 상위 계층에서 자발적으로 돌연히 출현하는 성질-옮긴이)을 띠므로, 공급사슬 시스템을 구성하는 모든 요소를 완벽히 파악하고 있다고 하더라도 손을 쓰기가 어렵다. 전체적인 구조상의 문제가 갑자기 나타나게 되면 실패가 연속적으로 빠르게 빗발친다. 한 시스템에 차질이 생기면 공급사슬의 다른 지점에서도 문제가 발생한다. 눈사태나 전력망 붕괴, 쓰나미가 일어나는 과정과 정확히 일치한다. 통제할 수 없을 정도로 이어지는 문제들⋯. 오늘날 사람들이 글로벌 공급사슬에서 목격하는 현상이다.

글로벌 공급사슬의 문제가 빚은 한 가지 부정적인 결과는 인플레이션이다. 공급사슬과 물가상승 사이에 몇 가지 연관성이 있다는 점은 분명하다. 대부분은 선반이 비었으니 남은 상품의 가격은 상승할 것이다. 이때 인플레이션은 훨씬 복잡하게 일어난다. 공급사슬에 생기는 지장 외에도 물가상승을 일으키는 요인으로는 통화량, 자산 버블, 소비자 기대, 팬데믹, 그리고 백 년에 한 번 일어날까 말까 하는 세계 2대 경제 강국인 중국과 미국의 갈라서기다. 아이러니하게도 공급상의 문제가 매출 손실, 정리 해고, 더딘 성장으로 이어짐에 따라 인플레이션은 빠르게 디플레이션을 유발할 수 있다.

이 책은 이러한 역학 관계와 복합적인 상호작용을 파고든다. 1장에서는 공급사슬 1.0(1989~2019년)의 역사를 비롯해 공급사슬의 정의와 공급사슬 관리라는 학문이 과학적으로 발전하게 된 과정을 살펴볼 것이다. 효율성을 추구할 때 왜 공급사슬이 취약해지는지, 왜 효율성이 현재 공급사슬 붕괴의 주요 원인이 되는지를 설명한다. 전 세계적으로 공급사슬에 차질이 빚어지고 있으며, 그 분야는 반도체와 선박에만 국한되지 않는다. 샴페인부터 치즈케이크까지 어떤 물건이든 선반에서 찾아보지 못할 수도 있다. 이제 그 이유를 살펴보자. 정치와 팬데믹, 인구학적 특성 모두 원인이 되고 있기에 트럭 운전기사와 항만 운영자에게 책임을 돌리는 것은 바람직하지 않다.

2장에서는 구체적인 원인을 더 자세히 살펴볼 것이다. 트럼프 전 대통령의 무역 전쟁, 로봇공학, 불충분한 증거를 내세우며 지나치게 환경문제에 경각심을 유발하는 사람들, 자오선을 따라 흐르는 제트 기류가 일으키는 진짜 기후변화, 중국의 제로 코로나 정책, 백신 의무화, 학설과 현실의 괴리 등은 모두 공급사슬 붕괴의 주범이다. 공급사슬 붕괴를 일으킨 가장 큰 원인은 공급사슬의 복합성 그 자체다. 어떤 시스템이든 몸집을 키우다 보면 그 무게에 짓눌려 무너지는 것은 시간문제다.

3장에서는 2020년 이후의 공급사슬 2.0을 소개한다. 과거의 공급사슬은 끊겼고 다시 본래의 모습을 회복하기는 어렵다. 대신 새로운 공급사슬의 패러다임이 기존 공급사슬을 대체할 것이다. 새로운 패러다임을 건설하는 데는 10년 정도가 걸려서 현재의 혼란은 한동안 지속될 전망이다. 공급사슬 1.0으로 되돌아갈 수 없는 이유 중 하나는 시진핑 주석이 소싱과 생산에서 자급자족을 기반으로 한 새로운 세계 질서를 구축하길 원하기 때문이다. 미국은 의약품, 반도체, 전자 제품 등 주요 제품을 국내에서 생산해 대규모로 진행되는 갈라서기를 대비할 것이다. 또한 첨단 기술 수출을 금지하고 지식재산권의 도용을 막으며, 인공지능AI과 양자 컴퓨팅Quantum Computing 분야에서 중국을 앞설 것이다. 하지만 중국이나 미국이 잘 이해하지 못한 것은 기존의 공급사슬을 억지로 짜 맞춘다고 할지라도 전쟁과 인구학적 특성, 에너지 부족, 자연재해로 인해 결국 혼란이 초래될 것이라는 점이다. 이뿐만 아니라 '탄소중립을 위한 글래스고 금융연합Glasgow Financial Alliance for Net Zero, GFANZ'이나 값싸고 안정적인 석유, 원자력과 천연가스 에너지원을 없애기 위해 엘리트가 주도하는 130억 달러 규모의 무모한 계획 등은 실패를 자초해 혼란의 원인을 가중한다. 삶은 계속될 것이고 공급사슬은 새롭게 만들어질 것이다. 단, 새롭게 탄생한 공급사슬은 지금까지 존재했던 공급사슬의 모습과는 다를 것이다.

4장에서는 공급사슬에서 금융으로 경계를 넘나들며 현재 물가상승률이 급증한 이유를 살펴볼 것이다. 인플레이션은 현실이고 전 세계적으로 발생하고 있다. 여기서 '물가상승은 지속될 것인가?'라는 질문을 던져야 한다. 물가상승을 지속하는 단기적인 요인으로는 공급사슬 문제, 중앙은행 정책과 현대 통화 이론이 있다. 현대 통화 이론에서는 사실상 지출과 통화 발행, 정부 지원금, 기저효과, 자산 버블에 세한이 없지만, 물가상승은 자멸의 씨앗을 품고 있을 수도 있다. 중앙은행이 물가상승을 통제하려고 하면 시장은 더 자주 붕괴한다. 불황, 심지어는 공황을 초래한다. 노동력 부족은 통계학적 환상이다. 실제로 미국에는 공식 실업률 수치에 합산되지 않은 실업자 수천만 명이 존재한다. 이렇게 노동시장이 둔화하면 물가상승은 잠재적으로 지속된다. 5장에서는 인플레이션 대책에 관해 살펴볼 것이다.

분명 세상은 빠르게 변하고 있는데 이런 표현만으로 변화를 묘사하기에는 부족하다. 오늘날 세상이 직면한 도전은 얼마나 변화가 빠르게 일어나고 있느냐가 아닌 어떤 변화가 일어나고 있느냐이다. 소위 물리학에서 말하는 상전이相轉移를 거치면 인공적이거나 자연적인 시스템은 예전과 같은 모습을 띠지 않는다. 얼음은 물로 변하고 물은 수증기로 변한다. 모두 H_2O 분자로 이루어져 있지만 형태나 상태가 각기 다르다.

공급사슬 1.0은 막을 내렸다. 하지만 공급사슬 2.0이 완전히 모습을 드러낸 것은 아니다. 당분간 선반이 채워졌다가 비워지기를 반복할 것이다. 인플레이션 또는 디플레이션으로 화폐의 가치가 올라가거나 내려갈 수 있지만 더 큰 변화가 진행되고 있다. 화폐 개념 자체가 사라질 수도 있고, 기존 화폐가 디지털 모조품(가상 화폐)으로 대체될 수도 있으며, 사람들은 실물 화폐에 기댈 수도 있다. 《솔드 아웃》은 이러한 변화를 심층적으로 탐구하고, 미래에 대한 실마리를 찾음으로써 앞으로 도래할 세상에 독자를 준비시킬 것이다. 그리고 흥미롭고 유익하며, 무엇보다도 격변하는 시대에 믿을 수 있는 길잡이가 되기를 바란다.

2부
화폐의 역할

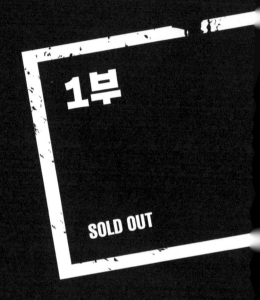

1부

SOLD OUT

글로벌
공급사슬

텅 빈 선반

근본적으로 단 한 번의 실패 탓에 시스템 붕괴가 일어나는 일은 거의 없다. 대규모의 붕괴는 보통 여러 요소가 합쳐진 결과물이다…. 붕괴가 곧 일어나리라는 여러 가지 전형적인 징조가 있다.

– 요시 셰피Yossi Sheffi, 《무엇이 최고의 기업을 만드는가》[1]

끝없는 공급사슬

공급사슬은 경제 일부분이 아니라 경제 그 자체다. 공급사슬에 포함되지 않는 상품이나 공정, 완제품을 상상하는 것은 어렵다. 이러한 개념은 자연 자원과 인간이 만든 가공품, 유형과 무형, 재화 빛 용역에 적용된다. 공급사슬은 우리 삶 속에 스며들어 있지만 아이러니하게도 눈으로 보는 일은 드물다.

'공급사슬'이라는 용어는 물류, 투입, 공정, 운송, 포장, 유통, 마케팅, 고객 및 벤더와의 관계, 인적 자본의 집합체를 의미하며, 수요와 공급에 필요한 모든 물질적·가상적·지적·예술적인 가공품을 지구와 우주에서 조달한다. 공급사슬은 어디에나 존재한다.

공급사슬 관리는 최근 수십 년간 빠르게 발전해왔고 상당한 효율성을 달성했다. 그 결과 소비자는 신속한 배송을 당연시하게 되었다. 고품질의 저가 제품을 효율적으로 납품하는 데 있어 아마존과 월마트가 선두 주자지만 비슷한 기업이 한둘이 아니다. 이렇듯 공급사슬의 효율성은 맞춤형 소매상점까지 도달했다. 상점 주인은 인터넷을 활용해 태국에서 배송 출발한 조각된 쟁반이 컨테이너 화물을 통해 지역 유통센터로 도착하는 배송 과정을 손쉽게 추적할 수 있다. 소비자는 상점에 들어가면 해당 쟁반을 살 수 있을 것으로 기대하고, 아마존에서 쇼핑할 때는 다음 날 상품이 도착할 것이라고 예상한다. 그들에게 이런 기대는 특별한 것이 아니라 당연한 것이다. 소매 구매자의 관점에서 살펴보면 제품 배송의 이면에는 길고 복잡한 공급사슬이 존재한다. 그뿐 아니다. 흡사 군대를 연상시키는 생산 라인 근로자, 부두 근로자, 승무원, 운전자, 창고 관리자와 기타 유통 전문가들이 공급사슬이 계속 돌아가도록 노력하고 있다. 물론 공급사슬이 가끔 끊길 때도 있지만 전문가들은 예비 공급업체, 대체 거래 라인, 안전 재고(공급사슬 붕괴를 대비한 추가 재고) 등의 방안을 고안해 상품을 선반에 올려둘 수 있게 대비한다. 이런 과정들이 소비자의 눈에 보이지 않기 때문에 사람들은 공급사슬을 이해하는 데 어려움을 겪는다.

소비자 대부분은 공급사슬의 작동 방식에 대해 기본적인 개념만 갖추고 있을 뿐, 공급사슬이 얼마나 광범위하고 복잡하며 취약한지 이해하는 사람은 거의 없다. 예를 들어 빵을 사기 위해 베이커리(원문에서는 store라는 단어로 쓰였으나 국내 정서상 상점 대신 베이커리로 번역했다-옮긴이)에 갔다고 해보자. 빵이 마법처럼 진열대에 나타난 것은 아니다. 빵을 공급하는 해당 지역의 제빵업체가 베이커리로 빵을 배송했고 직원이 빵을 진열대에 올린 다음, 소비자가 구매한 뒤 집으로 가지고 와 저녁으로 먹게 되는 것이다. 제빵업체부터 집에 이르기까지 일련의 과정이 바로 단순화된 공급사슬의 모습이다.

하지만 이 모습은 표면적인 묘사에 불과하다. 제빵업체에서 베이커리로 빵을 배달한 트럭 운전사는 어디 있는가? 제빵업체는 빵을 만들 때 필요한 밀가루와 이스트, 물을 어디서 샀는가? 빵을 굽는 데 사용하는 오븐은 어떤가? 구워진 빵은 투명한 비닐이나 포장지 등에 담겨 있다. 누가 포장지를 만들었는가? 이런 질문을 하다 보면 단순한 공급사슬에서 확장된 공급사슬로 개념을 옮겨가게 된다. 이 개념은 농산물과 광물 원자재까지 상품의 원천으로 거슬러 올라가며 공급자의 공급자까지 포함한다.

심지어 확장된 공급사슬에 대한 설명도 완전한 공급사슬과 비교해 다소 단순하게 다듬어진 것이다. 제빵에 쓰이는 밀가루의 원료는 밀이다. 밀은 농장에서 재배된 뒤 중장비로 수확되었다. 농부는 인력을 고용하고 물과 비료를 주었으며 제빵업체에 배송하기 전에 밀을 가공하고 포장했다.

제빵사가 사용하는 오븐을 만든 제조업체는 강철과 강화유리, 반도체, 전기회로를 비롯해 오븐을 제작하는 데 필요한 투입물들에 대한 공급사슬을 자체적으로 구축했다. 오븐은 수작업으로 제작되거나(주문 생산방식) 공장에서 대량 제작되었다(재고 비축 생산). 조립식 공정이나 별도의 제조 셀 생산방식(시작 공정부터 마지막 공정까지 한 명 또는 몇 명의 작업자가 팀을 구성해 부품의 창작부터 조립, 검사까지 모든 공정 또는 일부 공정을 담당하는 방식 – 옮긴이)을 거쳐 생산되었을 것이다. 공장은 오븐을 만들기 위해 전기와 천연가스, 난방 및 환기 시스템 그리고 숙련된 노동력을 갖춰야 한다.

이때 베이커리는 수많은 개별 공급사슬에서 공급받는 가장 최종적인 단계에 있다. 그리고 전기, 천연가스, 난방 및 환기 시스템, 숙련된 노동력을 활용해 베이커리를 운영하고 빵을 진열한다. 보통 상점들은 트럭에서 진열장까지 상품을 옮기기 위해 하역장과 재고 보관용 창고, 지게차, 컨베이어 벨트를 갖추고 있다. 홈디포 Home Depot 나 월마트 같은 대형 할인점의 경우 매장 자체가 물류창고 역할까지 한다. 판매자 역할을 하는 대형 할인점은 한 매장에 가능한 한 많은 상품을 밀어 넣어 창고와 유통센터를 없앰으로써 공급사슬 비용을 절감한다. 목표는 월마트의 표어와 같이 '상시 저가 Everyday Low Price' 상품을 제공하는 것이다.

확장된 공급사슬을 연결하는 것은 운송이다. 농부는 씨앗, 비료, 장비를 비롯해 농사에 투입되는 자재를 트럭이나 기차를 통해 배송받는다. 오븐 제조업체는 오븐 부품을 만드는 데 투입되는 자재를 육로나 철로로 배송받는다. 제빵업체와 베이커리는 주로 트럭을 이용해 자재나 식자재 또는 완성된 빵을 주고받는다. 소비자는 자동차를 끌고 매장에서 집까지 이동하며 물류 전문가들이 라스트 마일Last Mile(최종 물류 허브에서 최종 목적지까지 제품을 배송하는 행위-옮긴이)이라고 부르는 문제를 해결한다. 이러한 운송 방식에는 자체적인 공급사슬이 있으며, 트럭 운전사와 철도 엔지니어, 고속도로, 철도, 지선 철도, 에너지 공급이 열차와 차량이 제시간에 상품을 배송할 수 있도록 돕는다.

농장에서부터 공장, 빵집, 상점, 트럭, 철도, 도로를 거쳐 상품이 소비자의 손에 들어오기까지, 이 네트워크 전체를 계속 가동하려면 에너지가 공급되어야 한다. 원자력발전소나 석탄 화력발전소 또는 신재생 에너지원인 태양광 모듈 및 풍력 터빈 등을 통해 생성되는 에너지는 고장력 전선, 변전소, 변압기, 시내 선로를 거쳐 최종 사용자에게 도달한다.

앞서 설명한 모든 과정은 빵 하나를 생산하는 데 필요한 복잡한 공급사슬의 각 부분에 해당한다. 자, 이제 과일, 채소, 고기, 가금류, 생선, 통조림, 커피, 양념 등 슈퍼마켓에 진열된 다른 제품의 유통에 필요한 공급사슬을 상상해보자. 그런 다음 쇼핑센터에서 볼 수 있는 가정용품, 의류, 약국, 하드웨어, 레스토랑, 스포츠용품 상점들도 고려해보고, 매장에서 파는 모든 상품과 서비스, 그리고 각 제품의 공급사슬 뒤에는 무엇이 있을지 상상해보자. 이러한 사고실험은 과장이 아니다. 확장된 공급사슬에 대한 설명은 실제 공급사슬을 극도로 단순하게 묘사한 것에 불과하다. 빵의 공급사슬에 대한 전체 설명은 그보다 더 이전으로 거슬러 올라가고(밀의 씨앗은 어디서 왔는가?) 연관성 있는 방향으로 뻗어나가야 한다(빵 포장재에 어떤 재료가 사용되었는가?). 빵의 공급사슬에 관한 전체적인 설명에는 벤더 분석, 품질 관리 테스트, 대량 구매 할인 등 의사결정에 관련된 여러 요소 또한 포함되어 있을 것이다. 대기업 공급사슬 관리 설명서의 분량은 수백 쪽을 훌쩍 넘길 정도로 길다.

공급사슬이 얼마나 복합적인지, 일상에 얼마나 침투되어 있는지를 이해하는 또 다른 방법은 나 자신을 공급사슬의 중심에 둬보는 것이다. 이는 매사추세츠공과대학교 요시 셰피 교수가 자신의 저서 《무엇이 최고의 기업을 만드는가》에서 제안한 접근법이다.[2] 셰피 교수의 사고실험은 다음과 같다.

아침에 알람 소리가 울리자 나는 잠에서 깬다. 아마 알람 시계는 중국에서 제조되었을 테고, 월마트에서 샀을 것이다. 침대(조지아, 벨기에, 미국 인디애나 및 캐나다에서 만든 폼이 겹겹이 쌓인 캐스퍼 웨이브Casper Wave 매트리스에서 몸을 일으킨다)에서 일어나 커피(브라질 또는 코스타리카산 커피다)를 내린다. 달걀 요리를 준비하고(내가 사는 지역의 농장에서 생산된 뒤 트럭으로 배송되었다) 식빵을 굽는다(동네 빵집에서 샀다). 아침 식사에는 오렌지 주스를 곁들인다(플로리다에서 전차로 냉장 유통되었다).

아침 식사를 마친 뒤 컴퓨터를 켜서(중국에서 제조되었고 대만산 프로세서로 구동되었다) 이메일과 뉴스를 확인한다. 그런 다음 차를 운전해 쇼핑하러 간다(테네시주에서 일본 기업이 만든 차다). 새로운 패션을 반영한 의류를 구입하고(태국과 베트남에서 제조되었다), 안경원에 들러 안경을 찾는다(이탈리아산 안경테에 독일산 렌즈를 넣었다). 집에 돌아오는 길에는 자동차를 주유한다(버뮤다 소재 프론트라인Frontline Ltd. 소유의 대형 선박이 멕시코산 원유를 미국 휴스턴의 정제 공장으로 옮긴 뒤 정제한 석유 제품을 트럭에 실어 현지 주유소로 배송한다). 나의 하루는 계속해서 흘러가며 글로벌 공급사슬과 끊임없이 접촉한다. 전 세계에서 공급되어 트럭과 기차, 선박으로 지역 유통 주문 처리 센터로 배송되며 지역 상점이나 문 앞까지 배달되는 물리적인 상품과 서비스로 둘러싸여 있다. 나는 내 인적 공급사슬의 중심에 있다.

이제 확장된 공급사슬 분석을 나의 1인 공급사슬에 적용해볼 것이다. 중국에서 만든 알람 시계의 부품인 반도체, 구리 코드, 플라스틱 몰드, LED 디스플레이 등은 전 세계 벤더로부터 공급받는다. 아침에 커피를 내릴 때 사용하는 드리퍼나 모카 포트는 독일, 대만, 멕시코 벤더가 공급한 스테인리스 스틸, 강화유리, 반도체를 비롯한 여러 부품으로 제조된다. 커피 원두는 해외에서 로스팅되고, 포장된 뒤 덴마크의 머스크Maersk, 중국의 코스코COSCO, 또는 독일의 하팍로이드Hapag-Lloyd가 소유하고 운영하는 선박에 실려 컨테이너 화물로 운송되었다. 선박 자체는 한국에서 제작되었다. 쇼핑할 때 들고 가는 스마트폰 안에는 대만의 TSMCTaiwan Semiconductor Manufacturing Co., Ltd.가 생산한 반도체가 내장되어 있다. 내가 산 옷은 이

집트에서 재배된 면화로 만들어졌고 말레이시아에서 제작된 단추
가 달려 있다.

공급사슬 분석은 무한하게 뻗어나간다. 말레이시아의 단추 공장
이 사용한 플라스틱 수지는 독일에 있는 화학 회사가 만든 것이다.
직물 염료는 일본 교토에 있는 야마다 주식회사Yamada Chemical Co.,
Ltd.가 생산했다. 이것이 바로 요점이다. 하나의 생산물에는 한 개
이상의 투입물이 들어 있고, 그 투입물을 생산하려면 다른 투입물
이 필요하므로 공급사슬은 그만큼 무한하게 뻗어 있다. 이렇게 거
슬러 올라가다 보면 광업이나 철강 등 기본 산업에 다다른다. 게다
가 기본 산업에도 자체적으로 기계와 전기라는 투입물이 필요하
고, 이 모든 작업을 하려면 기술 전문가부터 단순 노동자까지 인적
자본이 필요하다. 공급사슬은 끝이 없다.

공급사슬 대실패의 장면들

공급사슬은 하나의 사물이 아니라 과정이다. 공급사슬을 구축하
는 데에는 왕도가 없다. 운영 비용을 낮추고 고객 만족이라는 목표
를 달성하는 과정을 개발하는 문제이기 때문이다. 이러한 목표가
언제나 상호 보완적인 것은 아니다. 때로는 고객 만족도를 높이고
신뢰를 얻기 위해, 또 연속적인 구매를 유도하기 위해 추가적인 비
용이 들기도 한다. 때로는 낮은 가격을 원하는 고객을 만족시키기

위해 비용을 크게 절감하는 안을 선택함으로써 다른 고객의 품질 기대치에 못 미칠 수도 있다. 이 경우 판매업체는 고객의 기대치를 적절하게 조정하는 커뮤니케이션을 강조한다. 델 컴퓨터는 이러한 기법을 사용해 극찬을 받았다. 노트북에는 기능이 별로 없었지만 빠른 배송과 신뢰도, 저렴한 가격으로 단점을 만회했다. 소비자는 공급사슬의 가장 끝에 있더라도 공급사슬의 한 부분이며 다른 부분과 동일하게 관리되어야 한다.

확장된 공급사슬에 반드시 수많은 공급업체와 물류 서비스 제공업체가 있어야 하는 것은 아니다. 역사상 가장 광범위하게 확장된 공급사슬 중 하나는 단일 기업이 창조했다. 그 주인공은 바로 1927년부터 1940년 사이의 포드 모터 컴퍼니Ford Motor Company다. 경제 · 경영을 전공했다면 헨리 포드가 컨베이어 벨트를 이용해 조립하는 생산 시스템을 발명한 사실 정도는 알고 있을 것이다. 헨리 포드는 이러한 혁신을 한 단계 더 격상시켰고 가능하다면 외부 공급업체에 의존하고 싶지 않았다. 1908년 모델 T를 대량 생산하기 시작하면서, 회사는 소위 수직적으로 통합되었다고 묘사되었다. 포드의 노력은 1928년 완공된 미시간주 디어본Dearborn에 있는 리버 루즈River Rouge 단지를 건설할 때 정점에 달했다. 리버 루즈 단지의 면적은 약 809만 제곱미터(약 2450평)가 넘었으며, 문을 열었을 당시 전 세계 산업 공장 가운데 규모가 가장 컸다.

마이클 휴고스Michael Hugos는 자신의 저서 《공급사슬 관리의 핵심》에서 포드의 통합 생산방식을 간결하게 설명한다.

1900년대 전반에 포드 모터 컴퍼니는 자동차 공장을 운영하는 데 필요한 많은 요소를 갖추고 있었다. 철광산을 보유하고 운영함으로써 철광석을 추출할 수 있었고, 제철소에서 자체적으로 광석을 제철할 수 있었다. 자동차 부품을 제조하는 공장과 부품을 조립해 완제품을 내놓는 조립 공장도 있었다. 또한 자체적으로 소유한 농장에서 아마를 재배해 리넨으로 된 지붕 덮개를 제작했고, 회사 소유 숲에서 나무를 벌목했으며, 제재소에서 벌채한 나무를 제목으로 만들어 목제 자동차 부품을 생산했다. 포드의 유명한 리버 루즈 단지는 수직 통합의 기념비적인 존재였다. 한쪽 끝에 철광석이 들어가면 다른 한쪽 끝에서 자동차가 나왔다. 헨리 포드는 광산에서 철광석을 캔 지 81시간 뒤에 완성된 차를 내놓을 수 있다고 뽐냈다.[3]

물론 오늘날 많은 이들은 수직적 통합 모델에 조소를 보냈다. 현재의 공급사슬 관리자는 최대한 많은 부분을 아웃소싱하고, 소위 핵심 역량이라고 부르는 부분에만 직접 공정을 제한하면서 자부심을 느꼈다. 하지만 공급사슬이 붕괴하고 중국과의 갈라서기가 탄력을 받았다. 이에 포드 모델은 복합적인 공급사슬에 꼭 수많은 아웃소싱 공급업체가 필요한 것이 아니라는 점을 상기했다.

곳곳에 공급업체와 제조업체, 유통 네트워크가 퍼져 있는 21세기형 공급사슬의 예로는 월풀Whirlpool Corporation을 들 수 있다. 월풀의 공급사슬은 폴 디트만과 루벤 슬론의 조언을 받아 설계되었다.

월풀은 13개국에서 제조 시설을 갖추고 있으며, 세탁기, 건조기, 냉장고, 식기세척기, 오븐 등 다양한 제품을 생산한다. 자사의 가전제품을 대형·소형 소매점과 건설 회사, 새로운 집을 짓는 개발업자에게 판매한다. 물류 네트워크는 공장 유통센터 8개, 지방 유통센터 10개, 지역 유통센터 60개, 소매 및 계약 고객 약 2만 명으로 구성되어 있다. SKUStock Keeping Unit 수천 개가 대미를 장식한다(SKU는 바코드를 스캔해 식별할 수 있는 각각 다른 상품 단위를 의미한다).[4]

월풀의 공급사슬은 다소 복잡해 보이지만 단순한 편이다. 확장된 공급사슬은 제조에 필요한 모든 투입물의 구매와 운송 원산지에서 제조업체, 유통센터, 마지막으로 소매 판매점까지의 배송을 담당하는 물류 운송 업체까지 아우른다.

앞서 언급한 바와 같이 공급사슬 관리의 목표는 비용 절감과 고객 만족이다. 이러한 목표는 대개 효율성이라는 동일한 목표로 결합한다. 공급사슬의 효율성을 높일 수 있다면 비용 절감액이 누적될 것이고, 고객의 기대에 부합하는 고품질 상품을 빠르게 배송할수 있다면 고객이 만족할 것이다.

효율성을 높이는 방법은 수백 가지가 있는데, 다음 장에서 여러 기법을 다룰 예정이다. 효율성을 추구하려는 가장 핵심적인 이유는 공급과 수요를 정확하게 예측하기 위해서다. 모든 경제적 결정은 가장 많은 양이 가장 낮은 가격으로 공급되는 지점에서 수요와 공급 곡선이 교차하게 만드는 것이다. 이론적으로는 맞는 이야기다. 하지만 실제로 수요와 공급을 정확하게 예측하는 것은 무척 어려운 일이다.

6개월 뒤 어떤 패션이 유행할지 정확히 알고 있다면 공급사슬 전체를 조직해 대상을 공략할 수 있다. 수요가 있으리라고 확실하게 예상되는 스타일과 색상, 사이즈, 직물을 제조업체에 발주할 것이다. 운송 업체는 공장의 하역장에서 생산 라인으로부터 나오는 상품을 실으려고 줄 서 있을 것이다. 원산지 국가에서는 트럭으로 배송받는 날짜에 맞춰 컨테이너와 화물선 통행을 예약할 것이다. 미국 입국항에서 하역이 적시에 수행되고 더 많은 트럭이 항만에서 컨테이너를 픽업해 유통센터로 전달하기 위해 대기하다가 소매점에 상품을 최종적으로 유통할 것이다. 절차는 매끄럽고 효율성은 아주 높을 것이다.

반대로 패션 유통업체가 아시아 공장에서 무엇을 공급받을 수 있는지 정확히 알고 있다면, 구매 가능한 아이템의 매출을 극대화하기 위해서 공급사슬을 조정할 것이다. 홉색 원단으로 만든 남성 블레이저가 울 블레이저보다 더 많이 생산되었다면, 유통업체의 마케팅팀은 홉색 발주를 장려하고 특정한 직물의 판매를 촉진할 수 있다. 다시 말해 물류 운송 업체는 미리 계획된 판촉 행사로 생성된 수요를 만족시키기 위해 일정을 미세하게 조정한 뒤, 블레이저를 소매점에 때맞춰 운송할 것이다.

현실은 수요와 공급의 이상적인 예측을 빗나간다. 공급은 제조업체의 소싱 문제, 다른 유통업체의 수요 경쟁, 장비 고장, 인건비 문제, 정전과 기타 문제들로 인해 매우 불안정해질 수 있다. 특히 패션 분야에서 수요는 예측할 길이 없다. 사람들의 취향은 시시각각 변하고, 하룻밤 만에 갑자기 새로운 상품이 유행하며, 코끝이 얼어붙는 추운 날씨에도 스웨터 대신 짧은 치마에 대한 수요가 급증할 수도 있기 때문이다.

공급사슬의 시작과 끝, 그리고 사이사이의 단계를 관리하는 모든 기술의 과정 때문에 공급과 수요를 예측하기 어렵다. 공급업체에 차질이 생길 수 있는 경우, 필요할 때 다른 업체에 발주를 넣을 수 있도록 두세 곳의 공급업체와 계약을 맺는다. 로스앤젤레스 항만에 입항하려는 줄이 길면 물류 운송을 휴스턴으로 돌린다. 트럭회사가 파업하는 경우, 철도를 이용해 유통센터로 운송한 뒤 다른 트럭 운전기사들이 나머지 소매업체로 납품을 마무리한다. 새로운 패션 트렌드가 등장하면 가격을 낮추고 직판점에 재고를 쌓아놓는 동시에, 항공 운송을 활용해 유행하는 의류를 배송하기 좋은 최적의 위치로 재빨리 옮긴다. 늘어난 배송비만큼 가격을 높여도 패셔니스타들의 수요가 이를 충당해줄 것이다. 공급사슬 및 유통 관리자는 눈코 뜰 사이가 없다.

즉흥적인 일 처리가 끊임없이 이루어지고 회복된다. 모든 사업은 평상시에 이렇다. 하지만 오늘날 글로벌 공급사슬에 발생하는 일들은 보통 때와는 다르다. 현재 재화와 서비스의 소싱, 제조, 납품 과정에서 일어나는 공급사슬의 붕괴는 공급사슬 1.0의 양상을 훨씬 더 뛰어넘는다. 물건이 희소해지긴 했으나 제2차세계대전 이후(배급 제도의 시행)나 대공황(여러 사업의 도산) 때와는 확연히 다르다. 슈퍼마켓과 잡화점의 몇몇 선반은 선진국 소비자 대부분이 단 한 번도 본 적 없는 방식으로 비어 있다. SNS상의 사진이나 상점에 들른 사람들이 받는 첫인상은 제3세계, 또는 냉전 동안 철의 장막 뒤에 있었던 공산권 국가들의 상점과 흡사하다. 살 수 있는 상품들의 가격은 1970년 후반을 연상시킬 정도로 급등하는 중이다. 그로 인해 많은 소비자가 시장에서 사라지고 있다. 재고가 없어서가 아니라 물건을 살 여력이 되지 않기 때문이다.

현재 공급사슬에 일어나는 문제는 팬데믹이 시작했을 때보다 더더욱 심각하다. 2020년, 사람들이 무리 지어 코스트코 내 종이로 만든 제품이 놓여 있는 통로를 싹쓸이했다는 이야기가 돌았다. 사람들은 화장지와 냅킨, 키친타월을 집에 쟁여놓았는데 이유는 불분명하다. 아마도 소비자들이 동나지 않을까 가장 두려워했던 품목이었을 것이다.

이 소동을 보면 라이오넬 슈라이버Lionel Shriver라는 작가는 선견지명이 있었다. 슈라이버가 2016년에 쓴 소설《맨디블 가족The Mandibles》은 머지않은 미래에 금융 체제가 붕괴한 뒤 삶이 어떻게 될 것인지에 관해 묘사한다. 소설의 등장인물들은 여러 명이 북적이며 살아가는 집에서 화장지 없이 어떻게 원만하게 지낼 수 있을지 길게 토론한다. 결국 화장지 문제는 해결되고 각자 책임을 부여받는다. 코스트코에서 물건을 산 사람들 대부분이 이 책을 읽을 확률

은 거의 없겠지만 작가가 말하고자 하는 메시지는 전달된 듯싶다.[5]

코스트코의 종이 제품을 진열해놓았던 통로가 텅 비었다. 그럼에도 코스트코를 비롯한 다른 상점 대부분은 팬데믹 초기에 물건을 충분히 갖춰두고 있었다. 사람들은 락다운으로 상점이 문을 닫았을 때 오프라인 대신 온라인에서 물건을 주문하기 시작했다. 아마존과 월마트는 기쁜 마음으로 의무를 다했다. 아마존과 월마트, 그리고 넷플릭스 등 락다운 수혜 주의 주가는 치솟았다.

상점에 직접 가서 살 수 없었던 물품은 문 앞으로 배달되었고, 극장에서 볼 수 없었던 영화는 텔레비전을 통해 스트리밍할 수 있었다. 그렇게 삶은 계속되었다.

오늘날의 양상은 다르다. 뉴욕, LA, 워싱턴 D.C.의 유동 인구가 적은 지역만 제외하고 대부분의 상점은 문이 열려 있다. 문제는 선반이 부분부분 비어 있다는 점이다. 2020년처럼 온라인으로 물건을 사면서 한숨 돌릴 수 있는 상황도 아니다. 아마존부터 시작해 더 작은 업체까지 온라인 벤더는 오프라인 벤더와 똑같이 공급사슬의 붕괴를 겪고 있기 때문이다.

온라인 쇼핑객들은 자신이 사고 싶은 상품의 사진을 가장 구미가 당기게 찍어놓은 자주 이용하는 웹사이트에 평소처럼 접속한다. 주문 버튼을 누를 때에야 내가 원하는 사이즈나 스타일, 또는 색상의 재고가 없다는 것을 발견하게 된다. 최근 브룩스 브라더스Brooks Brothers 웹사이트에서 청바지를 사려고 한 적이 있다. 웹사이트에서 원하는 아이템을 어렵지 않게 찾았지만 남은 사이즈는 30인치뿐이었다. 안타깝게도 내 허리둘레는 30인치보다 더 컸다. 온라인 쇼핑은 선반이 텅 빈 오프라인 매장에서 물건을 사는 것과 별반 다르지 않았다. 만약 내가 사고자 하는 물건이 캘리포니아 앞바다에 떠 있는 컨테이너선 안에 있다면, 오프라인 매장을 방문하든 온라인 웹사이트에 접속하든 별 차이가 없다. 어쨌든 조만간 그 물건을 살 수는 없을 것이다.

앞으로 공급사슬을 붕괴시키는 기술적인 이유도 살펴보겠지만 먼저 일화를 통해 다른 방식으로 설명해보겠다. 경제학자들은 기본적으로 일화, 즉 스토리 텔링을 싫어한다. 주관적이고 비정량적일 수 있기 때문이다. 이야기의 결말은 생각할 여지를 주지 않는 경제 방정식에 딱 맞아떨어지지 않는다. 가장 복합적인 형태의 경제라 할지라도 수십억 명이 개인적으로 또는 에이전트를 통해 내린 결정 수십억 개의 총합일 뿐이다. 하지만 모든 결정에는 뒷이야기가 있다. 사무실에서 벗어나 밖을 여행하고 길 위에서 만난 사람들과 대화를 나누는 것은 이야기 속에서 상황을 이해할 수 있는 좋은 방법이다. 이제 전례 없는 공급사슬의 붕괴를 설명하는 이야기들에 귀 기울여보자.

2021년 12월 18일 〈뉴욕 포스트〉는 사탕수수 부족으로 크리스마스 준비에 차질이 생겼다고 보도했다. 공급사슬의 문제가 반도체와 주요 의약품에만 국한되지 않는다는 이야기다. 이코노미 캔디Economy Candy 가게 주인 미첼 코헨Michell Cohen은 이렇게 말했다.

"크리스마스 시즌인데 지팡이 사탕 주문을 평소의 반만 받았어요. 그리고 바로 품절되었습니다. 지금은 재고가 없어요."[6]

지팡이 사탕은 중요한 상품이라고 볼 수는 없지만 사탕이 부족한 근본적인 이유는 더욱 심각한 문제를 시사한다. 페퍼민트 작물이 부족했을뿐더러 코로나19와 관련해 물류에도 차질이 생겼다는 뜻이다. 안타깝게도 지팡이 사탕의 부족은 빨간색과 흰색 줄무늬 사탕으로 장식된 진저브레드 집(집 모양 생강 맛 쿠키 간식 - 옮긴이)의 부족으로 이어졌다.

크림치즈는 공급사슬 차질의 영향을 많이 받는 또 다른 식료품이다. 크림치즈의 부족은 트럭 운전기사 부족, 생산 인력 부족, 락다운 및 검역으로 인한 가정에서의 크림치즈 소비의 증가 등 여러 요인에 기인한다. 언제나 그렇듯 초기의 물량 부족은 파급효과를 낳는다. 베이글에 바를 크림치즈가 없어지자 뉴욕의 베이글 소비는 움츠러들었다. 브루클린의 랜드마크 격인 주니어스 레스토랑Junior's Restaurant은 크림치즈 부족으로 인해 전 세계적으로 유명한 치즈케이크 생산을 중단해야 했다. 이 치즈케이크는 크림치즈 함유량이 85%였다.[7]

슈퍼마켓은 인기 품목의 재고를 갖추기 위해 앞다투어 경쟁했다. 켈로그Kellogg는 프링글스의 수요를 맞추는 데 어려움을 겪고 있나고 보고했다. 캠벨 수프 컴퍼니Campbell Soup Company 역시 파스타 소스인 프레고Prego 라인을 주문량에 맞춰 공급하는 데 어려움을 겪고 있다고 밝혔다. 헤이즐넛 코코아 스프레드로 유명한 누텔라Nutella도 공급이 부족해 식료품점 선반이 텅 비게 되었다. 슈퍼마킷 관리자들은 상품이 부족한 상황이 이전보다 더 빠르게 나타날 수 있다며 재고를 갖춰놓는 과정을 두더지 잡기 게임에 묘사했다.[8] 누텔라의 부족은 공급사슬 문제의 근원이 얼마나 깊게 뿌리내리고 있는지를 보여주는 또 다른 예다. 누텔라는 헤이즐넛으로 만드는데 튀르키예는 세계 헤이즐넛의 70%를 생산한다. 튀르키예의 통화 위기로 인해 헤이즐넛 농부들은 비료와 씨앗 등 농사에 필요한 물품들을 사는 것이 거의 불가능해졌다. 튀르키예 수출 전문가 투르간 쥘피커Turgan Zülfikar는 〈월스트리트 저널〉에서 "세계에서 헤이즐넛이 부족해질 날이 머지않았다"라고 언급했다.[9] 소아시아의 환율 위기가 왜 샌디에이고의 빵 스프레드 부족으로 이어지는지 그이유는 불명확해 보이지만, 이는 얇고 길게 뻗어나간 공급사슬의 복합적인 특성 때문이다. 멀리 떨어진 지구촌 구석에서 빚어지는 혼란은 예측하지 못한 방식으로 전 세계에 파급효과를 가져올 수 있다.

2022년 새해 전야에 술을 마시며 축하하는 사람은 샴페인의 부족 문제를 헤쳐 나가야 했다. 미국에서는 국산 스파클링 와인 정도는 살 수 있었다. 하지만 뵈브 클리코Veuve Clicquot나 떼땅져Taittinger 와 같은 인기 브랜드 샴페인을 포함한 진짜 샴페인은 많은 곳에서 찾아보기 어려웠다.[10] 샴페인 품절 현상은 와인 자체만 부족해서 그런 것은 아니었다. 샴페인 병에 붙일 라벨과 포장용 선물 상자, 심지어 코르크 병마개를 고정하는 철사까지 부족했기 때문이었다. 공급 부족은 공급과 수요 예측 고유의 어려움을 보여주는 예다.

2020년 샴페인 소비량은 2019년에 비해 18%나 감소했다. 부분적으로는 팬데믹 락다운 탓이었다. 샴페인 생산업체는 2021년에 최대 생산 수량을 낮췄는데 급증하는 수요를 보고 놀라움을 감추지 못했다. 잡지 〈와인 애호가Wine Enthusiast〉에 따르면 샴페인 부족은 수년간 지속되리라고 추정된다.[11] 공급사슬 전문가 빈디야 바킬Bindiya Vakil은 다음과 같이 평했다.

> 공급사슬 문제는 2023년까지 지속될 것으로 보인다. 노동력과 원자재 부족, 항만 병목현상과 기후변화는 전 세계적으로 샴페인 생산과 배송이 지연되는 주요 원인이다. 안타깝게도 업계 성수기에 샴페인 수요가 증가하고 있지만 공급이 따라가지 못하는 상황이다.

이러한 뉴스 보도와 업계의 연구뿐 아니라 의외로 가까운 곳에도 상황을 가장 잘 드러내는 이야기가 있다. 동네 해산물 레스토랑에서 저녁 식사를 할 때의 일이었다. 나는 웨이터에게 레스토랑 운영에서도 공급사슬 문제가 있느냐고 물었다.

"네, 물론이죠."

나는 더 자세히 설명해달라고 부탁했다. 공급이 부족해질지도 모르는 식품 이름을 한 개 이상 이야기해줄 것이라고 예상하면서 말이다. 하지만 웨이터의 답변은 놀라웠다.

"테이블에 까는 리넨 수급이 느립니다. 냅킨과 식탁보가 부족하지 않은 적이 없네요."

나는 리넨 공급 지연의 원인을 살펴본 적이 없었다. 세탁소의 노동력 부족이나 세탁물 운반 트럭 운전기사 부족이 가장 그럴듯한 설명이었다. 요점은 재화와 용역이 부족한 상태를 직접 마주하지 않고서는 방향성을 바꿀 수 없다는 것이다.

공급 부족은 음식과 음료에만 국한되는 문제가 아니다. 사냥꾼과 명사수라면 AR-15 계열 소총 다수에 사용되는 5.56밀리미터 구경 탄환과 보편적인 권총에 사용되는 357 매그넘이나 10밀리미터 구경 탄환 등 탄약이 급격히 부족해진 사태에 대해 잘 알고 있을 것이다. 생산 제한은 탄약이 부족한 이유의 부분적인 원인일 뿐이었다. 주요 요인은 2020년에 미국 도시에서 일어난 폭동과 2021년에 주요 도시의 급격한 살인율 증가에 대응하기 위해 권총 수요가 급증한 탓이었다. 이 사건은 호신용 총기 판매량 급증으로 이어졌다. 총은 탄약이 없으면 쓸모가 없다. 그러므로 총기 구매가 급격하게 증가하면 그만큼 탄약 수요도 비슷한 수준으로 빠르게 증가한다. 공급이 부족했다기보다 예기치 못한 수요로 탄약이 부족해진 것이다. 물론 그렇다고 해도 공급사슬이 제 역할을 하지 못했다는 사실은 변하지 않는다. 탄약이 부족해지자 탄약 가격이 가파르게 인상되었다. 전국사격스포츠재단National Shooting Sports Foundation 마크 올리비아Mark Olivia는 매트 스톨러Matt Stoller 기자에게 "AR-15 소총용 5.56밀리미터 구경 탄환은 하나에 33센트 정도였습니다. 이제 가격은 1달러 가까이 올랐습니다"라고 답했다.[12] 이 또한 공급사슬에 문제가 생기면 소비자 인플레이션이 발생하는 긴밀한 상호 연관성을 보여준다.

공급사슬 문제의 범위는 재화를 넘어 서비스 공급까지 아우른다. 최근에 기업 컨설팅을 받는 한 고객의 문제에 관해 변호사와 상의한 적이 있다. 델라웨어주에 사는 고객은 위협적인 소송에 휘말렸다. 심각한 문제였다. 그 고객은 스위스에 살고 있었고 델라웨어 법정 절차를 잘 몰랐다. 변호인은 이렇게 답했다.

"그쪽에서 고소한다면 불쾌한 일들이 일어날 겁니다. 코로나19로 재판이 열리지 않을 거고 일정은 수년간 뒤로 밀릴 거예요. 만약 상대가 재판을 원할 경우 2023년 말 전에 재판이 열린다면 뭐 다행이네요."

법률의 공급사슬마저 꽉 막혀 있다.

공급사슬의 거장이라 불리는 애플과 아마존마저도 자사 시스템 운영에 어려움이 있다고 토로했다. 2021년 10월 28일, 〈월스트리트 저널〉의 분기별 이익 보고에 따르면, 애플은 "공급사슬 이슈로 아이폰과 다른 제품 생산에 차질이 생겼다. 문제는 중요한 명절 쇼핑 시즌에 더 심각해질 것이다"라고 밝혔다. 또한 "아마존의 경우 인건비와 공급사슬 문제로 비용이 20억 달러 상승했고 수요를 충족시키기가 어려워져 3분기 예상 실적을 낮게 조정했다. 회사는 제품의 운송로를 새롭게 편성해야 했고 몇몇 분야에서는 근로자들이 계속해서 바뀌었다."[13] 아마존을 사용하는 사람이라면 하루 배송 또는 이틀 이내 배송이 보장되는 상품들의 배송 예정일이 불확실해졌다. 어떤 경우에는 주문한 뒤 이틀이 지났는데도 3~5일까지 배송 기간이 늘어나기도 한다. 고객을 상대하는 아마존의 솔직함은 인정받을 만하다. 하지만 배송 날짜를 지키는 일은 점점 더 줄어들고 있다.

공급사슬의 차질은 미국 상점과 유통업체에서만 일어나는 현상이 아닌 전 세계적인 현상이다. 전 세계의 에너지가 크게 부족해지자 2022년 1월 인도네시아는 중국에 석탄 수출을 금지했다. 겨울철 국내에 공급할 석탄량을 보장하기 위해서였다. 인도네시아는 중국에 석탄을 가장 많이 수출하는 수출국 중 하나로, 중국 석탄 수입량 전체의 약 60%를 차지한다. 호주에서 중국 우한에 있는 연구소가 코로나바이러스를 유포했는지를 독립적으로 수사해야 한다고 촉구하자 중국은 호주로부터 석탄 수입을 중단했다. 중국은 다른 원산지에서 석탄을 수입함으로써 인도네시아의 수출 금지와 호주 석탄 불매운동의 여파를 관리할 수 있을 것이다. 어쨌거나 오랫동안 지속된 공급사슬의 무질서 양상과 높은 비용은 글로벌 공급사슬에 균열이 생겼다는 징후다.

2021년 12월, 루마니아에서 규모가 가장 큰 비료 공급업체인 아조무레스Azomures는 지나치게 높은 에너지 비용 탓에 생산량을 줄이겠다고 발표했다.[14] 유럽에서 천연가스의 가격이 치솟고 있었기 때문이다. 천연가스는 질소 기반 비료를 생산하는 데 투입되는 주요 재료 중 하나다. 미국의 CF 인더스트리CF Industries, 리투아니아의 아케마Achema, 노르웨이의 야라Yara와 독일 화학 대기업인 바스프Badische Anilin & Soda-Fabrik AG, BASF 등 다른 글로벌 비료 회사 역시 이와 비슷하게 생산량을 감축하겠다고 발표했다. 비료 생산이 줄어들면서, 봄 모내기 철에 사용할 비료가 부족해져 유럽 식량 재배에 악영향을 미칠 것이라는 공포가 엄습했다. 2023년 말쯤 식량 부족으로 이어질 수도 있다. 공급사슬에 생긴 차질은 절대로 즉각적인 공급 부족에 국한되지 않고, 관련 산업의 공급량 부족으로 이어지며 나아가 공급사슬의 다른 부분까지 영향을 미친다. 이는 공급 부족이 어떻게 인플레이션과 인플레이션 기대치(경제주체들이 생각하는 미래의 물가상승률-옮긴이)의 원인이 되는지를 보여주는 사례다.

글로벌 공급사슬에 어려움을 일으키는 또 다른 요인은 한국이었다. 2021년 12월 28일 〈중앙일보〉 보도에 따르면, 대한민국 물류 기업 CJ 대한통운 근로자들이 "배송비 상승으로 회사의 이익은 늘어났지만 임금 상승으로 이어지지 않았다"라는 이유로 파업했다.[15] CJ 대한통운 근로자의 인력이 부족해지자 한국의 수출입 업무에 차질이 생겼다. 택배 기사도 파업에 동참할 가능성이 다소 있었다. 이처럼 한 나라에서 일어나는 노동 분쟁이 세계적인 문제를 초래하는 일은 되도록 없어야 한다. 하지만 효율성을 중심으로 공급사슬이 매우 얇게 뻗어 있을 때는 그 고무줄이 늘어나다가 결국에는 끊어지기 마련이다.

2022년 3월 1일, 펠리시티 에이스Felicity Ace 상선이 2월 17일의 화재로 인해 아조레스 제도 인근에서 침몰하고 말았다. 펠리시티

에이스는 포르쉐, 아우디, 벤틀리, 람보르기니 등 고급 차량 4천 대를 운송 중이었다. 차량을 구매한 부유한 이들이 눈물을 흘리지는 않았지만 딜러와 판매원들은 공급사슬 지연으로 발생한 높은 비용을 마주해야 했다. 2022년 3월 20일, 노사 갈등으로 캐나디언 퍼시픽 철도Canadian Pacific Railway의 운영이 중단되었다. 엎친 데 덮친 격으로 연금 및 임금 상승 요구를 둘러싼 노동분쟁으로 혼란이 가중되었다. 직장 폐쇄는 며칠 만에 끝났지만 모든 복합적인 시스템이 그렇듯 그 영향력은 더 오랫동안 지속되었다. 2022년 4월 4일, 싱가포르 해양항만청은 오염된 연료를 공급받은 선박 34척을 조사 중이라고 발표했다. 그중 14척은 심각한 손상을 입었고 검사 및 정리 작업으로 배송이 상당히 지연되었다. 이러한 상황을 개별적으로 관리하는 사이 붕괴를 유발하는 사소한 요소들이 쌓여 촘촘히 연결된 시스템에서 바로 연쇄 붕괴가 일어나게 된다.

도요타가 베트남 공급업체로부터 부품을 공급받지 못하게 되고, 그 결과 일본 공장 2곳에서 자동차 생산이 중단될 것이라는 기사가 나왔다. 그러자 글로벌 상호 연계성 또한 두드러졌다. 베트남 부품 제조업체는 팬데믹의 영향으로 노동력이 부족해지면서 타격을 입었다. 이번 팬데믹은 중국에서 발견된 치명적인 바이러스로부터 시작되었을 가능성이 컸다. 정리해보자면 중국 바이러스로 팬데믹이 발생했고, 베트남산 부품이 희귀해졌으며, 일본산 자동차도 부족해졌다. 그 결과, 공급은 감소하고 소비자는 더 큰 값을 지급해야 할 것이다. 공급사슬은 제대로 작동할 때는 효율적이지만 그렇지 않을 때는 파괴적인 영향을 미친다.

공급사슬 붕괴의 영향은 공급사슬 자체의 소비자와 공급자에게만 국한되지 않는다. 재고 부족과 지연은 소비자의 행동에 더 광범위하게 영향을 미친다. 비축은 이 현상을 아주 잘 드러내는 예다. 식료품점에서 내가 좋아하는 크림 스파게티 소스를 찾는데 선반이 비어 있다면 실망스러울 것이다. 다음번에 식료품점에 갔을 때 다른 물건의 재고가 없고 크림 스파게티 소스만 남아 있는 것을 발견했다고 하자. 보통은 한 병만 사지만 이번에는 집에 넉넉하게 쟁여두기 위해 세 병을 살 것이다. 나중에 장을 보러 갔을 때 재고가 없을 사태에 대비하기 위해서다. 개인 차원에서는 합리적인 선택이지만 고객 네다섯 명이 똑같은 행동을 하면 물건의 재고가 대폭 감소하고 만다. 자성예언(증거의 유무와 관계없이 어떤 일이 자신에게 일어날 것이라는 반복적 믿음이 실제로 일어난다는 내용의 논리적 체계-옮긴이)인 셈이다. 왜냐하면 미래의 다른 고객도 마찬가지로 조만간 텅 빈 선반을 마주할 것이기 때문이다. 결국 더 많은 고객이 물품을 더 많이 쟁이는 현상으로 이어진다. 매장 선반이나 안쪽 창고에 있던 재고는 이제 마을 곳곳의 부엌 찬장에 자리하게 된다. 이때 해당 매장은 물론 여러 매장의 관리자들은 주문량을 늘릴 것이다. 공급사슬에는 너 심각한 자질이 빚어진다. 이러한 행동 적응에서 쉽게 벗어날 방법은 없다. 행동은 상황에 맞춰 스스로 적응하기 때문이다.

또 스킴플레이션Skimpflation(물가가 상승했으나 상품이나 서비스의 질이 떨어지는 현상−옮긴이)이라 불리는 다른 행동 적응이 나타나기도 했다.[16] 서비스 공급업체가 원래 제공하던 서비스는 일관된 가격으로 제공하되 생활 편의와 추가적인 서비스에 드는 비용을 절감하는 것을 의미한다. 공급업체는 서비스에 돈을 아끼려고 한다. 감자칩의 가격은 똑같지만 봉지 크기를 350그램에서 280그램으로 줄인다. 헬레인 올렌Helaine Olen 기자는 이 현상을 이렇게 설명했다.

> 스킴플레이션은 매일 침구 정리를 해주지 않는 호텔, 또는 종이로 출력된 메뉴판 대신에 QR코드로 메뉴판을 대체한 음식점에 빗댈 수 있다. 전화 상담 인력을 충분히 고용하지 않아 한번 전화 통화를 하려고 하면 오랜 시간 기다려야 하는 은행도 마찬가지다. 아메리칸 에어라인American Airlines, AA은 또 다른 예다. 코로나19 이후 경기 둔화로 인력을 빠르게 다시 고용할 수 없게 되자, 허브 도시의 기상 상황에 문제가 생기면 수천 명의 삶이 혼란 속으로 빠져들게 되었다.

비슷한 예시는 수도 없이 많다. 나는 최근 뉴올리언스의 명소 격인 호텔에 묵었다. 전화 내용을 받아써야 해서 펜과 메모지를 찾았지만 없었다. 더 나은 호텔이라면 늘 있음 직한 물건들이었다. 펜을 사려고 로비에 있는 기념품 가게로 내려갔다. 하지만 코로나19로 문을 닫은 상태였다. 결국 나는 절망한 채 컨시어지에게 다가가 펜을 달라고 부탁했고, 그녀는 본인 책상에 있던 펜 하나를 상냥하게 건네주었다. 정말 고마웠다. 예전에는 공짜로 쓸 수 있었는데 지금은 펜 하나를 얻으려면 엄청난 노력이 필요했다. 같은 돈을 지불하지만 서비스를 더 적게 받게 되는 것은 인플레이션의 또 다른 이름이다.

바이든 정부는 크리스마스 선물이 제때 도착했다면서 2021년 12월 말 부로 공급사슬의 위기가 막을 내렸다고 주장했다. 백악관 대변인인 젠 프사키Jen Psaki는 "이제 정상적인 크리스마스를 보낼 수 있습니다"라고 말하며 환성을 내질렀다. 바이든 대통령은 이렇게 말했다.

"올가을 초, 공급사슬 문제가 심각해 크리스마스 물류 위기로 이어질 수 있다는 경고를 자주 들었습니다. 우리는 행동으로 옮겼습니다. 그리고 많은 이들이 예측했던 위기는 발생하지 않았죠. 택배 물량은 제대로 움직였습니다. 선물이 배달되었고 선반은 비어 있지 않았습니다."[17]

대부분 말도 안 되는 소리였다. 선반은 비어 있었다. UPS와 페덱스 및 아마존 프라임(무료 배송 혜택을 제공하는 유료 멤버십−옮긴이) 택배는 대부분 정시에 배송되었다. 10월에 미국인들이 공급사슬에 차질이 빚어질 수도 있다는 소식을 듣고 일찍 주문을 마쳤기 때문이었다. 또 유통업체는 수요를 충족시키기 위해 안전 재고를 사용할 수 있었다. 한번은 이러한 방식으로 문제를 해결할 수 있지만, 결국 안전 재고가 사라지면 공급사슬에 생긴 차질은 빠르게 가시화될 것이다. 예상대로 배송되었던 또 다른 이유는 소비자들이 배송 가능한 상품을 선택해서이기도 했다. 만약 벤더가 상품을 정시에 배달할 수 없거나 배달할 가능성이 적다고 밝혔다면 소비자들은 애초에 주문하지 않았을 것이기 때문이다. 배달할 수 있는 상품만 주문하면 당연히 배달이 가능하다. 바이든 정부의 해석은 소비자가 사고 싶었지만 주문한 적 없는 상품들을 모두 배제하고 있다. 그들은 신호를 잘못 해석했다.[18]

공급사슬의 부족이 개선된 것이 아니라 더 악화되고 있다는 것을 보여주듯, 2022년 4월에 가장 급격하면서도 위협적인 일이 일어났다. 분유가 부족해진 것이다. 단순히 불편한 정도를 넘어섰다. 잠재적으로 영유아 수백만 명의 영양에 해를 끼쳤고 부모와 보호자들을 불안에 떨게 했다. 분유는 일반적인 상품이 아니다. 수많은 유형의 분유는 우유나 다른 대체품을 먹으면 알레르기나 호흡기 부작용, 기타 질병이 생기는 유아에게 영양을 공급하기 위해 주의를 기울여서 배합한 상품이다. 게다가 모유 수유가 가능하지 않은 사람이 많았고 몇몇 유아에게 모유는 이상적이지 않았다. 2021년 가을에 엄마들은 이미 분유 부족을 인지했다. 정작 분유 부족 사태를 발생시킨 공무원들은 분유가 부족하다는 사실을 가장 늦게 깨달았다.

정부의 실패가 대부분 그렇듯 많은 부분에서 문제가 생겼다. 애벗 레버러토리스Abbott Laboratories는 미시간주 스터지스Sturgis에 있는 단일 시설에서 분유를 생산해 시밀락Similac, 앨리멘텀Alimentum 등 유명 브랜드에 분유를 납품하는 회사다. 이 회사의 공급량은 미국 분유 전체의 42%를 차지한다. 최근의 애벗 레버러토리스에서 생산한 분유를 먹은 영유아가 숨지면서, 미국식품의약국Food and Drug Administration, FDA은 분유와 영유아의 사망이 연관이 있을 수 있다는 경고장을 발부했다. 2022년 2월에 공장 가동 중단을 촉구했다. 광범위하게 조사한 결과, 이 둘 사이에는 연관성이 없는 것으로 나타났다. 하지만 이미 공급사슬은 피해를 본 상태였다. 네슬레Nestlé, 레킷Reckitt, 페리고Perrigo 등 다른 공급업체도 부족분을 제대로 생산해내지 못했다.

초기에 FDA가 저지른 실수는 여성·유아·아동Women, Infants and Children, WIC 영양 프로그램을 운영하는 농무처United States Department of Agriculture, USDA로 인해 판이 더 커졌다. WIC 프로그램은 미국 분유 시장 절반을 차지하고 있었다. 이 프로그램에 따라 각 주는 분유 단독 공급업체가 있어야 했다. 단독 공급업체의 분유가 동난 경우라도 엄마들은 다른 브랜드의 분유를 살 수 없었다. 물론 주머니 사정이 넉넉한 엄마들은 걱정 없이 브랜드를 바꿀 수 있었지만, 형편이 어려운 엄마들은 분유를 주지 못하거나 WIC 프로그램의 혜택 없이는 살 여력이 안 되는 분유를 억지로 구매해야 했다. 재고가 부족하면 비축이 늘었다. 분유는 얼마 지나지 않아 WIC 프로그램의 혜택 유무과 관계없이 슈퍼에서 자취를 감췄다.

바이든 대통령은 대중의 항의가 빗발치자 국방물자생산법을 적용했다. 냉전 시대에 국가 안보를 위해 제정된 법령이었다. 재료가 부족하다는 증거가 없는데도 해외에서 필요한 재료들을 항공으로 수송받기 위해 민간 비행기까지 징발했다. 병목현상은 재료 공급 과정이 아닌 공장과 물류 노선에서 발생했던 문제였다. 바이든 대통령의 대다수 정책과 마찬가지로, 국방물자생산법은 문제를 전혀 해결하지 못한 보여주기용 대책이었다.

2022년 초에 미국은 공급사슬의 붕괴와 식량 부족이라는 기괴한 상황 속에서 미국 전역에 있는 식품 가공 공장에서 연달아 일어난 화재와 폭발로 신음했다. 2022년 2월 22일, 오리건주 허미스턴Hermiston에 있는 시어러스푸드Shearer's Foods 감자 칩 가공 공장에서 폭발과 화재가 발생했다. 회사 관계자는 화재로 탄 시설을 재건하는 데 최대 18개월이 걸릴 것이라고 말했다. 2022년 4월 13일, 아이다호주 헤이번Heyburn에 있는 젬스테이트Gem State 감자 가공 공장에 소형 비행기가 추락했다. 4월 13일에는 캘리포니아주 살리나스Salinas에 있는 테일러팜스Taylor Farms 시설에서 4단계(화재의 심각성을 나타내는 척도—옮긴이) 화재가 발생해 운영이 중단되었다. 4월 21일에는 또 다른 소형 비행기가 조지아주 커빙턴Covington의 제너럴밀스General Mills 공장에 추락해 폭발했다. 텍사스주 샌안토니오San Antonio와 엘파소El Paso의 식품 가공 업체에서 폭발과 화재가 발생하기도 했다. 3월 말부터 4월 말까지 한 달 동안 식품 가공 업체의 화재와 폭발 사고가 12건 이상 발생했다고 보도되었다. 음모를 꾸몄다든지 고의로 사고를 일으켰다는 증거는 없었다. 우연의 일치는 인상적일 정도였다. 이 사건들은 명백하게 식품 공급사슬에 악영향을 미쳤다.

문제의 핵심

공급사슬 위기의 범위를 증명하는 사례와 일화는 무궁무진하다. 그중에서도 더 많은 공급사슬에 영향을 끼친다는 측면에서 반도체와 자동차 분야의 중요성이 두드러진다. 글로벌 공급사슬을 진단하고 붕괴하는 원인을 살펴보기 전에 반도체와 자동차를 상세하게 들여다볼 것이다.

반도체는 칩이라 불리는 소형화된 집적회로다. 트랜지스터, 커패시터, 실리콘 수십억 개 위에 층층이 쌓인 저항기로 구성되어 있다. 반도체는 다른 장치의 투입물 그 이상의 역할을 하며 우리가 사용하는 물리적·기계적 시스템의 심장, 뇌, 폐에 빗댈 수 있다. 반도체가 컴퓨터와 스마트폰에 들어 있다는 것은 누구나 알고 있지만, 반도체가 사용되는 분야 전체를 고려해볼 때는 새 발의 피일 뿐이다. 세탁기, 건조기, 식기세척기에는 온도와 세척·건조 사이클, 시간을 조절하는 칩이 내장되어 있다. 커피 메이커, 냉장고, 홈 알람 시스템, 러닝 머신, 온도조절기도 마찬가지다. 무엇보다 자동차의 경우 반도체를 활용해 제어되는 신호와 센서 없이는 작동하지 못한다. 산업용 장비와 로봇도 반도체로 작동한다. 반도체가 적용되는 분야는 사물 인터넷Internet of Things, IoT이라는 하나의 범주로 묶여 있다. 사용자가 사물 인터넷을 사용할 때 장치는 사용자와 상호작용할 뿐만 아니라 장치 제조업체와도 통신한다. 이는 정기적으로 프린터 잉크나 엔진 오일을 교환할 때가 됐다거나 정수 필터를 새로 바꿀 때가 됐다고 우리가 이메일 또는 문자메시지를 받는 이유다. 사물인터넷은 이미 답을 알고 있다. 조치하라고 유도한다. 이제는 섬뜩한 기술 발전으로 장치끼리 서로 대화할 수 있게 되었다. 이웃집에 있는 알렉사(아마존에서 개발한 인공지능 플랫폼 - 옮긴이) 여러 대는 평소와는 다르다고 간주하는 일들에 대해 서로 통신이 가능하다. 조만간 알렉사가 경찰 또는 FBI를 대신 불러줄지도 모를 일이다.

반도체는 도처에 있으며 세계경제에서 상당한 부분을 담당하고 있어 세계무역량 4위를 기록했다. 전 세계 GDP(한 경제에서 재화와 서비스의 총 가치)의 22% 이상이 반도체가 사용되는 디지털 경제에서 창출된다. 스마트폰과 컴퓨터에 사용되는 칩에는 중앙처리장치와 이미지를 처리하는 코어 등이 내장되어 있다. 스마트폰, PC, 서버, 저장 장치는 반도체 애플리케이션 시장 전체의 60%를 차지한다. 산업용 전자 제품, 가전제품, 자동차, 무선 인프라 애플리케이션이 나머지 40%를 차지한다. 우리는 스마트 홈에 살고 스마트 주방에서 요리한다. 일반적인 자동차에는 안전띠 경고등부터 RPM Revolution Per Minute(회전하면서 일하는 장치가 1분 동안 몇 번 회전하는지 나타내는 단위)까지 모든 시스템의 정보를 처리하는 1천4백 개 이상의 반도체가 내장되어 있다. 우리가 운전하는 차는 바퀴 달린 컴퓨터인 셈이다. 반도체는 공기와 다를 바 없다. 어디든 있다. 반도체 없는 삶은 상상할 수 없다.

이는 글로벌 공급사슬과 글로벌 반도체 공급사슬이 아주 가까이 맞닿아 있다는 것을 의미한다. 직물 등의 섬유 제품이나 유기농 제품도 반도체가 내장된 장비로 제조되고 운송된다. 하지만 안타깝게도 글로벌 반도체 산업은 원산지에 고도로 집중되어 있다. 2020년에 전 세계 반도체 제조 매출의 60%가 한 국가에서 창출되었다. 바로 대만이었다. 전 세계 매출의 54% 이상은 TSMC 회사 한 곳에서 나온다.

대만 외에 전 세계 반도체 제조 매출 중 10% 이상 점유하고 있는 유일한 국가는 한국으로, 총 매출의 18%를 차지하고 있다. 그리고 이것이 가능한 이유는 삼성이다.

TSMC와 삼성은 시장점유율 측면에서만 중요한 것이 아니다. 이두 기업은 가장 발전된 기술이 적용된 반도체를 100% 가까이 생산한다. 현재 반도체 크기는 5나노미터지만 곧 3나노미터까지 초소형화될 것이다(참고로 2022년 8월 9일에 삼성이 3나노미터 반도체를 선보였다 – 옮긴이).

중국은 반도체 시장에서 큰 영향력을 미치지 못한다. 세계 시장점유율은 약 5%이며, 최신 기술이 적용된 반도체를 생산할 여력이거의 없다. 제조 투입물에 대한 고도로 집중된 소싱은 공급사슬 리스크 매니저가 추천하는 방향과는 정반대다. 소싱처가 다양할 경우 공급사슬에 차질이 발생했을 때 회복 탄력성이 높을 것이다. 하지만 오늘날은 소싱이 고도로 집중되어 있으며 공급사슬의 병목현상으로 이제 그 대가를 치르고 있다. 2021년 10월 28일, 〈월스트리트 저널〉은 다음과 같이 보도했다.[19]

전 세계에서 반도체 부족 현상이 심화되고 있다. 구매자는 반도체를 공급받으려면 더 오랜 시간을 기다려야 한다. 기회가 되면 제품을 비축한다. 이러한 상황이 내년에 막을 내릴 가능성은 거의 없다. 예상처럼 수요가 줄지도 않았고 공급 루트마저 막혔다. 예측할 수 없었던 생산 문제가 발생했고 가동되던 공장들은 전면적으로 문을 닫아야 했다.

남겨진 것은 혼란뿐이었다. 제조업자와 구매자 등은 시장 전체에 퍼져 있는 혼란을 마주했다. 기업이 필요한 반도체를 찾도록 도와주는 전자 부품 유통업체인 프린셉스 일렉트로닉스Princeps Electronics의 운영 이사 이안 워커Ian Walker에 따르면, 몇몇 구매자는 신규 발주를 넣으려고 하지만 2024년이 되어서야 배송받을 수 있다고 한다.

"정말 반도체 재고가 바닥난 것처럼 느껴집니다." 워커가 덧붙인 말이다.

이러한 현상은 반도체 생산업체에서 발생하는 지연이 아니라 병목현상 때문이다. 공장에서는 기판과 반도체를 회로판에 연결하는 구리 배선을 비롯해 심지어 규소를 만드는 데 필요한 자갈에 함유된 산화 실리콘SiO2 등 투입물을 소싱하는 일에 어려움을 겪고 있다. 신규 기판 공장을 건설하는 데는 길면 2년이 걸릴 수도 있다. 기판 공급 지연은 2023년 또는 그 이후까지 지속될 것이다. 지연이 발생한 다른 이유도 있다. 악천후였다. 텍사스주에서는 반도체 생산에 쓰이는 에너지 부족으로 공장 가동이 멈췄다. 또 말레이시아는 팬데믹으로 인해 공장 문을 닫아야 했다. 반도체가 완성되더라도 전 세계적인 배송에 영향을 미치는 또 다른 공급사슬의 병목현상에 부딪히게 된다. 이런 조건에서 최종 사용자는 과잉 주문과 비축에 의존할 수밖에 없다. 그럴수록 상황은 더욱 악화된다. 반도체 부족 현상은 하나의 사건으로 복합적인 시스템이 붕괴하는 일은 거의 없다는 점을 보여주는 예이기도 하다. 여러 요소가 합쳐져 붕괴하는 경우가 종종 일어나는데 반도체 역시 투입물, 날씨, 배송, 팬데믹의 영향을 받았다.

반도체가 부족해지자 자동차도 부족해졌다. 코로나19 팬데믹으로 사람들은 뉴욕이나 로스앤젤레스와 같은 대도시에서 교외나 시골로 이사를 갔다. 대중교통을 타거나 도심을 걷는 일이 익숙했던 사람들은 새 차를 구매하려고 했다. 신차 수요는 급증했다. GM이나 포드 등 자동차 제조업체들은 21세기 자동차의 두뇌에 해당하는 반도체 부족으로 신차 수요를 따라잡지 못했다. 철도 인력과 자동차를 배송할 트럭 운전기사도 부족했다. 설령 자동차가 완성되었다고 하더라도 딜러에게 쉽사리 운송할 수 없었다. 락다운과 코로나19로 인한 결근 탓에 딜러들도 고객에게 온전한 서비스를 제공하지 못했다. 공급사슬은 반노체부터 자동차 공장, 물류 운송, 고객 서비스까지 뒤얽혀 있었다. 공급사슬 문제는 중고차 가격이 급등하면서 또다시 인플레이션으로 이어졌다. 중고차는 다른 사람의 손을 거쳤을지는 몰라도 돈을 내면 살 수 있었다. 자동차가 필요한 사람들에게는 유일한 선택지였다.

　이러한 제약을 해결하기는 쉽지 않았다. 트럭 운전기사 부족 사태를 지켜보던 사람들은 "그냥 운전사를 더 고용하면 되잖아!"라고 말했다. 하지만 운전기사들은 미래가 없다고 생각되는 일에 뛰어들려고 하지 않는다(부분적으로는 로봇과 무인 자동차의 등장 때문도 있다). 플릿 오퍼레이터Fleet Operator(다수의 차량 또는 운송 수단을 소유한 사업자-옮긴이)도 운전기사를 더 많이 고용하려고 하지 않는다. 병목현상이 줄어들면 6개월 이내에 인력을 감축해야 하기 때문이다. 물론 병목현상이 완화되지 않을 것이라는 전제가 어느 정도 확실해서 이러한 접근 방식을 취하는 것이기도 하다.

　피터 S. 굿맨Peter S. Goodman 기자는 자동차 배송 센터 트럭 운전기사의 삶이 어떤지 다음과 같이 설명해준다.[20]

　　데이브 피네가Dave Pinegar는 자신이 사는 캔자스주 위치타Whichta에서 남서쪽으로 약 321킬로미터 떨어진 곳을 향해 운전한다. 운전한 지 이미 3시간이 지났다.

　　"일찍 일어나는 새가 벌레를 잡는 법이죠."

　　선택지를 살펴본다. 오클라호마주 브로큰 애로우Broken Arrow까지 운전하면 452달러를 벌 수 있으며 아칸소주 맬번Malvern까지 더 긴 시간 운전하면 717달러를 벌 수 있다. 가장 긴 경로는 오하이오주 바타비아Batavia다. 약 1,030킬로미터를 운전해야 하고 929달러를 벌 수 있다. 하지만 아내와 두 딸과 하룻밤 이상 떨어져 있어야 한다. 그는 자신이 사는 위치타로 돌아가는 여정을 선택했다. 별다른 일이 없으면 정오에 집에 도착할 것이다.

피네가가 실은 화물은 공급사슬의 복합적인 특성을 보여준다. 먼저, 그는 캔자스주 엠포리아Emporia에 있는 대리점에 들러 한국 공장에서 만들어진 쉐보레 트레일블레이저 SUV를 하차한다. 이후 페어팩스Fairfax 공장에서 생산된 쉐보레 말리부 두 대와 캐딜락 두 대(미시간주 랜싱Lansing에서 생산된 캐딜락 CT5 세단 한 대와 텍사스주 포트워스Fort Worth 인근에서 생산된 캐딜락 에스컬레이드 SUV 한 대)를 싣고 계속해서 위치타를 향해 운전한다. 마지막으로 배송할 차는 멕시코에서 생산된 쉐보레 실버라도 픽업트럭이다…

그는 종종 배송이 오래 걸렸다고 발끈하는 딜러와 마주한다. 하지만 최근 몇 달 동안 반도체 부족으로 자동차가 귀중품으로 변하면서 박수갈채를 받는 일이 잦다. 심지어 하역하는 모습을 영상으로 찍는 사람도 있을 정도다.

"산타클로스가 된 기분이에요."

어스름한 하늘에서 마당에 빛이 비추기 시작하는 새벽 6시가 조금 넘은 시간, 피네가는 서커스 묘기를 부리듯 트레일러로 올라가 배달해야 할 차량을 싣고 운전하기 시작한다. 게이트를 통과한 뒤 주와 주를 잇는 고속도로를 달리는 차 사이로 사라진다.

만약 여기서 무슨 일이든 계획대로 진행되지 않으면 실수를 해도 괜찮은 여지가 줄어든다.

반도체나 트럭 수송의 역학은 섬유산업, 항공기 정비, 광업 등 여러 분야에서 똑같이 나타난다. 이러한 공급사슬에는 개별적인 병목현상이 일어나고 있지만, 한 공정의 산출물이 다른 공정의 투입물이 될 때나 다양한 상품이 한 운송 수단의 연결 지점을 지나갈 때 서로 영향을 미친다. 상호 의존성은 공급사슬과 같이 복합적이고 역동적인 시스템의 본질이다.

왜 공급사슬 문제를 해결할 수 없는 걸까?

공급사슬을 다루는 학문은 꾸준히 발전해왔다. 그런데 왜 공급사슬에서 생기는 문제는 알아차릴 수 있어도 해결할 수는 없는 걸까? 항만에 지연이 발생했다면 항만 운영 시간을 늘리면 어떨까? 트럭 운전기사가 부족하다면 더 많은 운전기사를 고용하면 어떨까? 특정 지역에서 에너지가 부족한 경우 프래킹Fracking(수압파쇄) 공법으로 셰일 가스를 시추하거나 천연가스로 에너지 공급을 늘리면 어떨까? 이러한 간단한 논리는 공급사슬에 제약을 유발하는 많은 요소들에 적용될 수 있다. 하룻밤 사이에 문제가 해결되지는 않겠지만 인내심을 갖고 계속해서 공급사슬을 수정할 수는 있다. 그러면 조만간 2019년 이전의 비교적 원활했던 공급사슬로 돌아갈 수 있을 것이다. 문제가 무엇인지 정확히 알면 자원을 할당하고 개선할 시간을 조금 더 주면 해결되지 않을까?

답은 '아니요'다. 복합적이고 동적인 시스템이 무너지면 다시 합칠 수 없다. 붕괴가 일어나려면 시간이 걸리고 시스템의 규모가 클수록 이 과정은 오랜 시간에 걸쳐 진행된다. 단순한 평면 공간 안에서 붕괴가 일어나면 시스템은 새롭게 재건될 수 있다. 공급사슬 1.0(1989~2019년)에서 공급사슬 2.0(2020년~)으로 국면이 전환되면서 기존의 공급사슬이 붕괴하고 새로운 공급사슬이 만들어졌다. 새로운 공급사슬은 기존의 공급사슬과 유사점이 거의 없을 가능성이 크다. 공급사슬을 재건하는 과정은 최소 5년 이상 소요될 예정이고 그동안의 공급사슬은 신뢰하기 어렵다. 대체할 수 있는 공급사슬이 없고 하나의 공급사슬이 시장을 지배할 것이다.

제2장에서는 공급사슬이라는 학문에 관해 알아보고 현재 공급사슬 붕괴의 복합적인 성격이 어떤 역할을 하는지 살펴볼 계획이다. 3장에서는 새로운 공급사슬 구축을 막는 지정학적·경제적 방해물을 살펴볼 것이다. 이러한 방해물은 새로운 방향으로 뻗어나가는 여러 노선을 만드는 것을 막는다. 이 장의 나머지 부분에서는 현재 공급사슬이 붕괴한 이유를 하나하나 따져볼 계획이다. 이유를 자세히 살펴보면 현재 왜 공급사슬을 재건할 수 없는지, 왜 소비자가 겪고 있는 물건 부족 현상이 지속되는지 더 분명하게 알 수 있다.

컨테이너 화물선들이 로스앤젤레스 항만에 발이 묶여 항만에 배를 대고 컨테이너를 하역하지 못한다는 것이 가장 보편적인 설이다. 로스앤젤레스항은 미국에서 가장 큰 항만이며 로스앤젤레스

항에서 일어나는 병목현상은 세계에서 그 규모가 가장 크다. 항만 운영자들이 근무를 게을리하거나, 화물선에서 컨테이너를 하역한 뒤 트럭 운전기사들이 컨테이너를 운송하지 않아서 항만 적체 현상이 발생했다고 가정하기 쉽다. 화주를 비난하든 트럭 운전기사를 비난하든, 어떤 악당이 이 문제를 일으켰는지 쉽게 알아낼 수 있을 것처럼 보인다. 이러한 가정에서 출발할 경우 근로자들에게 더 오래, 더 열심히 일하라고 명하기만 한다면 적체 현상을 타파할 수 있을 것이고 문제는 모두 해결될 것만 같다.

하지만 이 가설은 그럴듯하게 들리도록 그저 광을 낸 이야기일 뿐이었다. 사실과는 거리가 멀었다. 실제로 화물 컨테이너를 실은 선박들은 로스앤젤레스항과 롱비치항을 비롯한 기타 주요 항만에서 줄을 서고 있었다. 매일 항만이 몇 시간 동안 열려 있는지, 얼마나 많은 사람이 선박 컨테이너를 하역하는지 등의 문제는 전혀 상관이 없었다. 이는 단순히 하역하고 보관할 수 있는 컨테이너의 양에 걸린 문제였다. 2021년 11월, 공급사슬 위기가 악화되면서 로스앤젤레스항에서는 컨테이너 54만 개를 실은 선박들이 하역을 기다리며 대기하고 있었다. 하루에 하역할 수 있는 양은 컨테이너 1만 8천 개다. 얼마나 오랜 시간 항만을 열어놓는지와는 관계없다. 컨테이너가 새로 도착하지 않으면 밀린 컨테이너를 하역하는 데는 30일이 걸릴 것이다. 하지만 날마다 컨테이너 2만 9천 개가 도착하고 있다. 이는 도착하는 컨테이너 수가 전혀 줄어들지 않고 매일 컨테이너 1만 1천 개의 하역이 지연되고 있음을 뜻한다. 쉽게 말해 항만 인프라가 증가한다거나 도착하는 컨테이너 수가 줄지 않으면 적체된 컨테이너 수 역시 줄어들지 않을 것이다. 항만 인프라를 증가시키는 것이 가능하더라도 수년간의 프로젝트가 될 것이다. 정책이나 노력에 달린 일이 아니라 처리할 수 있는 능력과 계산의 문제다. 상황은 지속될 수 없다. 화주는 적시에 하역할 수 없는 경우 로스앤젤레스항으로 선박을 보내지 않거나 선박으로 운송하는 일을 완전히 멈출 것이다. 사바나항이나 휴스턴항 등 다른 항만으로 컨테이너들을 재이동시킨다면 이동한 곳에서 적체 문제가 발생하게 될 것이다. 선박이 항만에서 지연되어 해운 경로를 바꾸는 현상은 전 세계의 선박이 노후화되면서 더 악화되었다. 신규 선박은 설계 시간을 포함해 건조까지 3~4년이 소요된다. 그러니 현재 운영 중인 선박이 고장이 난다고 해도 초기에 문제점을 바로잡거나 노후 선박의 운항을 멈추는 일은 없다.

항만 정체는 단순한 지연 그 이상이다. 해안가에 컨테이너를 정박해두는 것은 높은 비용을 초래한다. 사실상 하역할 때까지 선박을 사용하는 일은 없으며, 화주와 선박 운항자는 체선료(체화료라고도 불리며 컨테이너 화물을 계약 기간 내에 선적 또는 하역하지 못할 때 지체된 기간만큼 내야 하는 비용 ─ 옮긴이)라고 불리는 막대한 비용을 내야 한다. 하역이 지연되는 동안 소비자들이 컨테이너 안에 있는 상품을 더는 원하지 않게 되거나 유행이 바뀔 수도 있다. 크리스마스가 6개월 지난 뒤에 누가 크리스마스 선물을 사려고 하겠는가? 또한 수송 중인 상품은 수입업자의 관점에서 볼 때 재고의 한 형태다. 재고 비용으로 1달러가 든다는 것은 현금이 1달러 줄어든다는 것을 의미한다. 수입업자는 막대한 자금을 조달해야 하고 기회비용을 부담해야 한다. 상품이 수송 과정에서 옴짝달싹하지 못하고 있다면 수출업자와 수입업자 모두 손해를 보게 된다.

전문가들은 매년 매달 최대 9백억 달러 규모의 교역이 지연되고 있다고 예측한다. 이는 수송 과정이 지연된 상품의 명목적인 가치만 계산한 것이다. 재고 관리에 드는 비용이나 고객과의 관계 손상, 공급사슬 업스트림Upstream(조직의 첫째 상단에 있는 1차 공급업자와 그들에게 공급해주는 공급업자 ─옮긴이)에서의 지연으로 발생하는 실직, 변질이나 노후화로 드는 비용, 시즌이 끝났을 때 물품을 받아 발생하는 비용은 고려하지 않았다. 세계경제가 주요 항만의 공급사슬 붕괴로 연간 1조 달러 이상의 손실을 볼 것이라는 예측은 과장이 아니다.

하지만 상황은 숫자가 시사하는 것보다 더 어둡다. 새로운 컨테이너가 도착하지 않더라도 항만은 적체된 컨테이너를 하역할 수 없다. 컨테이너를 놓을 자리가 없기 때문이다. 항만에는 크레인 옆에 컨테이너를 하역하는 넓은 주차장 같은 대규모 공간이 있다. 그러한 부지, 즉 컨테이너 터미널에 컨테이너를 쌓은 뒤 운송할 트럭이나 기차를 기다려야 한다. 컨테이너는 안전상의 이유로 최대 6단까지만 쌓을 수 있다(6단은 약 15미터에 해당한다─옮긴이). 이제 터미널에서 필요한 컨테이너를 찾아서 옮기기 힘들 정도로 컨테이너들이 높이, 또 빽빽이 쌓여 있다. 트럭이 도착하는 속도는 컨테이너의 적체를 제때 해소할 정도로 빠르지 않다. 일찍 도착했다고 할지라도 컨테이너를 실을 차례가 될 때까지 터미널 게이트 밖에서 기다려야 한다. 때로는 트럭 운전기사가 며칠을 기다려야 할 때도 있어서 중간에 포기하고 집으로 돌아가는 상황도 생긴다. 이때 화주는 이 모든 과정을 처음부터 다시 시작해야 한다. 또 트럭에 실을 화물 컨테이너를 찾기 위해 트럭이 터미널에 진입한다고 해도 실어야 하는 컨테이너가 6단 중 가장 밑에 있다면? 해당 화물을 트럭에 싣고자 그 위에 있는 5단의 컨테이너를 제거하는 데는 몇 시간이 더 소요된다.

엎친 데 덮친 격으로 화물 절도까지 급증하고 있다. 사치품과 값비싼 고급 반도체가 들어 있는 컨테이너가 쌓여 있으니 조직범죄를 저지르기에 딱 좋은 기회다. 2021년 3분기에 캘리포니아주에서 화물 절도는 지난해 같은 기간보다 42%나 증가했다. 도난당한 물품은 암시장에서 팔린다. 로스앤젤레스에서는 컨테이너 절도 외에도 열차 강도가 밥 먹듯이 일어난다. 주요 노선에 정차해 있거나 철도 측선에 있던 화물 열차를 약탈해가는 것이다. 2021년 가을, 이러한 강도 사건이 대규모로 발생했고 2022년 초에도 지속해서 증가했다. 로스앤젤레스 지역 방송국 KTLA는 다음과 같이 보도했다. "최근 도둑들이 전국에 배송 중이던 아마존과 UPS 택배 상자 수천 개를 뒤진 뒤 로스앤젤레스 기차선로 옆에 버려두고 간 현장이 발견되었습니다… 선로 옆에 버려진 택배 상자에는 시애틀부터 라스베이거스, 그리고 미국 내 다른 도시의 주소가 적혀 있습니다."[21]

아수라장이 된 약탈 현장을 치우거나 차질이 생긴 배송을 끝마치려는 노력은 없었다. 선로는 쓰레기로 뒤덮였다. 약탈이 일어난 근본적인 원인은 로스앤젤레스 당국이 법률을 집행하고 범죄자들을 기소하는 일에 손을 놓았기 때문이었다. 이는 사건의 원인을 떠나서 효율적인 공급사슬이라는 관에 못을 하나 더 박은 셈이었다.

항만에서의 트럭 운송 상황을 살펴보기 전에 바이든 정부가 항만 적체 문제를 어떻게 접근하는지 짚고 넘어가야 한다. 항만에서 물류 지연이 일어났을 때 정부는 무엇을 하고 있었던가? 상황을 악화시키고만 있었다.

정부는 적체 현상을 완화하기 위해 가장 먼저 로스앤젤레스항을 24시간 개방하고 3교대 근무를 시행하라고 명했다. 앞서 말했듯 근무 시간이 문제가 된 적은 없었다. 항만에 컨테이너를 넣을 곳이 없어서 선박에 실린 컨테이너를 하역하지 못한 것이다. 부두와 창고는 꽉 찼고 컨테이너는 하늘을 찌를 듯 겹겹이 쌓여 있었다. 화물을 놓을 곳이 없으니 긴 시간을 일해봤자 소용이 없었다.

정부가 취한 다음 행보는 더더욱 잘못되었다. 6일 이상 부두에 적재한 컨테이너에 벌금을 부과했다. 하지만 화주들이 꾸물거린 적은 단 한 번도 없었다. 화주만큼 컨테이너가 빨리 움직이기를 바라는 사람은 없다. 트럭이 컨테이너에 도달할 수 없는데 컨테이너를 이동시키는 것은 물리적으로 불가능하다. 세계선사협의회World Shipping Council는 이렇게 짚었다. "벌금은 선사 몫이지만 화물을 언제 피업할지 결정할 권리는 화물 수령인이 쥐고 있다. 선사가 더 큰 비용을 부담한다고 해서 화물을 픽업할 마음이 생기는 것은 아니다." 벌금을 부과한다고 해서 운송 과정에서 속도를 낼 수 있는 것이 아니라는 얘기다. 오히려 상품의 가격을 상승시켜 인플레이션을 악화시키고 몇몇 소매업체의 폐업으로 이어질 수 있다. 불가피한 지연이 발생하고 상품 가격에 벌금까지 추가되면 진정한 의미에서 공급사슬의 위기가 발생한다. 이 둘의 조합은 경제에 악영향을 미친다.

바이든 정부의 다음 행보는 거의 사기에 가깝다. 2021년 11월 30일에 마티 월시Marty Walsh 노동부 장관과 진 세로카Gene Seroka 로스앤젤레스 항만청장은 항구에서 기자회견을 열었다. 이날 기자회견에서 월시 장관은 노조와 화주 간에 더 긴밀해진 협조를 긍정적으로 평가했다. 세로카 청장은 "항만에 오랫동안 대기 중인 컨테이너에 벌금을 부과한 이래, 정박한 선박 수는 4주 동안 40% 이상 감소했습니다"라고 말했다. 이로써 공급사슬의 위기는 끝났고 크리스마스에 맞춰 배송 지연이 해결되리라는 수많은 이야기가 떠돌았다.

이 이야기는 근본적으로 거짓이었다. 세로카 청장은 무역 간행물 〈프레이트웨이브스FreightWaves〉의 보고서에 근거해 선박 수가 40% 감소했다고 인용했다. 보고서에 따르면, 2021년 11월 16일부터 11월 23일 사이에 적체한 선박 수는 86척에서 61척으로 감소했다. 30%가 줄어든 것이다. 또 다른 집계에 따르면 84척에서 44척으로 47%가 감소했다. 백분율은 측정한 날짜에 따라 달라진다.

사실상 적체된 선박 수는 27% 증가했다. 하역을 기다리는 선박 수는 벌금 부과를 발표한 2021년 10월 25일에 75척에서 기자회견 전날인 2021년 11월 29일에 96척으로 증가했다. 적체되었다고 주장하는 선박 수와 실제로 적체한 선박 수가 일치하지 않는 이유는 하역을 위해 대기 중인 선박의 정의를 바꾸었기 때문이다. 월시 장관과 세로카 청장은 로스앤젤레스에서 서쪽으로 150마일, 남북으로 50마일 떨어진 안전·대기품질지역Safety and Air Quality Area, SAQA에서 대기 중인 선박만 적체했다고 정의했다.

선박들은 벌금을 피하고자 단순히 안전·대기품질지역 밖으로 이동했다. GPS와 태평양 해양 감시시스템Pacific Maritime Monitoring System, PacMMS을 사용한 결과, 남부캘리포니아해양거래소Marine Exchange of Southern California는 로스앤젤레스항에 입항하려고 기다리는 선박의 실제 수는 역대급인 96척으로 증가했다고 판단했다. 대기 중인 배들은 단순히 멕시코의 바하 칼리포르니아 반도 해안으로 이동하거나 대만이나 일본에서 대기하면서 로스앤젤레스로 운송할 기회를 기다리고 있었다. 일부 선박은 로스앤젤레스 가까이에 있었지만 안전·대기품질지역 밖에 있는 바다에서 대기했다. 로스앤젤레스의 선박 적체는 이제 태평양을 가로지르는 선박 체증으로 변모했다.

이러한 일련의 사건들은 의도하지 않은 행동이 어떤 결과를 낳을 수 있는지 보여준다. 규제를 가해 해결하려 했던 바이든 대통령의 해법은 상황을 악화시켰고 문제를 확산시켰다. 이는 또한 공급사슬 물류의 복합성을 깨우치게 하는 교훈이기도 했다. 하역한 선박의 적체가 완화되었다는 번지르르한 말의 머리기사는 사실과 다를 뿐만 아니라 정부 관료들에게 잘못된 성취감을 안겨준다. 무슨 일이 일어나는지 이해하고 싶다면 정부 관료가 아닌 전문가의 말에 귀 기울일 필요가 있다.

항만의 적체 문제와는 무관하게 트럭과 트럭 운전기사 역시 부족하다. 다시 한번 말하지만 그 이유는 복합적이다. 트럭 운전기사들이 현장에 나와 일하려는 의지의 문제보다는 물류와 관련이 있다. 복합 운송이란 선박에서 하역된 컨테이너를 특별히 설계된 차대(섀시라고도 부른다-옮긴이)에 실어 트럭으로 배송하는 운송 방식을 뜻한다. 트럭이 유통센터에 도착하면 차대에서 컨테이너를 분리해 창고에 보관하거나 최종 목적지로 향하기 전에 컨테이너를 다른 차대에 싣는다. 크로스 도킹도 복합 운송 방식 중 하나다.

문제는 팬데믹으로 인한 락다운 기간 동안 미국인들이 여행이나 레저, 레스토랑과 같은 서비스보다는 온라인 상품에 돈을 펑펑 쓰기 시작하면서 발생했다. 상품 수입이 수출을 크게 넘어섰고 창고는 가득 차게 되었다. 운전기사는 트럭에 실은 물품을 유통센터에 하차하는 것이 불가능해지자, 그냥 주차한 트럭에 방치했다. 컨테이너를 실은 차대는 바퀴 달린 임시 창고가 되었다. 이 상황은 차대가 항구로 돌아가지 못해서 항만 터미널에 있는 컨테이너를 옮길 차대가 충분하지 않다는 것을 의미한다. 선박의 적체는 공급사슬부터 해운 선박까지, 태평양부터 요코하마항과 상하이항에서 컨테이너를 선적했으나 하역할 항만이 없어서 출발할 수 없었던 선박에 이르기까지 파급효과를 가져왔다. 문제는 트럭과 트럭 운전기사 부족이 아니었다. 복합 운송의 차대가 부족했기 때문이었다.

2021년, 시간이 지날수록 공급사슬의 위기는 심각해졌다. 트럭 운전기사 부족 문제가 부상했다. 여기에는 몇 가지 이유가 있었다. 첫 번째는 공급사슬의 위기로 인해 일을 할 수 있는 운전기사들이 더 긴 시간 운전하고 더 많은 경유지를 거쳐야 했기 때문이었다. 일의 위험성이 증가하자 일의 매력이 줄어들었다. 그 결과 많은 운전기사는 그냥 위기가 끝나기를 기다리거나 일찍 퇴직했다. 두 번째는 코로나19 팬데믹 때문이었다. 모든 사람들과 마찬가지로 운전기사들도 코로나19에 감염되었다. 일을 쉬면서 격리하고 회복 기간을 거쳤다. 백신 접종이 의무화되면서 트럭 운전기사에게 접종 증명서를 요구했고 업무는 까다로워졌다. 접종을 의무화한 장소나 회사에 물건을 배달하는 일이 불가능해지기도 했다.

캐나다 국경을 넘는 일은 미국보다 더 엄격한 백신 접종 요구 사항을 충족시켜야 한다는 것을 의미했다. 이때 전문가들은 매력적인 급여와 복지를 제공해 젊은 운전기사를 모집함으로써 인력 부족을 해결할 수 있다고 말했다. 운전기사의 급여가 많이 늘어난 점은 사실이다(상품 가격을 인상한 또 다른 원인이었다). 하지만 젊은이들은 전문가들보다 더 감각이 좋았다. 수년간 젊은이들은 로봇공학이 부상하고 자율 주행 자동차가 출현했다는 이야기를 들어왔다. 일론 머스크의 테슬라가 내놓은 오토파일럿을 탑재한 세미 트럭Semi Truck이 미래를 대표한다. 지금 계약금 2만 달러를 내면 세미 트럭을 선주문할 수 있다. 자율 주행 트럭이 다니는 세계에서 젊은 트럭 운전기사의 미래는 어떨까? 미래는 없다. 젊은이들은 운전기 사직에 지원하지 않고 나이 든 트럭 운전기사들은 은퇴한다. 한창 때인 트럭 운전기사들은 번아웃에 시달리거나 코로나19에 감염된 뒤 회복 중이다. 운전기사의 인력 부족은 심각하다. 이러한 상황은 조만간 나아지지 않을 것이다.

공급사슬의 대실패에 원인을 제공한 사람들의 목록은 끝이 없 다. 트럭 운전기사뿐만 아니라 수많은 인력은 지나친 백신 접종 의 무로 공급사슬 밖으로 밀려났다. 코로나바이러스 오미크론 변이로 인해 백신으로 바이러스의 감염이나 확산을 완벽히 막지 못한다는 것이 알려졌음에도, 백신 미접종자를 배척하는 것은 미 정부의 취 미가 되었다. 그 탓에 창고, 유통센터, 소매 판매점, 물류 운송 업체 에 근무하는 근로자들이 맡은 일을 하거나 심지어 일자리를 지키 는 것마저도 아주 힘들어졌다. 백신 미접종자에게 불이익을 줘서 공급사슬이 악화된 상황은 슬프게도 무척 아이러니하다. 바다 위 에 떠 있는 많은 컨테이너 안에는 코로나19 바이러스와 맞서 싸우 는 데 필요한 N95 마스크, 검사 키트, 보호 장비와 약품이 들어 있 기 때문이다.

코로나바이러스의 영향력이 그다지 치명적이지 않았던 마냥, 2022년 4월에 H3N8형과 H5N1형 두 유형의 조류인플루엔자 발병 이 보고되었다. 4월 5일에 중국 허난성에서 H3N8형이 사람에게 최초로 전파되었다고 보고되었다. H5N1형의 경우 4월 20일에 콜로라도주에서 첫 인체 감염 사례가 발생했다. 인체 감염 자체는 별로 위험하지 않다고 간주되지만, 미국과 캐나다, 중국의 가금류와 달걀에 미치는 영향은 막대했다. 미국 농무부는 2022년 5월 9일까지 34개 주에서 가금류 3천7백만 마리 이상이 조류인플루엔자로 사망했다고 보고했다. 가금류와 달걀 가격이 폭등했다. 이러한 가격 폭등은 당해 미국 전체에 영향을 미쳤다.

날씨는 도움이 되지 않았다. 2021년 7월부터 9월까지 남반구에는 겨울에 기록적인 한파가 덮쳤고 평소와 달리 폭설이 내렸다. 그 결과 브라질 커피와 대두 수확량이 줄고 호주부터 남아프리카공화국까지 경제활동이 둔화되었다. 2022년 1월, 북반구에 극심한 추위가 불어닥쳤고 바닷물이 얼어붙어서 러시아의 북극해 항로를 지나가던 선박의 발이 묶였다. 북극 해역의 바닷물이 어는 것은 제법 흔한 일이지만 평소보다 더 이른 시기에 더 두껍게 얼어붙은 것이 문제였다. 캐나다에서 중국으로 철광석을 수송 중이던 배 3척과 유조선 2척 등 20척이 넘는 배들이 동시베리아해에서 옴짝달싹하지 못하고 있었다.

2022년 1월, 미국에서도 날씨가 문제였다. 극강의 한파와 노동력 부족, 높은 운송비용이 합쳐져 미국 동해안 지역 슈퍼마켓의 선반이 텅 비게 되었다. 2022년 1월 3일, 버지니아를 마비시키고 약 80킬로미터로 이루어진 주간 고속도로인 제95호선(미국 동부 해안 도시를 잇는 고속도로 – 옮긴이 주)의 통행을 불가능하게 했던 눈보라나 그로부터 2주 뒤 불었던 북동풍 등 주기적인 폭설과 눈보라로 인해 물류 공급사슬은 엉망이 되었다. 〈뉴욕 포스트〉는 "식료품점과 기타 소매점의 주요 가정 식품의 재고 부족률은 12% 수준이다. 평상시에는 7~10% 정도다"라고 보도했다.[22] 물론 악천후는 제법 흔한 일이었다. 하지만 이미 취약하고 문제가 많은 공급사슬에 악천후까지 겹치면 배송 지연을 악화시키고 회복을 더 어렵게 만드는 승수 효과를 가져올 수 있다.

미국과 다른 선진국에서 발생하는 노동력 부족은 공급사슬을 효율적으로 운영하는 데 있어 역풍으로 작용한다. 이 문제를 가장 잘 보여주는 증거는 일할 사람이 부족하지 않다는 점이다. 1천만 명이 넘는 미국의 핵심 노동자들은 노동인구로 집계되지 않는다. 정부는 적극적으로 일자리를 찾지 않는다는 이유로 이러한 인력을 실업자로 계산하는데 일할 능력은 전적으로 충분하다. 하지만 실제로 노동력 부족 현상이 일어나는 이유는 노동인구로 계산되지 않은 사람들이 노동시장으로 복귀할 기미가 보이지 않고, 이미 노동인구로 계산된 사람들이 전례 없는 속도로 일을 그만두었기 때문이다. 그 이유의 일부는 일하지 않는 사람에게 보조금을 지급하는 정부의 복지 정책 때문이고, 일부는 고용주가 매출과 이윤의 감소로 근로자들에게 시장 청산 임금(시장의 노동에 대한 수요와 공급에 따라 결정되는 임금-옮긴이)을 줄 수 없기 때문이었다. 노동 참여율이 저조한 이면에는 팬데믹과 코로나19 감염에 대한 두려움 탓도 있었다. 이 모든 현상은 최근 공급사슬에 급격한 차질이 빚어지기 전에 이미 발생했던 일이었다. 이는 물류 산업 종사자뿐만 아니라 식당 종업원, 소매점 점원, 운전기사, 병원 인력 등 서비스 분야 종사자들이 부족한 주요 원인이었다. 공급사슬의 붕괴에 직접적 영향을 주지는 않았지만 공급사슬을 악화시키는 추세에 기여한 추가적인 예시인 셈이다.

공급사슬은 에너지를 투입하지 않으면 작동하지 않는다. 화물선의 연료유, 트럭의 디젤, 조명과 컨베이어 벨트를 작동시키는 전기, 소매 판매점의 난방 등 상품의 원료부터 고객 만족에 이르기까지 공급사슬은 석유, 천연가스, 석탄, 풍력, 태양광, 원자력에서 나오는 에너지로 작동한다. 각각의 에너지원은 광산, 원자로, 발전소, 수력발전 댐에서 얻어지는 최종 산출물로, 신선한 빵이나 우유를 가져다주는 공급사슬의 연결고리만큼이나 차질에 취약한 편이다.

2021년, 바이든 정부가 내놓은 에너지 정책은 많은 부작용을 낳았다. 캐나다와 미국을 잇는 송유관 추가 건설 사업인 키스톤 XL 프로젝트를 폐기했고 연방 토지에서 석유와 가스 채굴을 금지했으며 프래킹을 제한했다. 이뿐 아니다. 다른 제약 요소들로 인해 석유와 가스 생산이 저해되었다. 그 결과 미국은 트럼프 정부 시절 유지하던 에너지 순 수출국의 지위를 잃고 순 수입국으로 바뀌었다. 세계 최대 자산 운용사 블랙록Black Rock을 이끄는 래리 핑크Larry Pink (ESG를 자본을 위한 길이라고 언급한 기업가─옮긴이) 등 착한 기업가들은 엑손모빌ExxonMobil을 비롯한 다른 기업들의 이사회 구조를 자신의 편에 유리하게 바꾸는 데 협력했다. 회사들의 핵심 사업은 석유나 가스를 사용하는 방향에서 풍력 터빈, 태양광으로 옮겨갔다. 신재생 에너지는 전력망에 필요한 최저 전력량을 유지하거나 글로벌 에너지 수요의 증가를 따라잡을 능력이 없는 하루살이 같은 간헐적인 에너지원이었다.

공급사슬로 인한 에너지 부족과 근시안적인 공공 정책의 조합은 생산과 수송에 필요한 에너지 투입에 문제가 생겼다는 것을 의미했다. 이에 따라 중국 만주에 있는 공장들부터 독일 뮌헨에 있는 생산 라인까지 문을 닫아야 했다. 에너지 부족은 생산과 수송이 더뎌지며 결국 에너지의 생산량이 또다시 줄어드는 피드백 루프(어떤 원인에 의해 나타난 결과가 다시 원인으로 작용해 그 결과를 줄이거나 늘리는 회로 - 옮긴이)가 시장을 장악했다는 뜻이었다. 사용할 수 있는 에너지 공급량은 민간인에게 돌아갔고 산업은 손해를 입었다. 공급사슬의 신음이 짙어졌다.

공급사슬의 실패를 보여주는 일화는 넘쳐나지만 좀 더 꼼꼼하게 설명하기 위해 양적 자료를 보여주고자 한다. 2022년 1월 4일, 뉴욕 연방준비은행은 글로벌 공급사슬 압력 지수Global Supply Chain Pressure Index, GSCPI를 발표했다. 새롭게 개발한 지수지만 이 지수를 산출하려면 수십 년간 누적된 데이터가 필요했다. 전문가들은 비교 산출을 하기 위해 1996년의 자료부터 추적했다. 글로벌 공급사슬 압력 지수는 1996년부터 약 25년간의 평균값(정상 수치)을 0으로 보고 평균에서 떨어진 표준편차를 측정한다. 통계에 따르면 1은 사건 전체의 68%를 차지하고 2는 95%를 차지한다. 3은 99.7%를 차지한다.

글로벌 공급사슬 압력 지수는 예상대로 1996년부터 2020년 2월까지 거의 예외 없이 −1에서 +1 사이였다. 그 어떤 예외적인 상황도 −2 또는 +2 표준편차를 초과하지 않았다. 2021년 12월, GSCPI 지수는 4.45를 기록했다. 4백 년에 한 번 일어날 정도로 극단적인 수치다. 이 지수는 2022년 3월까지 소폭 하락했다가 4월에 다시 상승했는데 일정 부분 중국의 코로나19 봉쇄와 우크라이나 전쟁의 영향을 받았다. 이 지수는 유용하지만 그리 포괄적이지는 않다. 어쨌거나 공급사슬 문제와 관련해 세계가 유례없는 대혼란 상태를 마주하고 있다는 실증적인 증거를 제공한다.

공급사슬의 붕괴는 끊임없이 진행 중이다. 빨리 진압할 수 있을지 해결할 기미가 전혀 보이지 않을지는 여전히 미지수다. 소비자들은 향후 몇 달 동안 공급사슬의 붕괴가 더 심각해지리라고 예상해야 한다. 얼마나 더 심각해질지는 지켜봐야 알 수 있을 것이다.

1장은 글로벌 공급사슬에서 무슨 일이 일어나고 있는지에 대해 전반적으로 살펴봤다면 2장에서는 왜 그런 일이 발생했는지 그 뒷이야기를 조명해볼 계획이다.

누가 공급사슬을 무너뜨렸는가?

> 공급사슬은 예전에 비해 눈에 띌 만큼 복합성을 띠게 되었다. 이제 기업들은 여러 단계의 공급업체와 위탁 서비스 제공업체, 그리고 유통 협력 업체와 거래해야 한다. 공급사슬이 이렇게 복합성을 갖게 된 것은 상품의 판매 방식에 변화가 생겼고, 고객의 기대치가 상승했으며, 새로운 시장의 수요에 신속하게 대응해야 했기 때문이다.
>
> – 마이클 후고스Michael Hugos,
>
> 《공급사슬 관리의 핵심Essentials of Supply Chain Management》[1]

붕괴의 서막

복합적인 시스템이 어떻게 붕괴하는지를 가장 잘 설명한 작품은 어니스트 헤밍웨이의 《태양은 다시 떠오른다》다. 참전 용사인 빌 캠벨은 술에 절어 사는 마이클 켐벨에게 어쩌다가 파산하게 된 것인지 묻는다. 마이크는 이렇게 답한다.

"두 가지로 설명할 수 있어요. 서서히, 그러다가 갑자기 파산하게 됐죠."

공급사슬도 같은 방식으로 붕괴했다. 서서히 붕괴하다가 갑자기 치명적인 문제가 일어나 극으로 치달았다.

지금 우리는 갑작스러운 파멸로 치닫는 국면을 마주하고 있다. 물론 파멸이 끝날 가능성도 있지만 말이다. 우리는 헤밍웨이가 설명한 두 가지의 중간 지점에 와 있다. 1970년대 석유 금수조치나 1930년대 국제무역의 붕괴 등 전 세계적인 영향을 미쳤던 사건들과 아슬아슬하게 견줄 만하다. 이 새로운 국면이 어디까지 영향을 미치고 있는지 생각해보기 전에 서서히 붕괴가 일어났던 단계를 먼저 살펴보면 좋을 것이다. 2021년 말, 공급사슬의 위기는 무시하기 힘들 정도로 심각했다. '솔드 아웃'으로 텅 빈 선반은 소비자들이 이 사태에 관해 알아야 할 모든 정보를 담고 있었다. 그때 위기가 시작된 것은 아니다. 구체적으로 날짜를 짚어보자면 공급사슬이 붕괴되기 시작한 것은 2017년 1월 23일이었다. 도널드 트럼프가 대통령으로 취임한 지 사흘째 되는 날이었다. 트럼프 전 대통령은 당시 다자간 무역협정인 환태평양경제동반자협정Trans-Pacific Partnership, TPP의 탈퇴를 선언하는 행정명령에 서명했다. 무역 전쟁이 시작되었다. 이 전쟁의 가장 큰 피해자는 공급사슬이었다. 물론 이런 결과가 놀랄 만한 일은 아니었다. 트럼프 전 대통령은 대통령 선거에 출마한 이래 수년간 TPP를 비롯해 수많은 무역협정을 비판하며 재협상하거나 파기하겠다고 위협해왔다. 그는 대통령의 자리에 오른 뒤 그 말을 실행에 옮겼다.

무역 전쟁은 빠르게 진행되었다. 2017년 3월 1일, 로버트 라이트하이저Robert Lighthizer 전 미국 무역대표부Office of the United States Trade

Representative, USTR 대표는 트럼프 정부의 2017년 통상 정책 의제를 공개했다. 여기에는 국가 안보와 지식재산권 보호, 수출 확대, 그리고 현행법 및 조약의 강화 등이 포함되었다. 정책 논단에 대한 공식적인 검토가 이어졌다. 앞으로 트럼프 정부가 무역에 관련해 취할 특정 입장의 서막이었다. 취임 1년 뒤인 2018년 1월 22일, 트럼프 전 대통령은 세탁기와 태양광 패널에 30~50%의 관세를 부과했다. 이 관세는 원산지와 관계없이 해당 품목의 모든 수입품에 적용되었지만 두 품목의 주요 수출국인 중국을 겨냥한 것이 명백했다. 트럼프 전 대통령은 1974년 통상법 301조*를 들었다. 상대국의 불공정 행위가 미국 무역에 부담을 줄 때 보복 조치를 마련할 수 있도록 한 조항이다. 곧이어 미국 무역확장법 제232조**에 따라 2018년 3월 1일, 미국이 수입하는 철강과 알루미늄에 각각 25%와 10% 관세를 부과했다. 해당 조항은 국가 안보를 위해서 관세를 부

- 1974년에 제정한 미국 종합무역법으로, 1970년 초에 걸쳐 세계시장의 경쟁이 심화되고 미국의 무역수지 적자 폭이 커짐에 따라 제정되었다. "대통령은 불공정하고 불합리하며 차별적이고 모순된 외국의 법률, 정책, 조치를 제거하기 위해 자신의 권한 범위 내에서 모든 적절하고도 가능한 정책을 취해야 한다"라는 내용으로, 미국 정부가 교역 상대국의 불공정한 행위에 대해 일정한 조처를 할 수 있는 절차를 말한다(옮긴이).
- ** 냉전 시절 자유주의 국가와의 경제적 유대관계를 강화할 목적으로 1962년에 제정된 법. 50여 년 동안 실제 적용된 사례는 1979년, 1982년 각각 이란과 리비아에 단행한 원유 수입 금지 조치였다. 1995년에 WTO가 생겨난 뒤 사실상 사문화되었다가 2017년에 도널드 트럼프 전 대통령이 보호무역주의의 수단으로 활용했다. 미국이 자국의 국가 안보에 위협이 될 수 있다고 판단한 수입품에 고율의 관세를 부과하거나 수입을 제한하는 제재를 가하는 것을 골자로 한다(옮긴이).

과할 수 있는 조항이다. 2018년 3월 22일, 트럼프 전 대통령은 301조를 들며, 미국 지식재산권 도용에 대한 보복으로 5백억 달러 규모의 중국산 수입품에 관세를 부과했다. 이에 다우존스 산업평균지수는 724포인트 하락했다. 301조와 232조를 모두 들고나온 트럼프 전 대통령은 미국의 상업적·지정학적 이익을 방어하기 위해서라면 창고에 있는 법적인 무기를 모두 다 꺼내 쓸 의향이 있는 것처럼 보였다.

전 세계의 반응은 빨랐다. 2018년 4월 2일, 중국은 과일과 와인, 돼지고기를 포함한 미국 제품 120개에 15%의 관세를 부과했다. 2018년 4월 9일, 중국은 철강과 알루미늄에 관세를 부과하기로 한 미국의 조치에 대해 WTO에 제소했다. 이어 EU는 2018년 6월 1일에 제소했다. 캐나다는 2018년 7월 1일에 위스키와 요구르트, 침낭 등 미국산 수출 품목에 관세를 부과하며 보복 조치에 동참했다. 2019년 8월 1일, 트럼프 전 대통령은 3천억 달러 규모의 중국산 제품에 10%의 관세를 추가로 부과했다. 중국은 2019년 8월 23일 미국산 수출품에 추가 보복 관세를 부과했다. 트럼프 전 대통령은 이미 관세가 부과된 2천5백억 달러 중국 상품의 관세율을 25%에서 30%로 인상하면서 트위터에 쏘아붙였다. "미국은 중국이 필요 없다. 솔직히 중국이 없었다면 훨씬 나았을 것." 그날 다우존스 산업평균지수는 약 600포인트 하락했다. 그 시점부터 무역 전쟁은 한층 더 격화되었다.

다음 몇 년은 관세 부과, 보복 관세, 관세 감면, 선별적 구제로 점철되었고, 무역에서 상대를 비난하고 제한함으로써 서로 오가는 말도 더욱 격해졌다. 결국 관세의 상당수가 폐지되거나 감축되었다. 한편 특정 무역 상대국들은 관세를 감면받았다. 그런데도 주요 관세, 특히나 미국과 중국 간의 무역에 영향을 미치는 관세는 계속해서 그 자리를 지키고 있었다. 조 바이든 대통령은 트럼프 전 대통령을 비판했지만 바이든 정부는 트럼프 전 대통령이 부과했던 관세 조치 대부분을 폐지하지 않았다. 강경 정책을 추진한 결과, 트럼프 전 대통령은 멕시코, 캐나다와의 협정인 NAFTA, 한국과의 양자 무역협정인 한미 자유무역협정KORUS FTA 개정 등 주요 무역협정을 새롭게 맺었다. 2020년 2월 14일, 미국과 중국은 미-중 1단계 경제 무역협정에 합의했다. 1단계 무역협정은 평화조약이라기보다는 휴전협정에 가까웠다. 중국은 특정 미국 수출품을 더 구매하기로 동의했다. 그 대가로 미국은 중국산 상품에 관세를 더 이상 인상하지 않기로 했다. 1단계 합의 이후 전 세계는 코로나바이러스로 팬데믹에 휩싸였다. 무역 전선에서 다른 공격은 거의 없었다. 당분간 미국과 중국의 총격이 멈춘 상태이긴 하지만 무역 전쟁은 여전히 끝나지 않았다.

2018년부터 2020년까지 무역 전쟁이 진행되면서 글로벌 공급사슬은 혼란의 도가니 상태가 되었다. 부과된 관세의 많은 부분은 법규나 조약의 조항에 따라 고지 기간이나 의견 수렴 기간을 거쳐야 했다. 관세 부과를 발표한 뒤 효력을 발휘하기까지는 30~90일 정도 지연되었다. 이로써 관세가 적용되기 전까지 수입업자들은 시간을 벌었고 특정한 품목으로 물류 노선을 채웠다. 이 현상은 지금 모두가 목격하고 있는 공급사슬 대실패의 서막이었다.

해상 화물 전문가 로리 앤 라로코Lori Ann LaRocco는 현상을 추적해 자신의 저서 《무역 전쟁Trade War》에 실었다.[2] 라로코가 내놓은 통찰의 핵심은 정치인과 언론이 무역 전쟁의 장단점에 관해 장황하게 말을 늘어놓을 수 있지만, 화물과 목적지, 날짜별 선적 자료를 이용하면 수입자와 수출자의 행동을 실제로 추적할 수 있다는 점이었다. 라로코는 이 자료를 훌륭한 방식으로 활용하며 해당 자료를 화주와 업계 전문가, 항만 관계자의 인터뷰에 녹여냈다. 그의 분석은 팬데믹 이전에 쓰였다는 점에서 더욱 유용하다. 그 뒤에 쓰였다면 무역 전쟁을 코로나19 탓으로 돌리기 쉬운 상황이었기 때문이다. 물론 코로나19 바이러스는 2020년부터 공급사슬의 붕괴에 한몫했지만 공급사슬이 붕괴한 유일한 이유라고는 할 수 없다. 이 분석은 팬데믹과 관계없이 공급사슬이 어떻게 작동하는지에 대한 대조 실험과 같다. 분석에 따르면 공급사슬은 이미 제대로 작동하지 않고 있었다. 위기의 시초는 2017년으로 거슬러 올라간다. 그 이후에 상황이 더 나빠졌을 뿐이었다.

원자재를 거래하는 몇몇 상사商社는 보복 조치가 가해지리라 예상하고 2016년 초부터 알루미늄과 같은 금속을 비축하기 시작했다. 뉴올리언스 근처에 있는 종합 상사인 캐슬턴 커머디티스 인터내셔널Castleton Commodities International이 비축한 알루미늄 규모는 너무나 방대한 나머지 우주에서도 보일 정도였다. 몇몇 화물선은 관세가 부과되기 전에 도착하려고 휴스턴항 등 걸프만에 있는 항만에서 뉴잉글랜드에 있는 항만으로 방향을 틀었다. 알루미늄을 실은 다른 선박들은 호주에서 출발해 로스앤젤레스항에 도착했다. 알루미늄에 1차로 관세를 부과했을 때 호주는 목록에서 제외되었기 때문이다. 캐나다는 관세 때문에 퀘벡의 알루미늄 제련소에서 미국으로 발송하려던 화물을 취소하고 유럽으로 배송하기 시작했다. 관세가 부과되자 수입업체와 수출업체는 즉각적으로 행동을 바꾸었다. 항만의 화물 처리 능력은 목적지 변경의 영향을 받았고 트럭 화물 운송이 정체되었다. 수입업체는 관세가 부과되기 전에 물품을 창고에 빽빽하게 비축했다. 재고량이 증가하면 구매자가 부담해야 하는 비용이 커지지만 그래도 관세보다는 적었다. 2021년에서야 적체와 가격 인상은 본격적으로 모습을 드러내기 시작했다.

무역 전쟁으로 가장 큰 영향을 받은 부문은 농업이었다. 특히 대두가 타격을 받았다. 2018년 이전, 미국은 세계 최대의 대두 생산국이었고, 중국은 세계 최대의 구매국이었으며, 브라질은 세계 최대의 수출국이었다. 무역 전쟁에서 중국이 트럼프 전 대통령에게 꺼낼 패는 미국산 대두를 더 이상 구매하지 않고 브라질산 대두를 사겠다는 것이었다. 미국의 대중국 대두 수출은 2018년, 전년도에 비해 50%나 감소했다. 브라질의 대중국 대두 수출은 2018년 1월부터 8월까지 지난해 같은 기간보다 15% 증가했다. 이러한 규모로 대두 수입 원산지가 변경되니, 해운 선사나 선적할 항만, 그리고 목적지를 다르게 선택해야 했다. 구축된 공급사슬을 갖춘 업체들이 포커를 치고 있다고 비유하면 모든 사람이 조커를 가진 꼴이었다.

중국은 발 빠르게 미국산 물품 수입 금지 품목을 낙농품, 돼지고기, 사료 곡물 등으로 확대시켰다. 렌틸콩, 병아리콩, 체리, 심지어 랍스터까지 미국의 다른 수출품에도 관세를 매겼다. 중국에서 제품을 판매할 길을 잃은 미국 생산업체들은 재빨리 발을 옮겨 네덜란드, 프랑스, 베트남, 스페인, 대만 등의 국가에서 새로운 고객사를 찾았다. 이 업체들은 비록 재정적인 고충을 겪긴 했지만 결과는 성공적이었다.

중요한 점은 일단 오래된 무역 관계가 와해되고 새로운 관계가 수립되면 수출입 물동량은 기존의 패턴으로 쉽게 되돌아가지 않는다는 것이다. 시장 참여자들은 가능한 한 장기적인 관계를 선호한다. 이는 새롭게 구축된 패턴이 끝없이 지속되리라는 것을 의미한다. 다시 말하자면 이 책에서 무역 전쟁을 두고 초점을 맞추는 내용은 관세 비용이나 매출 감소가 아니라 공급사슬 물류에 주는 압박이다(관세 비용이나 매출 감소도 엄청나긴 하지만 말이다). 무역 전쟁이 남긴 유산, 공급사슬에 빚어진 혼란은 현재까지도 지속되는 중이다. 매일매일 끊임없이 더 얽히고설키고 있다.

라로카는 진 세로카 로스앤젤레스 항만청장과 관세 부과 전에 출하량이 증가하는 프론트 로딩front loading(앞으로 발생할 수 있는 잠재적 문제점을 사전에 파악하고, 미리 해결하는 전략–옮긴이) 상황에 관해 다음과 같은 대화를 나눴다.

무역 전쟁이 시작되기 전에 평균적으로 로스앤젤레스항은 선박 10척을, 롱비치 항은 선박 8척을 처리했다. 세로카 청장은 다음과 같이 말했다.

"아주 정확하진 않지만 이해하기 쉽게 예를 들어보겠습니다. 프론트 로딩으로 인해 처리할 수 있는 선박 수가 각각 14척, 10척으로 늘어났습니다."

"당시는 이동하던 물류의 무역 가치가 가장 컸던 시기이기도 했습니다. 선박의 크기는 갈수록 더 커졌고 더 많은 상자를 내리고 실었습니다. 선박들이 항만에 머무르는 평균 시간은 선박 크기에 따라 달랐는데 항만과 관계없이 평균적으로 3~5일 정도였습니다."

무역 전쟁 전의 정박 일수는 보통 2~3일이었다.

"들어오는 화물량이 너무 많았습니다."

세로카 청장이 말을 이었다.

"바다 근처 하역 작업은 원만하게 이루어졌지만 터미널에 정박해 있는 시간이 늘어나기 시작한 것을 보셨을 겁니다. 트럭 대기 시간이 길어지니 터미널 정박 시간 역시 길어졌습니다. 차대에 실은 컨테이너가 움직이지 않는 탓에 길에서 정차하는 시간도 많아진 거죠. 트럭 차대가 작은 창고가 되어버렸습니다."

컨테이너가 트럭 차대 위에 있었던 이유는 컨테이너 수의 급격한 증가로 창고에 공간이 부족했기 때문이다.[3]

2019년 인터뷰에서도 선박과 화물량이 증가했고 하역 작업에 더 긴 시간이 소요되었으며, 트럭 운송에 지연이 생겼고 차대가 부족했다는 내용이 등장한다. 이는 2021년에 공급사슬 위기를 발생시킨 모든 요소이기도 했다. 공급사슬 붕괴가 코로나19와는 무관하게 무역 전쟁의 결과로서 2018년부터 시작되었다는 점을 분명히 보여준다. 위기는 갑자기 한 번에 들이닥치는 것이 아니라는 점을 알려주는 좋은 예다. 이미 전부터 위기를 경고하는 징후가 있었지만 대부분은 무시당했다. 헤밍웨이의 글처럼 위기는 "서서히, 그러다가 갑자기" 나타난다.

효율성을 추구하다

2018년의 무역 전쟁은 오늘날의 공급사슬 위기를 불러일으킨 원인에 가장 가깝다. 하지만 위기의 시초는 공급사슬 학문이 부상했던 1990년대로 거슬러 올라간다. 공급사슬 연구에는 공급업체, 수송업체, 유통업체 수백 개 그리고 각 제품을 구성하는 개별 부품 수천 개 등 수많은 중요한 요소들이 관련되어 있지만 이 모든 노력은 한 방향으로 좁혀진다. 바로 효율성이다. '효율성'이라는 단어는 이러한 맥락에서 '비용'과 같은 뜻이다. 과정에서 효율성을 높이면 비용이 줄어든다. 비용이 줄어든다는 것은 고객에게 더 낮은 가격을 제공하거나 수익률이 높아지거나 아니면 둘 다를 의미한다. 공

급관리 사슬은 30년이 넘는 세월 동안 효율성이라는 목표를 추구
해왔다.

예를 들어 중국에 공급업체 5곳이 있다고 하자. 품질과 신뢰성
을 점수로 매겨 그 수를 3곳으로 줄인다면 구매와 공급을 예측할
수 있다는 측면에서 더 효율적일 수 있다. 해운 선사 7개를 4개로
줄인다면 효율성이 높아진다. 운송 규모가 커지고 거래가 더 장기
적으로 이루어지면 가격을 인하받을 수 있기 때문이다. 수입품이
항만 3곳을 통해 들어오는데 물품을 받는 항만의 수를 두 군데로
줄인다고 하자. 트럭 운송업체의 픽업 포인트가 줄어서 더 효율적
일 수 있다. 거래하는 트럭 운송업체를 줄이고 여러 회사의 화물을
한 트럭에 모아 같이 선적하는 혼적 운송(LTL 운송Less than Truckload) 대
신, 한 화주 계약사의 화물만 트럭에 가득 채우고 출발지에서 도착
지까지 단독 독차로 이동하는 독차 운송(FTL 운송Full Truckload)에 집
중해도 효율성을 높일 수 있다. 판매자끼리 가격 흥정을 붙이는 역
경매를 통해 화주와 차주를 매칭하는 디지털 화물 운송 중개 플랫
폼은 픽업이 빨라지고 가격을 낮춘다는 점에서 효율성을 창출한
다. 또 화주는 화물 추적과 크로스 도킹을 모니터링하기 위해 그리
고 유통 시 창고에서 물품을 쉽게 픽업할 수 있도록 정교한 창고
관리 시스템Warehouse Management Systems, WMS을 사용한다. 창고 관리
시스템을 비롯한 수많은 시스템은 공급사슬이 붕괴하더라도 원활
하게 작동할 수 있는 방식으로 설계되었다.

1장에서 언급했던 베이커리에서 빵을 사는 예시를 다시 사용해

보겠다. 무엇이 빵의 공급사슬에 문제를 일으킬 수 있을까? 개별적인 원인을 나열하려면 무척 길다. 밀 농사를 짓는 경우 가뭄이 발생했거나 물 할당량*이 줄어들어 밀 농사가 지연 또는 완전히 실패할 수 있다. 밀 가공업체, 오븐 공장, 베이커리에 적시에 배달할 트럭 운전기사가 부족할 수도 있다. 제빵 인력이 모자랄 수도 있다. 베이커리의 노조가 파업해 트럭이 하역장에서 기다려야 한다든가 빵을 채워 넣지 못해 선반이 텅 비어 있을 수 있다. 전력망 고장으로 모든 공정이 멈출 수 있다. 구운 빵은 배달 전에 신선도가 감소할 수 있다. 팬데믹 탓에 외출을 무서워하는 소비자 때문에도 빵은 선반에 쌓일 수 있다. 아니면 이 모든 상황이 한꺼번에 발생할 수도 있다. 실제 확장된 공급사슬과 비교했을 때 공급사슬을 붕괴시킬 수 있는 잠재적인 요소와 병목현상을 간략하게 설명했다. 어쨌거나 공급사슬이 얼마나 복합적인지 붕괴에 얼마나 취약한지를 보여주는 것이 이 설명의 핵심이다.

공급사슬의 연결 지점과 병목현상에 대한 예는 순전히 국내에만 국한되었다. 현지 농장과 공장, 베이커리, 상점만 설명했다. 이때 국내 공급사슬만 갖춘 기업은 거의 없다는 점을 고려해보자. CEO, 물류 전문가, 컨설턴트, 정치인 등은 지난 30년 동안 공급사슬 시스템을 전 세계로 확장해왔다. 사람들은 1990년대 초부터 세

● 미국에서는 주마다 물을 할당받는데, 가뭄이나 과도한 물 사용 등으로 물이 부족해서 예전보다 공급량이 줄어드는 것을 의미한다(옮긴이).

계화가 이루어진다는 이야기를 들어왔다. 하지만 오늘날까지 사람들이 제대로 깨닫지 못한 것은 세계화가 이루어진 부분이 바로 공급사슬이라는 문제다.

독자는 아이폰이 중국에서 생산된다는 점을 알고 있을 것이다. 아이폰에 사용되는 특수 유리가 한국산이라는 점을 알고 있는가? 아이폰 반도체의 원산지는 대만이라는 점을 아는가? 아이폰의 지식재산권과 디자인은 캘리포니아에서 나온 것을 아는가? 아이폰에는 일본산 플래시 스토리지와 독일산 자이로스코프를 비롯해 오디오 증폭기, 배터리, 배터리 충전기, 디스플레이 포트 멀티플렉서, 카메라 및 기타 고급 부품 수백 개가 포함되어 있다. 6대륙 43개국 공급업체로부터 아이폰에 들어가는 자재와 부품을 소싱받는다. 물론 애플 공급사슬에 속하는 공급업체는 자체적으로 소싱처와 공정을 갖추고 있다. 다시 말해 공급사슬은 고도의 복합성을 띤다.

공급사슬을 세계적으로 바라보기 시작하면 트럭에서부터 기차, 선박, 비행기까지 수송 옵션을 확장해야 한다. 이 말은 공급사슬에 항만과 공항이라는 추가적인 연결 지점이 생긴다는 것을 의미한다. 이러한 시설에는 크레인, 컨테이너, 항만 당국, 항공 교통 관제사, 조종사, 선장, 선박 등 자체적인 연결 지점과 투입물이 필요하다. 트럭, 기차, 선박, 비행기가 석힌 운송 수단 목록에 석유와 휘발유, 천연가스 등 액체를 수송하는 파이프라인을 추가할 수 있다. 전문가들은 교차점node(기업의 물류 보관 시스템에서 공장, 저장소, 공급소와 시장과 같은 곳에 제품을 저장하고 보관하는 고정된 지점 – 옮긴이)에서 효율성을 올리기 위해 글로벌 공급사슬의 모든 공정과 교차점을 검토한다.

애덤 스미스는 1776년에 출판된 자신의 저서 《국부론》에서 공급사슬을 광범위하게 다뤘다. 노동의 분업화와 자유로운 시장경제를 통해 생산성을 늘리고 이로부터 경제적인 이득을 얻을 수 있음을 보여주었다. 하지만 공급사슬 관리라는 현대적인 학문은 1980년대가 지나서야 주목받기 시작했다. 세계화가 시작되고 컴퓨터가 더 많은 데이터를 다루는 능력을 갖추자 한편으로는 컴퓨터를 이용해 복합성을 관리할 수 있었다. 하지만 세계화와 컴퓨터라는 요소가 결합하니 공급사슬은 더 복합적으로 변했다.

공급사슬은 일단 비용이 매출과 같아지는 시점부터 매출을 창출하고 이윤을 실현하기 위해 제조업체가 부담해야 하는 비용의 묶음으로 생각할 수 있다. 비용에는 투입물 소싱, 운송, 제조 공정, 품질 관리, 노동력, 장비, 유통, 재고, 관련 법률, 관리 및 보험 비용이 포함된다. 이러한 비용이 발생하는 곳들은 공급사슬의 연결고리 역할을 한다. 소비자의 선호와 시장 경쟁에 따라 생산업체가 청구할 수 있는 금액에는 한계가 있다. 한계를 감안할 때 가장 직접적으로 이윤을 높이는 방법은 비용을 줄이는 것이다. 공급사슬 관리는 선택지를 생성하고, 정보를 공유하며, 반복되는 부분을 없애고, 공급사슬 참여자 간에 협력과 혁신을 장려함으로써 비용 절감을 목표로 한다. 효율성을 높이는 전략은 다양하며 여러 이름으로 불린다. 가장 널리 사용되는 전략 몇 가지를 다음과 같이 요약해보았다.

린: 린 생산방식은 1980년대 초에 도요타가 개발했으며 현재 보편적으로 채택되고 있다. 도요타 생산 시스템Toyota Production System, 또는 앞 글자를 따 TPS라고 부른다. 린 생산방식의 목표는 최소한의 시간과 노력, 비용을 들여 공급사슬을 운영하는 것이다. 이 방식은 적시 재고 시스템과 관련 기능을 한곳에 모아 배송 비용을 최소화하고, 생산 공정의 모든 단계에서 움직임과 대기 시간, 재고를 줄이는 것을 목표로 한다. 또한 과잉 처리(부가가치를 생성하지 않는 단계를 거치는 것)나 결함(일반 사원의 기술과 창의성을 활용할 때 생기는 부분적인 결함)을 없애고자 한다.

식스 시그마: 생산 공정의 변동을 최소화하기 위해 고안된 통계적인 기법이다. 제품의 불량률을 6시그마(6σ, 시그마는 정규분포에서 표준편차를 나타내며 6시그마는 상품 백만 개 중 불량이 3.4개만 나오는 비율을 추구한다는 의미에서 나온 말이다. 실제로 6시그마 수준은 0.002%의 결함을 뜻한다 – 옮긴이) 수준으로 낮추어 공정을 원활하게 운영하는 것이 목표다. 통계적으로는 백만 개 중 불량 3.4건이 나온다고 해석된다. 식스 시그마는 정의, 측정, 분석, 개선, 제어라는 5단계 절차를 통해 구현된다. 지속적으로 개선을 이루는 과정이기 때문에 때로는 린 생산방식과 결합해 린 식스 시그마라는 프로그램으로 거듭난다.

제약 이론: 본 이론은 가장 효율성이 떨어지는 부분 때문에 공급사슬에 제약이 생긴다는 가정에서 출발한다. 차량을 최대로 생산하려면 조립라인이 하루에 타이어 천 개를 조립해야 한다고 가정해보자. 창고는 하루

에 타이어 8백 개만 저장할 수 있다. 이 시나리오에서는 타이어 납품량이 제한되어 있으므로 생산량을 20% 줄이려면 조립라인이 조립 속도를 늦추어야 한다. 일단 병목현상이 발견되면 사용할 수 있는 자원을 끌어다 써서 병목현상을 해결해야 한다. 공급사슬 전체를 더 원활하게 가동시키고 생산할 수 있는 능력치만큼 생산량을 늘리기 위함이다. 하지만 제약 이론은 지속적인 개선을 해나가야 한다는 교훈을 준다. 일단 공급사슬에서 하나의 제약 조건이 사라지면 또 다른 제약이 어디에선가 드러나기 때문이다. 두 번째 제약 조건은 사실상 첫 번째 제약 조건 뒤에 감추어져 있었다. 숨어 있던 제약 조건이 전체 공급사슬을 제한하므로 이제 이 두 번째 제약 조건을 없앨 차례다. 개선 과정은 끝이 없다. 하나를 개선해도 또 다른 제약이 끊임없이 드러나는 탓이다. 제약 이론은 공급사슬 관리 문화를 구성하는 또 다른 일부, 지속적인 개선 절차로 자연스럽게 이어진다.

RACI 매트릭스: 본 공급사슬 관리 전략은 문제 해결 시 팀워크를 향상하는 데 사용된다. RACI는 책임을 지고 Responsible, 책무를 다하며 Accountable, 상의하고 Consult 정보를 제공하는 Inform 과정의 각 앞 글자를 딴 것이다. 매트릭스는 팀 구성원에게 책임을 져야 하는 일을 알려주고 팀원들이 업무를 수행하는 데 책무를 다하도록 기준을 설정한다. 업무가 조율될 수 있게 팀 구성원 간의 협의를 장려하고 팀 구성원들에게 특정 작업이 완료되었거나 진행 중임을 알리기 위해 고안되었다.

DIRECT 모델: 이 모델은 리더들이 공급사슬 관리 개선 프로젝트에서 사용하는 전략이다. 관리자들이 취해야 할 조치의 앞 글자를 따서 만들어진 용어로, 목표를 정의Define하고, 선택지를 탐구Investigate하고, 행동 방침을 결정Resolve하며, 계획을 실행Execute하고, 시스템을 변경Change하며, 프로젝트가 완료되면 사람들이 새로운 역할을 맡도록 전환Transition하는 것을 골자로 한다. 공급사슬 관리자가 마주한 고유한 문제에 적용될 수 있는 고전적인 경영 관리 전략이다.

SCOR 모델: 공급사슬 최적화에 사용되는 또 다른 관리 도구다. SCOR은 공급사슬 운영 참조 모델Supply Chain Operations Reference의 앞 글자를 딴 것으로, 공급사슬 개선 전략을 세우고 결과를 평가하기 위한 틀이다. 효율적인 공급사슬 프로세스는 계획, 조달, 생산, 배송, 반품, 허가라는 고차원적 요소로 구성되어 있다. 본 개념에는 공급사슬 자체를 계획하고 투입물과 원자재를 소싱하며 제품을 가능한 한 효율적인 방식으로 생산하고, 최적화된 운송 노선을 이용해 완제품을 공급하며, 불량품 반품과 쓰레기 폐기를 허용하고, 필요하고 적절한 기술을 가진 사람들이 본 작업을 수행하는 것을 포함한다.

이러한 기법과 도구를 살펴보면 공급사슬 관리 기법이 수백 가지나 존재한다는 점을 알게 될 것이다. 전혀 놀랍지 않은 사실이다. 몇 가지 다른 기법을 개략적으로 소개하겠다.

주 일정 수립: 물류 운송과 제조 공정의 정보(주 생산 일정), 추정 수요량 (주 수요 일정)을 조합하는 방법으로, 투입과 납품의 속도를 맞춰 최소한의 재고로 최대한의 생산량을 뽑아낼 수 있다.

수요 계획: 수요 계획을 세울 때는 예상 수요량, 그리고 예상치 못한 일에 대비한 재고(안전 재고), 그리고 최소한의 재고로 수요를 충족시키기 위한 적시 재고 배송을 고려한다.

종합 품질 관리: 제품의 결함은 소비자 만족도에 악영향을 미치며 수리 또는 교체 비용이 많이 든다. 종합 품질 관리는 브랜드를 개선하기 위해 결함을 최소화하고 비용을 절감하는 것이 목표다.

지속적인 개선: 모든 측면에서 공급사슬 관리는 끝이 없다고 주장하는 경영 철학이다. 병목현상이 해소되거나 개선이 이루어지면 경영진은 다시 추가로 개선해야 할 부분을 찾아야 한다.

창고 관리: 창고 관리란 주로 창고에 상품을 손쉽게 보관하고 픽업해 배송할 수 있도록 설계한 식별 및 자동화 절차를 뜻한다. 오늘날 창고 관리에서는 QR코드, 바코드, RFID, GPS 추적기와 로봇 등의 도구가 사용된다. 또 내부에서 자체적으로 창고 관리를 할지 아니면 전문 창고 운영자에게 아웃소싱할지의 여부도 결정해야 한다.

자재 소요 계획 MRP: 이 기법은 산출보다는 투입에 초점을 맞춘다. 제품이 생산되기 전에 모든 부품과 재료는 제조 현장에 배송되어야 한다. 자재 소요 계획 관리자는 자재 명세서 BOM와 구매 주문서 PO를 사용하고 물류 운송과 추적 기술을 결합해 생산에 필요한 모든 투입물을 적시에 올바른 장소로 배송시킨다.

크로스 도킹: 크로스 도킹은 월마트가 완벽하게 구현한 기법으로, 트럭이 유통센터로 배송한 상품을 다른 트럭이 최종 배송지인 상점으로 옮기는 것을 뜻한다. 상품은 창고에 들어가지 않고 유통센터의 재고에 포함되지 않는다. 마치 상품이 화물을 처리하는 항만에서 개별 매장으로 직접 배송되는 것과 다름없다. 유통센터는 재고를 쌓아두는 곳이 아닌, 다른 트럭으로 옮기는 장소다. 이로써 시간과 비용이 절약되고 소비자가 부담하는 비용도 줄어든다.

벤더 재고 관리 VMI: 공급업체가 구매업체의 재고를 담당하는 방법으로, 구매업체는 재고를 모니터링해 구매 주문서를 입력하는 대신 판매업체의 예측 수요와 과거의 관행에 따라 필요할 때 필요한 물품을 주문한다. 이로써 구매업체는 구매 주문서를 보낼 필요가 없고 전반적인 비용이 낮아진다.

공급사슬 관리에 사용되는 기법은 이보다 훨씬 많다.

모든 공급사슬 관리 모델이 공통으로 목표하는 바는 단 하나, 비용 절감이다. 공급사슬 관리 도구는 컴퓨터, 알고리즘, 그리고 인공지능으로 크게 향상되었다. 한 회사는 미국의 항만 4곳에서 10개 국가로부터 투입물을 배송받는다. 주요 트럭 운송 업체를 일곱 군데 이용해 창고 10개에 유통하고, 운송 노선 2천8백 개를 가지고 있다. 시간과 금전적인 측면에서 컴퓨터를 사용해 현재 노선들을 가장 합리적인 노선 45개로 최적화할 수 있다. 제조업체는 새로운 데이터로 컴퓨터 최적화 소프트웨어를 업데이트하고, 계속해서 최상의 경로를 찾는 한편 선택지 40개 중에서 고를 수 있다.

여기서 공급사슬 관리의 두 번째 방해물과 맞닥뜨리게 된다. 바로 에너지다. 치솟는 에너지 가격에도 불구하고, 전 세계적으로 에너지는 충분해 보일지 모른다. 어떻게 공급사슬이 에너지 때문에 붕괴할 수 있을까?

모든 시스템이 작동하기 위해서는 어떤 형태든 에너지가 필요하다. 에너지는 원자력 발전소, 수력발전 댐, 석탄 화력발전소 또는 풍력 및 태양광처럼 재생 가능한 에너지원에서 얻는 전기의 형태를 취할 수 있으며, 인간 노동력의 형태를 띨 수도 있다. 이때 에너지는 식량으로부터 나온다. 화폐도 에너지의 한 형태다. 화폐의 형태로 이윤을 창출하기 위해서는 에너지가 필요하다. 화폐는 가치의 저장고로, 전기와 투입물을 구매하거나 임금을 지급함으로써 미래에 에너지를 방출하기 위해 쓰일 수 있다. 화폐는 공급사슬의 투입 단계와 산출 단계 사이에서 에너지를 저장하는 배터리에 비유할 수 있다.

공급사슬과 같은 복합적이고 역동적인 시스템은 에너지로 작동된다. 문제는 에너지 투입량이 시스템의 규모에 비해 무척 빠르게 커지는 초선형Superlinear 형태로 증가하고 있다는 것이다. 쉽게 설명하자면 전체적인 규모가 2배 커지면 여기에 필요한 에너지(전기, 화폐, 노동력)는 5배까지 증가할지도 모른다. 또다시 규모가 2배 커지면 에너지 투입량도 추가로 5배를 곱해야 한다. 시스템의 규모를 두 번이나 2배로 늘리면, 시스템은 4배 커지지만, 에너지는 25배나 더 투입해야 한다. 규모를 증가시킴으로써 얻는 이익이 크고 에너지 비용이 적다면, 비율이 한쪽으로 치우친 함수라 할지라도 여전히 순수익을 낼 수 있다. 그러나 이익이 줄어들거나(혁신 기술 간 경쟁) 에너지 가격이 상승하기 시작하면(정부 규제와 물가상승), 에너지 비용은 고도로 몸집이 커진 공급사슬 네트워크 전체가 작동하는 데 제약 요소가 된다.

현재 중국과 독일에서 나타나는 현상처럼, 에너지가 부족하면 에너지 투입 비용은 더욱더 상승하게 된다. 중국은 석탄 부족 문제를 겪고 있는데 중국이 생산하는 전력의 50%는 석탄에서 나온다. 독일은 천연가스 부족 문제로 신음한다. 러시아가 우크라이나를 침공하고 미국이 러시아에 제재를 가한 이후 문제는 더욱 심각해졌다. 이러한 에너지 부족 현상은 현재 수출 강국인 중국과 독일의 생산량을 감소시키고 있다.

에너지는 다음 두 문제 중 한 가지 방법으로 공급사슬을 악화시킨다. 중국과 독일에서 전면적으로 발생하고 있는 에너지 부족으로 인해 공장이 일시적으로 문을 닫고, 생산에 쓰여야 할 에너지는 조명, 가정 난방, 요리, 지역 교통수단 등 소비자와 인구 밀집 지역에 대신 사용되면서 생산 속도가 더뎌진다. 에너지를 사용할 수 있는 경우에도, 에너지 비용이 상승하면 공급사슬의 효율성이 상쇄되어 소비자가 부담해야 할 비용이 커지거나 생산업체의 이윤이 낮아진다. 또는 비용이 커지는 동시에 이윤이 낮아지기도 한다.

저비용의 형태로 얻는 효율성이 공급사슬 관리의 목표라면, 왜 효율성이 실제로 공급사슬을 악화시키고 결국 붕괴로 이어지게 만드는 걸까? 그 이유는 절감된 비용에는 숨은 비용이 있기 때문이다. 인건비를 줄이기 위해 공급사슬을 아시아까지 늘린다면 틀어질 수 있는 일의 가짓수도 더 많아진다. 트럭 운송업체를 가장 가격이 싼 2곳으로 줄이면 업체 중 하나에서 파업이 발생하거나 자연재해로 차질이 빚어지면 취약성이 증가한다. 인바운드 화물 전체를 휴스턴항, 뉴욕항, 사바나항 대신 유통센터에 가까운 로스앤젤레스항으로 경로를 바꾸면, 로스앤젤레스항에서 세계적인 병목현상이 발생했을 때 상품은 오도 가도 못할 것이다. 다르게 표현해보자면 효율성 안에 숨어 있는 대가는 취약성이다. 여러 항만에서 물품을 받고 다양한 트럭 운송 업체를 사용하며 곳곳에 펼쳐져 있는 개별 유통센터를 이용하는 것은 단기적으로는 비용이 더 들 수 있다. 하지만 팬데믹, 날씨, 자연재해, 또는 정전으로 항만이나 트럭 운전기사, 유통센터 중 하나라도 차질이 생겼을 때, 중복되는 지점이 있다면 제조 공정은 계속해서 돌아갈 수 있고 매출 손실을 피할 수 있다. 이때 중복은 비용을 크게 절감시킨다.

중복으로 추가되는 비용이 어떻게 비용 절감으로 이어지는지 가장 잘 설명할 수 있는 것은 보험이다. 보험에 가입할 때는 절대 보험이 필요할 일이 생기지 않기를 바란다. 보험료를 낼 때 즉각적으로 돌아오는 돈은 없지만 돈을 잘 썼다고 생각한다. 보험금을 청구할 때면 큰 금액을 보상받기 때문이다. 단기적으로 보험료는 비용이지만 문제가 생겼을 때 도움을 받을 수 있다. 공급사슬에 구축해놓은 중복성 또는 회복력도 동일한 방식으로 작용한다. 보험료처럼 단기적인 비용이 나가지만 훗날 사업이 어려워지면 도움을 받을 수 있다.

단기적 비용과 장기적 이익, 중복성과 효율성 간의 균형은 복합적이고 역동적인 모든 시스템의 특징에 내재된 역설을 보여준다. 글로벌 공급사슬은 지금까지 만들어진 시스템 중 가장 복합적인 시스템이다. 공급사슬 붕괴를 이해하려면 그 복합성을 제대로 이해해야 한다.

복합적인 시스템은 실패하기 마련이다

왜 스키장의 스키 순찰대는 다이너마이트를 사용해 일부러 눈사태를 일으키는 걸까? 만약 통제된 상황에서 눈사태를 일으키지 않는다면 생명을 위협하고 재산을 파괴하는, 걷잡을 수 없는 눈사태가 일어날 수 있기 때문이다. 통제할 수 없는 눈사태는 언제 일어날지 어디서 일어날지 정확하게 예측하기 어렵다. 하지만 특정 조건에서 발생하는 어느 정도 규모의 눈사태는 거의 정확하게 예측할 수 있다. 언제가 될지만 모를 뿐이다. 통제된 상황에서 눈사태를 일으키면 불확실성을 제거하고 시스템의 규모를 줄이며 손실을 최소화할 수 있다. 시스템 주변에 이득이 되는 것을 얻기 위해 다이너마이트를 사용해 시스템을 폭파한다. 이는 복합적인 역학을 가장 적절하게 설명한 것으로, 은유적인 표현이 아니다. 눈덩이로 불안정하게 뒤덮인 가파른 산은 사실상 복합적인 시스템이다. 공급사슬도 마찬가지다.

공급사슬이 붕괴한 원인을 찾는 분석가들은 그림자를 쫓고 있는 셈이다. 단 하나의 원인으로 복합적인 시스템이 붕괴하는 것은 아니다. 다르게 설명해보자면 붕괴가 일어나는 이유는 시스템의 규모 그 자체다. 복합적인 시스템은 하중을 견디지 못하고 필요한 에너지를 공급받지 못해 스스로 무너진다. 이를 지켜보던 사람들은 트럭 운전기사와 혼잡한 항만, 노동력 부족, 팬데믹, 날씨, 정전을 탓한다. 앞에 열거된 내용은 서로 복합적인 시스템에서 전반적 또는 개별적 붕괴가 평행하게 일어날 때 나타나는 증상들이다. 공급사슬의 문제는 바로 공급사슬 자체다. 공급사슬은 몸집이 너무 크고, 손상되기 쉬우며, 지나치게 멀리 뻗어나갔다. 게다가 협력, 정보, 인적 자본 형태의 투입물에 전적으로 의존한다. 투입물에 문제가 생기면 실패하는 구조다. 그런데 투입물에는 필연적으로 문제가 생길 수밖에 없다. 가장 끝자락에 있던 눈송이 때문에 눈사태가 일어났다고 탓하지 않고 불안정한 시스템 전체를 탓할 것이다.

복합성은 복잡성과는 다르다. 스위스 시계는 복잡하게 구성되어 있다. 하지만 고장 난 시계는 숙련된 장인이 시계를 분리하고 부품 몇 개를 교체해서 다시 조립하면 정상적으로 작동한다. 복합성은 고급 화이트 와인에 더 가깝다. 와인의 향미를 느끼고, 완성된 제품에서 사과, 레몬, 버터 등 다양한 맛을 즐길 수 있다. 하지만 와인을 구성하는 요소를 분리한 다음 다시 합칠 수는 없는 법이다. 물리학자들은 이러한 맛과 향미를 복합적인 시스템에서 나타나는 창발성이라고 부른다. 완제품인 와인은 그 구성 요소를 합친 것보다 더 가치가 있다. 물론 취약하기도 하다. 마개를 열고 오랫동안 놔두면 상한다. 글로벌 공급사슬 역시 상하는 단계에 접어들고 있다.

공급사슬은 복합적인 시스템을 구성하는 모든 요소를 갖추고 있다. 첫 번째 요소는 자율 에이전트Autonomous Agent(사용자를 대신해 작동하는 지능형 에이전트로 자율 로봇이 그 대표적인 예다ー옮긴이)라고 불리는 다양한 구성 요소의 집합이다. 이러한 에이전트는 공급사슬이 작동할 수 있도록 조처하고 스스로 결정을 내린다. 두 번째 요소는 연결성이다. 다양한 에이전트는 복합적인 시스템을 형성하기 위해 상호작용해야 한다. 누군가가 화주, 유통업체, 소매업체 전체의 상호작용에 관해 따져본다면 공급사슬이 빽빽하게 연결되었다고 평가할 것이다. 세 번째 요소는 상호 의존성이다. 이는 한 에이전트가 하는 행위가 다른 에이전트의 행위에 영향을 미친다는 뜻이다. 쌍방향으로 영향을 주고받는다. 공급사슬에서 창고가 가득 차면 창고를 소유한 업체의 마케팅 부서에서는 할인을 시작할 수도 있다. 창고가 비어 있으면 구매 부서가 발주량을 2배로 늘릴 수도 있다. 다시 말해 상호 의존성은 공급사슬 역학의 핵심이다. 네 번째 요소는 적응성이다. 적응성은 학습한다는 의미도 내포하고 있어서 변화 그 이상을 의미한다. 해당 항만이 지속적으로 혼잡할 경우 발주한 상품을 실은 선박을 다른 항만으로 돌리는 등의 조치를 취한다.

다음은 어떻게 다양성, 연결성, 상호 의존성, 적응성이 섞여 복합적인 시스템을 형성하는지에 대한 요약이다.

복합적인 시스템이 어떻게 작동하는지 이해하려면 다양성, 연결성, 상호 의존성, 적응성의 강도에 관해 생각해봐야 한다. 각각의 다이얼을 0부터 10까지 설정할 수 있다고 상상해보자. 다이얼 위치가 0에 놓인 시스템은 단조롭다. 복합적인 요소들이 존재하지만 많은 일이 일어나지는 않는다. 다양성은 적고 연결성과 상호 의존성이 약하며 학습하거나 적응하는 일은 거의 없다. 10은 시스템의 혼돈을 뜻한다. 에이전트는 소싱처로부터 너무나 많은 정보를 받고 있고, 서로 충돌하고, 압도하는 신호가 의사결정을 방해한다.

미시간대학교의 스콧 페이지Scott Page 교수는 복합성에서 가장 호기심을 크게 자극하는 부분은 "(0과 10) 그 사이에서 벌어지는 흥미로운 일들"이라고 밝혔다. 즉 여러 다이얼이 3에서 7 사이에 각각 다르게 맞춰져 있는 상태를 의미한다. 정보가 다양한 에이전트 간에 원활하게 흐르고 상호작용하며 서로 학습하는 상태로, 시스템이 혼란스러워지는 정도는 아니다. 이것이 바로 복합성의 핵심이다. 붕괴하지 않고도 시스템은 놀랄 만한 결과를 계속해서 창출한다.[4]

쉽게 말해 공급사슬은 끊임없이 효율성을 좇은 탓에 다이얼이 10 가까이 이동했다. 그 결과 혼란스러워졌고 붕괴하고 말았다.

복합적인 시스템에는 세 가지 특징이 있는데 공급사슬에도 적용할 수 있다. 첫 번째 특성은 현대 복합성 이론의 창시자라 불리는 에드워드 로렌츠Edward Lorenz가 발견했다. 138억 년 전 빅뱅이 일어난 이후부터 복합적인 시스템이 존재해왔다. 빅뱅으로 형성된 우주는 모든 복합적이고 역동적인 시스템의 모태가 되었다. 복합성을 다루는 학문은 컴퓨터와 수학적 알고리즘이 발명되고 나서야 형태를 갖추기 시작했다.

1961년, 로렌츠는 Royal McBee LGP-30 컴퓨터에서 날씨의 패턴을 수학적으로 시뮬레이션하고 있었다. 그가 쓰던 초기 컴퓨터는 아주 초창기 모델이지만 그 정도 계산에는 적합했다. 그는 시뮬레이션을 진행했고 출력된 결과물을 읽었다. 표준적인 연구 관행에 따라 출력된 결과물의 데이터를 다시 컴퓨터에 입력해 같은 시뮬레이션을 진행했다. 밖에서 점심을 먹고 돌아왔을 때 두 번째 시뮬레이션의 결과가 첫 번째 시뮬레이션의 결과와는 크게 다른 것을 보고 깜짝 놀랐다. 결과가 같아야 했는데 말이다.

자세히 살펴본 결과, 첫 번째 시뮬레이션에서 입력한 데이터는 소수점 여섯 자리였지만 컴퓨터가 소수점 세 자리까지만 자른 것을 알게 되었다. 0.506127을 입력했는데 0.506으로 반올림된 것이다. 대부분의 실험에서 1/1만의 변화는 그다지 중요하지 않지만, 이 경우 결과는 180도 달라졌다. 로렌츠는 복잡한 역학을 띄는 특정한 시스템에서 초기 과정의 미묘한 차이가 균형적인 상태를 불러올 수도, 아니면 시스템을 붕괴시킬 수도 있다고 추론했다.[5] 그는 자신의 발견을 다음과 같이 기록했다. "어떤 방식으로든 현재의 조건을 완벽하게 알 수 없는 한 충분히 먼 미래에 대한 예측은 불가능하다. 기상 관측은 어쩔 수 없이 부정확하고 불완전하다. 먼 훗날까지 정확히 예측하는 것은 불가능하다." 로렌츠가 기상학에 적용한 원리는 복합적인 역학 관계를 가진 모든 시스템에 적용되었다.

공급사슬에 적용할 수 있는 복합적인 시스템의 두 번째 특성은 천체물리학자 에릭 J. 체이슨Eric J. Chaisson이 발견했다. 그의 이론을 요약하면 다음과 같다.

체이슨은 우주를 방사선과 물질 간의 지속적인 에너지 흐름으로 봤을 때 우주를 가장 잘 이해할 수 있다고 말한다. 유체동역학은 변환에 필요한 에너지보다 더 많은 에너지를 생성하는데, 이러한 '자유에너지'는 복합성을 뒷받침한다. 체이슨의 업적은 시스템의 밀도에 대한 자유에너지 흐름의 비율로 복합성을 실증적으로 정의한 것이다. 쉽게 말해 시스템이 복합적일수록 크기와 공간을 유지하는 데 더 많은 에너지가 필요하다.

태양이 인간의 뇌보다 더 많은 에너지를 사용한다는 것은 잘 알려진 사실이다. 크기로 봤을 때 태양은 뇌보다 훨씬 더 크지만 체이슨이 정립한 기본 단위로 측정한 결과, 질량의 차이를 고려할 때 뇌는 태양의 7만 5천 배의 에너지를 사용한다고 밝혀졌다. 또한 인간의 뇌보다 훨씬 더 복합적인 존재를 규명했다. 바로 문명화된 사회다. 체이슨은 문명이 문명의 밀도에 맞춰 태양이 사용하는 에너지의 25만 배, 은하수가 사용하는 에너지의 백만 배를 사용한다는 중대한 발견을 했다.[6]

공급사슬이 세계경제를 지배하고, 경제는 문명을 대표한다는 점에서, 체이슨의 에너지-밀도 방정식은 글로벌 공급사슬에 완벽히 적용된다. 공급사슬이 더 복합적이고 밀도가 높을수록 시스템의 붕괴를 막으려면 기하급수적으로 많은 에너지가 필요하다. 여기서 에너지는 인적 자본 형태의 에너지도 포함된다.

복합적인 시스템의 세 번째 특성은 인류학자이자 역사가인 조지프 A. 테인터Joseph A. Tainter의 주요 저서 《복합적인 사회의 붕괴The Collapse of Complex Society》에서 언급되었다.[7] 테인터는 4천5백 년이 넘는 시간에 걸쳐 붕괴한 문명 27개를 연구했다. 로마제국의 붕괴와 같은 유명한 문명과 버마 산악 지대의 카친Kachin처럼 덜 알려진 문명의 붕괴를 두루 살펴보았다. 그는 역사가들이 가뭄이나 지진, 이방인의 침입, 역병, 기타 재난 등 특정한 이유로 각 문명이 붕괴했다고 주장했다는 것을 알게 되었다. 그는 문명이 붕괴하기 이전에도 그러한 재난을 몇 차례 겪었으리라고 여겼다. 로마는 서기 452년 훈족 최후의 왕인 아틸라가 이탈리아 북부를 침공하기 8세기 전인 기원전 387년에 브렌누스Brennus 족장이 이끄는 켈트족의 침략을 받았다. 브렌누스는 로마를 약탈하고 로마 원로원 의원 대부분을 죽였다. 로마는 다시 일어섰지만 아틸라의 공격으로부터 결코 완벽하게 회복하지는 못했다.

이와 다른 많은 사례를 활용해 테인터는 한 시스템이 이방인의 공격 등 특정한 이유로 붕괴하는 것이 아니라고 결론지었다. 공격받는 문명이 어떻게 대응하느냐에 따라 붕괴 여부가 결정되는 것이다. 침략이나 역병, 가뭄에 무릎을 꿇어야 했던 사회는 이전에도 여러 차례 그러한 위협을 이겨낸 적이 있었다. 결국 사회가 무너진 것은 더 이상 회복할 동기가 없었기 때문이었다. 세금, 부패나 타락, 부족한 통솔력 등 그 이유가 무엇이었든 사회 구성원들은 단결하거나 사회를 재건하지 않았다. 그냥 그런 일이 일어나도록 내버려 두고 다른 나라로 이주하거나 단순한 환경에서 살았다.

복합적인 시스템에서 작은 변화가 큰 결과를 가져오고, 에너지 투입량은 시스템 규모가 커질수록 기하급수적으로 증가하며, 시스템 참여자들은 변화를 마주하면 취약해진다는 사실은 현재진행형인 공급사슬의 붕괴를 잘 설명하는 통찰이다. 어디서나 작은 변화가 일어날 수 있는데 문제는 공급사슬의 몸집이 과도하게 커졌다는 점이다. 핵심적인 역할을 하는 정치인들은 더 이상 공급사슬 문제를 신경 쓰지 않거나 이를 보호하려는 사람들과는 다른 목표를 지닌다. 효율성에 대한 욕구가 자급자족에 대한 욕구를 대체한 것이다. 이는 심오한 의미를 띠는 정치적 변화다. 공급사슬 관리자들은 그 영향을 가장 먼저 느끼겠지만 정치판에 부는 새로운 바람을 가장 마지막에 이해하는 사람들이 될 것이다.

문제가 악화된 시점

글로벌 공급사슬의 붕괴는 복합적인 시스템의 실패 사례를 실시간으로, 또 대규모로 연구하는 것에 비유할 수 있다. 문제의 핵심은 공급사슬 전문가들이 지난 30년 동안 공급사슬의 효율성을 높이는 데만 집중한 것이다. 공급사슬을 관리하는 데는 비용이 들고, 효율성을 추구하면 비용이 절감되며, 비용을 절감하면 이익이 늘어난다. 1990년대 초반 이후의 공급사슬은 비용 절감으로 혁명을 일으켰고, 이는 더 낮은 가격의 형태로 소비자에게 전달됐다. 효율성 혁명은 복합성이라는 태풍의 눈으로 흘러들었다. 공급사슬의 규모와 참여도, 다양성, 연계성, 상호 연결성의 증가는 시스템을 붕괴시키는 공식이다. 궁극적으로 시스템에는 견고함(충격을 견딜 수 있는 능력)과 회복력(변화가 일어났을 때 유연하게 회복하는 능력) 모두 부족했다. 충격을 받자 시스템이 망가졌고, 회복력에 대한 기대는 착각에 가까웠다는 점이 드러났다. A라는 사건이 일어나는 조건부 상관관계에서 이러한 X와 Y라는 변수가 있으면, 견고함과 회복력이 부족할 때 시스템이 붕괴하는 상관관계 탓에 공급사슬 여기저기에서 동시다발적인 파열이 일어났다. 화병이 깨지면 파편을 맞춘다고 해서 복구할 수 있는 것은 아니다. 새 화병을 사야 한다. 새로운 공급사슬인 공급사슬 2.0만이 유일한 해결책인 셈이다.

수십 년 동안 우리는 NAFTA(1994)와 중국의 WTO(2001) 가입 등 여러 무역 거래에 관해 들어왔다. 다자간 협정이 없던 때에도 양자 협정에 따라 관세는 삭감되었다. 최근에는 환태평양경제동반자협정 개정안(2018) 등 더 큰 규모의 무역협정을 맺고 있다. 유럽자유무역연합European Free Trade Association, EFTA과 EU는 무역협정에서 역사적인 선발 주자였다. 이 모든 협정과 조약은 자유무역으로 이루어졌는데 자유무역은 주로 학계가 선호하는 신화적인 개념이었다. 현실 세계에서 무역은 보조금과 비관세 장벽, 국내 대기업, 저렴한 노동력, 유동 자본으로 급조한 비교 우위가 판치는 조작된 게임과 다름없었다. 자유무역은 고매한 목적을 추구하는 것처럼 보이지만, 값싼 노동력을 사용해 생산한 물건을 부유한 소비자에게 공급할 수 있도록 관세 없이 공급사슬을 확장하려는 의제를 그다지 숨기지 않는다. 공급사슬 혁명은 주로 아시아에서 값싼 노동력을 사용함으로써 이루어졌다. 또한 아프리카의 희소한 원자재를, 대만의 첨단 기술을, 미국의 금융자본을, 유럽과 캐나다, 미국 등지에서 고부가가치 인적 자본을 조달받기도 했다.

공급사슬 관리자와 컨설턴트는 연결 지점을 최적화하고 비용을 절감하는 데 전문가가 되었다. 해당 지역에서 위치상 멀리 떨어져 있더라도 노동력이 저렴해서 다른 곳에서 소싱을 받는 것이 더 효율적일 수 있다. 수요가 많은 경량 제품의 경우, 재고로 오랜 시간 쌓여 있지 않게 고가의 항공 운송이 선박보다 더 효율적일 수도 있다. 장기 구매 계약을 하면 단위당 가격이 낮아져서 일회성 구매보다 더 효율적이었다. 반대로 단기 구매 계약이 더 효율적일 때도 있었다. 특정 부품을 대체할 수 있어서다. 정답은 없었다. 낮은 비용으로 최적화된 공급사슬을 끝없이 탐색했을 뿐이었다.

이러한 노력의 시금석은 바로 적시 재고 시스템이었다. 자동차 조립라인에서 자동차에 좌석을 설치한다고 가정해보자. 설치하는 당일 아침, 공장에 좌석이 도착하는 것이 가장 이상적이다. 보관과 재고 비용을 최소화할 수 있기 때문이다. 이는 조립라인에서 설치하는 부품 모두에 해당하는 이야기다. 조립 공정 뒤에 있는 물류는 까다롭지만 최첨단 소프트웨어로 관리할 수 있다. 이 모든 노력은 공정이 차질 없이 진행되는 한 가치 있다. 실제로도 비용이 절감된다. 전 세계적인 공급사슬에서 적시 재고 시스템이 비용을 철저하게 통제할 수 있다는 것은 입증되었다.

문제는 단 하나다. 시스템이 극도로 취약하다는 점이다. 배송 누락 한 차례로 전체 조립라인이 멈출 수 있다. 선박이 지연되면 선반이 텅 빌 수 있다. 정전 한 번으로 운송이 중단될 수도 있다. 간단히 말해 이것이 바로 글로벌 공급사슬에 일어난 일이었다. 공급사슬에서 중복되는 부분이 부족하고 시스템은 그다지 견고하지 않았다. 게다가 팬데믹과 무역 전쟁, 중국과의 갈라서기, 은행 담보 부족 등 충격이 더 가해졌다. 이제 시스템은 붕괴되기 시작했다.

잘못된 일들이 폭포처럼 쏟아졌다. 중국의 원자재 배송이 늦어지니 수출품의 제조도 지연됐다. 중국에서 에너지가 부족해지자 철강 생산, 광업, 운송, 그리고 기타 기본 산업에 더 큰 차질이 빚어졌다. 로스앤젤레스항의 적체 현상이 일어났고 미국 기업은 부품과 완제품을 예상보다 늦게 받았다. 반도체가 부족해져서 자동화된 애플리케이션, 즉 사물 인터넷을 사용하는 전자 제품, 가전제품, 자동차와 내구 소비재 생산이 중단되었다. 모두가 남 탓을 했다. 항만에서 짐을 내릴 수 없는 배는 컨테이너를 옮기려고 이미 바다 근처에서 기다리고 있는 트럭 운전기사를 탓했다. 트럭 운전기사들은 컨테이너를 픽업하려고 수일 동안 줄을 서서 기다렸지만 내일 다시 오라고 하는 규제 당국을 비난했다. 소매업체는 유통업체를 탓했다. 고객은 소매업체를 비난했다. 모두 맞는 말이었다. 그러나 모두 요점을 놓치고 있었다. 이러한 불만은 원인이 아니라 증상이었다. 공급사슬이 붕괴한 이유는 병목현상 하나에 있지 않았다. 원인은 부품 공급업체에서 제조업체, 운송업체, 고객에 이르기까지 위에서부터 아래까지 여러 단계에 걸쳐 있었다.

다니엘 스탠턴Daniel Stanton은 공급사슬 관리에서 세계 최고의 권위자로 손꼽힌다. 그는 투입 시 작은 변화가 산출에서 큰 변화를 일

으킨다는 로렌츠의 이론을 활용해 채찍 효과Bullwhip Effect라는 공급
사슬 현상을 설명한다.

고객이 한 장치를 사려고 상점에 들어온다. 그런데 고객이 찾
는 장치는 상점에 하나만 남아 있다. 상점은 재고를 채워 넣으려
면 도매업체에 더 많은 장치를 발주해야 한다. 하지만 도매업체
는 장치를 개별적으로 판매하지 않는다. 백 개가 들어 있는 상자
단위로만 판매한다. 이제 상점은 단 한 개를 판매하더라도 한 상
자를 추가로 구매해야 한다. 그 상자가 도매업체 창고에 남아 있
는 마지막 상자라면 도매업체는 공장에서 더 많은 장치를 주문
해 재고를 채워 넣을 것이다. 공장은 상자를 백 개씩 묶어서 판
매하므로, 도매업체는 장치 백 개가 들어 있는 상자 백 개를 구
매해야 한다. 도매업체가 판 장치는 백 개뿐이지만 막 장치 1만
개를 산 것이다.

공장은 장치 몇 개를 판매했는가? 1만 개다. 도매업체는 몇
개를 판매했는가? 백 개다. 고객은 몇 개를 샀는가? 그렇다. 한
개다. 공급사슬의 끝자락에서 수요가 있다는 신호를 보내자 모
든 단계에서 신호가 증폭되어 재고에서 채찍 효과를 만들어냈
다. 상점은 새로 산 장치를 한 번도 팔지 못하면 장치 백 개가 재
고로 쌓여 발이 묶일 것이다. 추가 재고 수량은 부가가치를 더하
지 않고 공급사슬 참여자 모두에게 비용을 발생시킨다.[8]

물론 채찍 효과를 해결할 방법도 있다. 공장 또는 도매업체가 단위를 더 작게 묶어 판매할 수 있다. 모든 공급사슬 참여자는 예측을 더 철저하게 해서 재고 수량이 바닥나기 전에 발주를 넣을 수 있다. 상점과 도매업체, 그리고 공장은 더 긴밀히 소통해 더 효율적으로 재고 관리를 할 수 있다. 그런데도 채찍 효과는 여전히 실재한다. 채찍 효과를 설명하는 이유는 공급사슬 참여자를 비판하려는 것이 아니다. 요점은 공급사슬이 아주 극미한 변화에도 극심하게 예민한 반응을 한다는 것이다.

공급사슬의 복합성을 보여주는 또 다른 사례는 항공기 운용이다. 특히나 현대식 항공기의 전자뇌라고 볼 수 있는 항공 전자 제품이 그렇다. 비행기에서 내릴 때 비행기 조종석 안을 엿본다고 가정했을 때 눈에 보이는 조명과 스위치, 다이얼은 산출물이자 항공 전자 제품 기기의 인터페이스다. 항공 전자 제품에서 왜 차질이 생기는지 그 뒷이야기를 살펴보면 투입량과 수송 지연 때문이 아니라는 사실을 알게 된다. 뒷이야기는 백신 접종 의무와 정부 및 항공 업계가 대중을 기만하는 어두운 면을 드러낸다. 이 이야기는 2021년 12월 31일, 미국 피트 부티지지Pete Buttigieg 교통부 장관과 연방 항공청장 스티브 딕슨Steve Dickson이 이동통신사 버라이즌Verizon과 에이티앤티American Telephone & Telegraph Company, AT&T에 5G 무선통신 서비스 출시를 미루라고 촉구하는 서신에서 시작되었다.[9] 이 둘의 합작은 겉으로 봤을 때 이상했다. 교통부와 연방항공청Federal Aviation Administration, FAA은 일반적으로 이동통신사와 관계가 없기 때문이었다. 이동통신사는 연방통신위원회Federal Communications Commis-sion, FCC가 담당한다. 서신은 이들의 연결고리를 상세히 설명해준다. 새로 도입한 5G 무선통신 서비스로 인해 항공 전자 제품에 간섭 현상이 발생할 수 있고 안전상의 위험을 초래할 수 있다는 것이다. 부티지지 장관과 딕슨 청장은 항공기에 '광범위하고 용납할 수 없는 차질'이 생길 수 있으며, 5G 신호 주파수 간섭으로 인해 항공기가 항로를 돌려 안전하지 않다고 판단되는 공항에 착륙해야 할 수도 있다고 주장했다. 서신에는 항공기 한 대가 우회하면 '미국 항공 운송 시스템 전체에 파급효과를 일으킬 수 있다'라고 언급되어 있었다. 조종사들이 악천후나 시야가 확보되지 않아 안전 착륙을 할 때 레이더 고도계(레이더 신호를 지표면으로 송신해 반사되어 돌아오는 신호로 항공기에서 지표면까지의 거리를 측정하는 센서－옮긴이)를 사용하는데, 정부는 5G가 레이더 고도계에 영향을 주지 않을까 우려하고 있었다. 정부는 이 서신을 통해 항공 업계가 '비행기가 계속 안전하게 비행할 수 있게 5G 완충 지대가 있는' 공항들을 선정할 수 있도록 2022년 1월 5일부터 2주간 서비스 출시를 지연해달라고 요청했다. 하지만 부티지지 장관과 딕슨 청장이 '우선순위 공항'이라고 부르는 완충지대가 있는 공항 선정 문제로 5G 출시가 무기한으로 지연될 수도 있었다. 처음에 AT&T와 버라이즌은 연방항공청의 요청을 거절했지만 다음 날 입장을 번복하고 서비스 연기에 동의했다. 여기서 가장 놀랄 만한 것은 이러한 요청이 막바지에 급하게 이루어졌다는 점이다. 레이더 고도계는 1910년대에 벨연구소Bell

Labs가 처음으로 발견한 기술을 사용해 1930년대에 개발된 제품이었다. 한편 5G 기술은 2016년에 도입되어 2019년에 널리 보급되기 시작했다. 왜 2022년 초에 항공기 레이더 고도계와 통신사의 주파수 대역 간에 간섭이 일어날 수 있다는 위험성이 대두된 걸까?

그 답은 다시 공급사슬의 실패에서 찾을 수 있다. 실제로 5G 송신탑과 근접한 곳에서도 안전하게 비행할 수 있도록 레이더 고도계의 몇몇 사항을 간단하게 바꾸면 되지만, 문제는 항공 전자 분야에 종사하는 엔지니어 인력 활용에 심각한 적체 현상이 발생했다는 것이다. 항공 전자 산업은 역사적으로, 그리고 물류상의 이유로 캔자스주 위치타를 중심으로 밀집되어 있다. 많은 사람이 텍스트론Textron 또는 스피릿 에어로시스템스Spirit AeroSystems에서 근무한다. 흔한 현상이었다. 컴퓨터 개발자들은 실리콘밸리에 밀집되어 있고 의료 연구는 노스캐롤라이나주 롤리Raleigh 근처에 클러스터를 이루고 있다. 최고는 어떤 분야가 되었든 최고 주변에 있기를 원한다. 항공 전자 엔지니어의 나이대는 일반적으로 40대 또는 50대며 주로 백인 남성이었다. 코로나19 백신 접종률이 낮은 집단으로, 전국 평균은 80%인 반면 이 집단의 접종률은 50% 정도밖에 되지 않았다.[10] 엔지니어들은 군대와 민간 항공 기업에서 근무하기 때문에 압도적으로 많은 이들이 연방 정부와 계약을 맺고 하청을 받아 일한다. 따라서 2021년 9월 9일에 바이든 대통령이 발표한 백신 접종 및 기타 코로나19 안전 수칙에 대한 행정명령의 적용을 받게 되었다. 바이든 대통령은 "연방 정부를 상대로 일하고 싶으면 백신을 맞으십시오. 연방 정부와 사업을 하고 싶다면 직원에게 백신을 접종시키십시오"라고 말했다.[11] 엔지니어 다수가 백신을 접종하지 않은 사업체에 해당하는 말이었다. 그 결과 엔지니어들은 직장을 그만두거나 일하지 못했다. 그들은 바이든 대통령의 백신 접종 의무에 해당되지 않는 분야에서 새로운 회사를 창업했다. 엔지니어들이 이탈하자 레이더 고도계를 미세하게 조정하는 데 차질이 생겼다. 이는 공급사슬의 둔화에 직접적인 영향을 미쳤다(예측할 만한 결과였다). 그 결과 5G 서비스 출시가 지연되었다. 이 사례는 공급사슬이 제대로 작동하지 않는 경우를 보여준다.

한 조종사는 레이더 고도계 없이 비행기를 착륙시키는 일에 관해 다음과 같은 이야기를 들려주었다.

그 무엇에도 손상을 입히지 않고 눈으로만 밖을 보면서 착륙하는 기술은 단 하나밖에 없다. 착륙 전 마지막 3~5초 동안 지평선에 초점을 맞추면 된다. 만약 시야가 확보되지 않아 지평선을 보는 것이 불가능하거나 마지막 몇 초 동안 지평선을 밑에서 아래로 올려다봐야 한다면, 눈으로 보기만 해서는 피치각(비행 속도와 깃의 회전 선속도를 합성해 만든 것과 회전면이 이루는 각―옮긴이)을 짐작할 수 없어서 매끄럽게 착륙하는 일은 말 그대로 불가능하다.

연습을 충분히 하면 시야가 확보되지 않아도 착륙 시 시각적인 신호를 사용함으로써 사고를 방지할 수 있다. 하지만 정확하게 말하자면 그렇게 한다고 해서 사고가 일어나지 않는 것은 아니다. 일반적으로 레이더 고도계는 조종사가 언제 플레어를 발사해야 할지를 알려준다(각자 선호하는 바에 따라 다른데 조종사 대부분은 레이더 고도계가 '10'을 가리킬 때 플레어를 발사한다. 이는 활주로 위 10피트, 그러니까 약 3미터 지점이라는 뜻이다).

우리는 다음에 어떤 일이 일어날지 알고 있다. 주요 항공사의 기장들은 레이더 고도계를 '떼어버릴 것'이다(이는 대부분 항공기 모델에서 레이더 고도계의 차단기를 당긴다는 의미다). 더 이상 고도계를 믿을 수 없기 때문이다. 기장은 조종사들이 최소한 수 시간 연습하고 시각적 신호에만 의지해서 악천후에서 몇 번이고 숙련된 방식으로 착륙할 수 있기 전까지는 그들이 레이더 고도계 없이 최저고도에 정밀하게 접근하면서 비행하는 것을 원하지 않을 것이다.

백악관이 이런 상황을 이해할 가능성은 희박하다. 어떻게 명령을 내리고 시간을 벌 수 있는지는 알고 있지만 백신 접종 의무와 연방 정부 하청업자, 항공 안전, 5G 출시와 불시착이 어떻게 연관되어 있는지는 모른다. 2021년 휴가철에 아메리칸항공, 델타항공, 유나이티드항공, 사우스웨스트항공이 '악천후'를 이유로 항공편을 취소한 것은 사실 레이더 고도계 병목현상 때문이었다. 쉽게 말해 악천후일 때는 고도계를 교정하지 않으면 비행기가 안전하게 착륙할 수 없다는 것을 의미했다. 그리고 비효율적인 백신 접종 의무로 인해 연방 정부와 계약을 맺은 인력이 일하지 못했기 때문에 고도계는 교정될 수 없었다. 결국 AT&T와 버라이즌이 특정 공항과 가까이 송전탑을 설치하는 공사를 지연하기로 합의하면서 5G 서비스는 1월 말에 출시되었다. 이 결정은 시간을 벌어주긴 했지만 장기적으로 문제를 해결하지는 못한다. 항공편은 계속해서 취소될 것이다. 정말 모든 일은 연결되어 있다.

공급사슬을 의도적으로 파괴하려고 정책을 시행한 것은 바이든 정부만이 아닌 듯 보였다. 쥐스탱 트뤼도 총리가 이끄는 캐나다 정부는 백신 미접종 트럭 운전사들이 미국에서 캐나다로 돌아왔을 때 오랜 격리 의무를 부과했다. 백신이 코로나바이러스의 감염이나 확산을 완벽히 막지 못하며 운전기사들은 혼자 일하기 때문에 아무도 감염시킬 수 없다는 사실에도 불구하고 말이다. 캐나다 인구의 대부분은 미국-캐나다 국경에서 약 160킬로미터 이내에 살고 있다. USMCA 협정으로 캐나다를 동쪽에서 서쪽으로 가로지르는 교통량보다 남쪽에서 북쪽으로 가로지르는 교통량을 더 중요하게 여겼다. 그러한 정부의 명령은 미국-캐나다 공급사슬과 고래 싸움에 새우 등 터진 트럭 운전기사의 복지에 악영향을 끼쳤다. 2022년 1월 말, 캐나다 트럭 운전기사 수천 명은 자유 호송대Freedom Convoy 시위에 참여해 브리티시컬럼비아주부터 캐나다의 수도 오타와까지 연결하는 1번 고속도로와 다른 교통로들 위에서 항의했다. 1월 29일, 트럭 운전기사가 오타와에 도착했을 때 도시는 사실상 폐쇄되었다. 트뤼도 총리는 뒤로 숨었지만 이미 트럭 운전기사의 목소리를 '변두리의 작은 소수 여론'으로 깎아내린 뒤였다. 실제로 트럭 운전기사들의 시위는 캐나다와 미국 전역에 걸쳐 광범위한 지지를 끌어냈다. 테슬라 CEO인 일론 머스크부터 방송인 터커 칼슨Tucker Carlson까지 트럭 운전기사들의 시위에 지지를 표명했다. 정치는 제쳐두고 보더라도, 트럭 수천 대가 자유 호송대 시위에 참여하고 오타와에서 시위가 일어나자 공급사슬의 효율성에 또 다른 타격이 가해졌다.

공급사슬 문제는 틀림없이 더 심각해질 것이다. 해결책이 시행되려면 수년, 어쩌면 수십 년이 걸릴 것이라는 사실은 더욱더 골을 썩인다. 이는 온쇼어링(기업의 가치사슬상의 생산 활동을 본국 내에서 생산성이 더 높거나 비용이 더 낮은 다른 지역으로 이전하는 행위 – 옮긴이)의 긴 리드 타임과 관련이 있다. 예를 들어 미국은 자체적으로 반도체 생산 공장을 건설해 아시아 반도체 수입에 대한 의존을 줄일 수 있다. 문제는 이러한 공장이 건설되려면 3~5년이 걸리고 그 비용 역시 어마어마하다는 점이다.

공급사슬의 회복을 막는 요소들이 특정 공급사슬과 직접적으로 관련된 것은 아니지만 적응하거나 대체하는 과정에서 악영향을 미친다. 미국에는 이미 노동력이 부족한데 그 원인은 복잡하다. 말 그대로 일을 할 수 있는 근로자가 부족한 것은 아니었다. 하지만 많은 근로자는 정부 혜택을 받을 수 있고 자녀 돌봄 의무가 있으며, 고용주가 합당한 급여를 주지 않는 현상(사업을 중단할 것이기 때문에 더 많은 급여를 줄 수 없다)이 복합적으로 작용해서 집에 있는 것을 선호했다. 노동력 부족 현상 대부분은 웨이터, 상점 점원, 패스트푸드점 직원, 사무 보조원 등 저임금 일자리에 집중되어 있었다. 하지만 조만간 엔지니어, 조종사, 기계 기술자, 의료진 등 숙련된 분야에서도 노동력 부족 현상이 발생할 것이다. 고도로 숙련된 인력이 부족한 것은 낮은 임금 때문이 아니다. 백신 접종 의무에 이어 팬데믹으로 인한 번아웃이 복합적으로 작용하기 때문이다.

공급사슬의 위기에 대처하는 바이든 대통령의 정책은 방향성이 잘못되었고 대부분 보여주기식이었다. 최근 연설을 살펴보면, 바이든 대통령은 갈피를 못 잡고 수십 년 동안 지속되어온 양배추 인형Cabbage Patch Kids과 비니 베이비스 인형Beanie Babies(테디베어 인형) 부족 현상을 언급했다(공급에 문제가 있었던 것이 아니라 수요가 과도해서 일어난 현상일 뿐인데도 말이다). 그러한 발언은 바이든 대통령의 능력에 대한 의구심을 높일 뿐이었다. 또한 백악관 대변인 젠 사키는 생필품의 공급사슬 위기에 대해 묻는 기자의 질문에 "러닝머신을 제때 받아볼 수 없다니 비극이네요"라고 답하며 조롱했다. 미국 국민 일부가 우유나 달걀을 살 수 없는 시점에서 사회 엘리트가 가져야 할 감수성을 저버린 것이다. 백악관 비서실장 론 클레인Ron Klain은 물가상승과 공급사슬의 차질은 '상류층이 겪는 문제'라는 주장을 지지했다. 매일 미국인들이 직면하는 문제를 눈치 없이 무시해버렸다.

2021년 12월 22일, 바이든 대통령은 공급사슬 현황을 논의하기 위해 페덱스, 갭을 비롯한 여러 대형 물류업체의 고위 임원과 자리를 함께했다. 2021년 11월 29일에 백악관에서 월마트, 엣시Etsy, 삼성, 크로거Kroger, 베스트바이Best Buy, CVSConsumer Value Store(약국 체인 – 옮긴이) CEO들이 참석했던 회의의 후속 회의였다. 두 회의 모두 진부한 주제만 다룰 뿐 다른 이야기는 거의 오가지 않았다. 바이든 대통령은 "선반은 비어 있지 않습니다"라고 말했다. 하지만 많은 선반이 비어 있었다. 바이든 대통령은 전략 비축유 중 석유 5천만 배럴을 방출하겠다고 발표했는데, 미국의 일일 소비량이 약 2천만 배럴에 달한다는 점을 고려할 때 미미한 양이었다. 또 미국 육군 공병대U.S. Army Corps를 주축으로 이뤄지는 40억 달러 규모의 항만 인프라 개선 프로젝트를 주문했다. 칭찬할 만한 일이지만 이 프로젝트는 완료하는 데 5년에서 10년이 소요될 것이다. 이러한 회의는 일반 대중에게 보여주기 위해서였고 현재의 위기를 완화하기 위한 실질적인 조치는 아무것도 없었다.

바이든 대통령은 비난하기에 급급했다. 문제를 해결하기보다 잘못을 떠넘기는 행동에 가까웠다. 대통령은 노동과 사료, 비료 및 운송 투입물의 원가 상승으로 인해 육류 가격이 상승하고 있다는 명백한 증거에도 불구하고 육류 포장업체가 가격을 인상했다고 비난했다. 가축의 사료를 재배하는 데 필요한 질소 비료의 가격은 2021년이 끝날 무렵인 9월에 210%나 상승했다. 바이든 대통령은 또한 '4대 육류 업체'(타이슨 푸드Tyson Foods, 카길Cargill, JBS 푸드JBS Foods, 내셔널 비프National Beef) 간의 경쟁이 건전하게 이루어지고 있으며, 지역의 틈새시장을 공략하는 소규모 육류업체나 유기농 육류 제품이 높은 실적을 올린다는 증거가 있는데도 독점 금지 조치를 내리겠다고 위협했다. 육류업체에 대한 규제가 증가하면 가격은 상승하고 공급사슬의 속도는 더 느려질 것이다. 2021년 11월 30일, 연방거래위원회는 아마존, 월마트, P&G를 비롯해 주요 소매업체 6개의 반독점 관행을 조사하겠다고 발표했다. 이는 정부의 또 다른 보여주기식 행동에 불과했다. 사실 아마존과 월마트의 공급사슬은 다른 많은 유통업체에 비해 효율적이며 차질이 더 적은 편이었다. 공급사슬 붕괴에 대한 바이든 정부의 대응은 좋게 보면 홍보지만 최악의 경우 추가적인 붕괴를 일으킬 수 있었다.

바이든 대통령은 2021년 12월 8일까지 연방 정부 하청업자 전부가 백신 접종을 완료해야 한다고 지시를 내렸다. 이미 공무원과 군인은 의무적으로 백신을 접종했고 다른 선택의 여지가 없었다. 연방 정부 하청업자들의 백신 의무는 직원 백 명 이상을 둔 모든 고용주에게 적용되는 직업안전보건청Occupational Safety and Health Administration, OSHA의 백신 접종 의무와는 달랐다. 2022년 1월 13일에 미국 대법원은 직업안전보건청의 행정명령을 중지했다. 2022년 초, 미국 항소법원은 연방 정부 하청업자의 백신 접종 의무를 중지했지만 추가 항소심이 진행 중이다. 하지만 법원이 이러한 명령이 불법이라는 것을 명확하게 하기 전까지 그 피해는 광범위하게 발생했다. 다수의 노동자는 이 명령으로 인해 직장을 그만둬야 했는데 민간 부문 고용주들이 행정명령을 모방해 직원들에게 피해를 주었기 때문이었다. 연방 정부 하청업자 근로자의 백신 접종률은 미국 전체 백신 접종률보다 낮았다. 미국의 전체 백신 접종률은

80%에 육박하는 반면, 연방 정부 하청업자의 백신 접종률은 70% 정도 되었고 항공 전자 부문과 같은 일부 전문 분야에서는 더더욱 낮았다. 이 근로자들은 백신을 맞을 수 있다는 점을 알고 그 위험성을 이해하면서(백신 그 자체뿐만 아니라 부작용의 위험성도 고려했다) 백신을 맞지 않기로 택했다. 이 시점에서 그들의 마음을 바꾸는 것은 거의 불가능에 가까웠다. 바이든 정부는 백신 접종 의무를 철회할 생각이 없었다. 똑같은 결과를 달성하기 위해 행정명령을 비롯한 새로운 방법을 모색하고 있었다. 연방 정부 하청업자의 수는 수천만 명에 달한다. 미국 경제는 이미 휘청거리고 있다. 공급사슬은 혼란에 빠졌다. 숙련된 노동자를 대량 해고해서 경제가 침체할 것이다. 일부 애널리스트들은 중국 등 공급사슬의 주요 참여국이 지정학적 이유로 서방세계의 경제에 피해를 주기 위해 일부러 글로벌 공급사슬을 방해하는 것이라고 시사하기까지 했다. 하지만 누군가가 공급사슬을 의도적으로 방해하는지, 아니면 자기 무게를 견디지 못하고 스스로 붕괴하는지는 구분하기 어렵다. 아마 둘 다 해당될 것이다.

공급사슬 참여자 각각은 효율성을 달성하고 있다. 하지만 그 누구도 글로벌 시스템을 총 탄력성 측면에서 바라보지는 못하고 있다. 누군가가 전체 시스템이 얼마나 취약한지 깨닫지 못한 채 고의로 시스템에 차질을 빚은 것일 수도 있다. 고의적인 행위와 의도하지 않은 결과의 조합은 역사에 중요한 획을 그었다. 제1차세계대전 발발이 그 예다. 요점은 일단 내부에서 파열이 시작되면 더 단순하고 거의 알아볼 수 없는 상태가 될 때까지 돌아가지 않고서는 멈출 방법이 없다는 것이다. 공급사슬의 위기는 또 다른 이유로도 앞으로 더 심각해지고 몇 년 동안 지속될 것이다.

다시 돌아갈 방법은 없다

공급사슬 붕괴를 손쉽게 해결할 수 있는 해답은 없다. 복합적인 시스템은 폭포처럼 무너지기 때문이다. 개별적인 문제를 좇으면 하류에 더 큰 문제가 있다는 것을 알게 된다. 파급효과는 퍼져나가며 다시 되돌릴 수 없다. 강물은 아래에서 위로 흐르지 않는다. 비축하거나 필요한 양보다 더 많이 주문하거나 새로운 공급원을 찾아 문제를 해결하려는 노력은 상황을 악화시킬 뿐이다. 다른 공급사슬에 있는 또 다른 누군가가 대가를 치러야만 해결될 문제. 네거티브섬 게임(게임 이론에서 참가자가 각각 선택하는 행동이 무엇이든지 참가자의 이득과 손실의 총합이 마이너스가 되는 게임-옮긴이)이다. 반창고를 붙여 잠시 상황을 누그러뜨릴 수 있다고 하더라도 전반적인 상황은 더욱 심각해진다.

우리는 큰 숲을 보지 못하고 있다. 글로벌 공급사슬은 시스템 복합 체계라고도 불리는 여러 시스템으로 구성된 시스템이다. 각각의 개별 공급사슬은 복합적이고 여러 시스템으로 구성된 시스템은 측정하기 어려울 정도로 더 복잡하다. 이러한 복잡성을 설계하려면 지구 전체의 컴퓨터 용량보다 더 큰 처리 능력이 필요할 것이다. 복합적인 시스템들의 체계를 메타 공급사슬이라고 부른다.

운송 노선이 막혔을 때는 투입량을 늘려도 도움이 되지 않는다. 창고가 꽉 찼을 때 더 많은 운송 노선을 확보하는 것도 별 소용이 없고, 제조센터에서 중요한 배송이 지연되고 있는데 다른 배송 건을 추가하는 일은 도움이 되지 않는다. 더 높은 에너지 비용과 인건비, 재고 비용, 판매 손실이 수익을 산 채로 잡아먹는 꼴이다.

미국 정부는 풍력과 태양광이 더 매력적인 선택지로 보이도록 석유와 천연가스 가격을 인상할 방침이다. 이러한 그린뉴딜Green New Deal 정책은 실패할 것이다. 풍력과 태양광은 고유의 역할이 있다. 하지만 이러한 간헐적인 에너지원으로는 현대식 전력망을 운영하는 데 필요한 기본적인 에너지양을 유지할 수 없고, 증가하는 에너지 수요를 충족시킬 만큼 규모를 빠르게 확장할 수 없다. 한편 휘발유, 제트 연료, 디젤과 천연가스 비용이 커지면 기존 공급사슬의 문제는 악화된다.

다시 말해 붕괴는 한 방향으로 일어난다. 물이 폭포로 흘러 들어가면 다시 끌어올릴 수 없다. 메타 공급사슬은 새로운 차원을 찾아야 한다. 더 느리고 더 큰 비용이 들겠지만 미래의 실패를 더욱 견고하게 버티면서 역경 앞에 훨씬 탄력적일 것이다. 여기서 가장 크게 손실을 볼 국가는 중국이다. 메타 공급사슬에서는 망가진 공급사슬에 투입되는 요소들의 원산지인 중국을 버릴 것이기 때문이다. 가장 큰 승자는 미국이 될 것이다. 미국은 미국 내에서 주요 지점을 연결할 수 있고 어떠한 공급 문제가 생겼을 때 이를 대체해 소싱할 수 있는 큰 역량을 갖추고 있기 때문이다. 그러나 메타 공급 사슬을 재구성하는 데는 5년에서 10년은 족히 걸릴 것이다. 그 와 중에 투자자들은 빈 선반과 높은 비용을 마주할 것이고 이 영향을 많이 받은 회사들의 성장 역시 더뎌질 것이다.

상품이 계속 부족한 이유

> 세계화가 되었다고 해서 저절로 혜택을 받거나 피해를 보는 것은 아니다. 근처의 공급업체보다 해외에서 상품을 조달하고, 현지에서 생산하는 대신 해외로 생산 공장을 옮기거나, 국내에 투자하기보다는 조세회피처로 자본을 옮기기로 마음먹어야 가능한 일이다. 거의 다국적 기업의 생산, 소싱, 투자에 관한 의사결정이 경제의 세계화 과정을 추동한다.
>
> — 앤시아 로버츠Anthea Roberts, 니컬러스 램프Nicolas Lamp,
> 《세계화의 여섯 가지 얼굴Six Faces of Globalization》[1]

공급사슬 2.0

1장에서는 글로벌 공급사슬이 어떻게 붕괴하는지 구체적으로 살펴보았다. 2장에서는 공급사슬의 원인인 무역 전쟁, 효율성을 추구하려는 끈질긴 노력, 한계를 뛰어넘을 정도로 몸집을 키운 복합적·역동적인 시스템에 내재한 취약성 등을 검토했다. 이 장에서는 1989년부터 2019년까지 구축된 공급사슬이 고칠 수 없을 정도로 망가진 이유와 더 짧은 운송 노선을 구축해야 하는 이유, 국내에서 생산해야 하는 이유, 공산주의 국가인 중국과 갈라서야 하는 이유를 살펴볼 것이다. 공급사슬의 재건은 공급사슬 1.0에서 공급사슬 2.0으로의 이행을 나타낸다. 쉽지도 빠르지도 않을 것이다. 그러나 독재자들에게 힘을 실어주거나 그보다 최악의 상황을 피하면서 민주주의 국가 간의 국제무역을 최대한 활용할 필요가 있다.

공급사슬에 문제가 생길 경우 계속되는 무역 전쟁, 물류 병목현상, 팬데믹과 공공 정책 대응 실패, 에너지 위기, 기후 위기론Climate Alarmism 때문에 이전의 구조로 다시 되돌릴 수 없다. 트럭 운전기사나 항만, 노동력 부족만을 탓해서는 안 된다. 이 상황은 원인이 아니라 증상이다. 메타 공급사슬이 붕괴하는 원인은 다양하게 존재한다. 그중에서도 두드러지는 원인은 두 가지다. 공산주의 국가 중국과의 갈라서기와 새로운 안보 질서를 세우려는 러시아의 움직임이다. 우리는 이러한 근거를 살펴보고 중국과 러시아에서 해결할 과제로 확장해서 각각 분석해볼 것이다. 그러면 독자는 공급사슬 학문 및 시스템에 불어닥치는 변화를 피할 수 없다는 점을 확실히 알게 될 것이다.

무역, 트럭과 관세

트럼프 전 대통령이 시작한 무역 전쟁은 아직 끝나지 않았다. 점점 더 심화되고 있다. 바이든 정부는 트럼프 전 대통령의 무역 정책을 빈번하게 비판했음에도 불구하고 트럼프 전 대통령이 중국에 부과한 관세를 줄이지 않았다. 2021년 5월에 바이든 대통령은 중국산 차대에 관세를 221% 부과하는 등 관세를 더욱 높였다.[2] 미국에서 차대 부족은 항만에서 공급사슬 병목현상을 일으키는 원인 중 하나다. 차대 가격은 관세 때문에 1만 2천 달러에서 거의 4만 달러까지 올랐고 미국의 화주가 차대를 구매하기에 너무 비싸졌다. 남부 캘리포니아 항만에서 트럭 운전기사가 대기해야 하는 시간은 40분에서 7시간으로 늘어났다. 대기 시간의 증가는 연료비가 추가된다는 뜻이다. 관세는 향후 몇 년간 미국 차대 제조업체에 도움이 되고 차대 제조 인력의 고용을 늘릴 것이다. 하지만 이는 미래의 일이다. 현재로서는 차대 부족과 항만의 병목현상이 악화되고 있을 뿐이다.

2020년 2월 14일에 중국은 2020년과 2021년에 미국산 재화 및 서비스 구매를 2천억 달러 규모까지 늘리겠다는 미중 무역협정의 1단계 합의를 이행하지 않았다. 이 협정에서 미국은 중국에 801억 달러 규모의 농산물 구매를 요구했지만, 2021년 12월까지 실제 구매액은 563억 달러로 목표치를 30% 밑돌았다. 제품 수입 규모는 목표치인 2344억 달러보다 41.5%가 부족한 1370억 달러였고, 에너지 수입 규모는 목표액 660억 달러보다 57%나 부족한 286억 달러였다. 2022년 2월, 1단계 합의에 대한 최종 집계가 진행되었다. 중국의 미국산 상품 구매는 합의 전 수준에도 미치지 못했다. 런던의 경제 리서치 기업인 캐피털 이코노믹스Capital Economics에 따르면, "중국은 1단계 무역 합의에서 약속한 대로 추가로 상품을 구매하지 않았다. 바이든 정부의 마음에 들진 않겠지만 중국에 더 철저히 합의 이행을 강요할 선택지가 없다."[3] 1단계 합의는 완전히 실패했다. 2단계 협상으로 나아가기 위한 노력은 보이지 않았다. 2018~2019년의 무역 전쟁을 끝내기 위한 2020년의 무역협정은 사문死文에 불과하다.

2020년, 중국과 호주 간에 새로운 분쟁이 발생했다. 2009년부터 2019년까지 호주의 대중국 수출은 3배 증가했다. 중국은 그때까지 호주의 최대 교역국이었다. 호주는 중국 철강 산업에 쓰이고 중국 건설 붐을 뒷받침하는 철광석의 절반을 수출해왔다. 또한 호주는 중국의 석탄, 천연가스, 농산물 총수입의 상당 부분을 차지하고 있었다. 호주에서 일하는 중국 학생들의 경화 송금은 중국 외환 거래에 중요한 원천이었다.[4] 규모가 계속해서 증가하고 서로 이득을 보던 무역 관계는 2020년 4월 호주가 코로나바이러스의 발원지가 어디인지 독립적이고 국제적으로 조사해야 한다고 주장하면서 갑자기 무너졌다. 중국 허베이성의 연구소에서 바이러스가 유출되었다는 이야기가 있었지만 호주는 판단을 유보하고 공정한 조사를 요청했다.

베이징은 호주의 제안을 마녀사냥이라 부르며 보복했다. 일주일 뒤, 주호주 청징예成竟业 중국 대사는 중국 소비자에게 호주산 와인을 불매하라고 촉구했다. 2020년 5월, 중국은 호주산 보리에 막대한 관세를 부과해 사실상 호주를 중국 시장에서 내쫓았다. 그 뒤로 몇 달간 중국은 호주산 쇠고기, 와인, 밀, 양모, 설탕, 구리, 목재에 추가 관세를 부과했다. 또한 중국 에너지 생산업체에 호주산 석탄 구매를 멈추고 호주산 액화천연가스LNG의 현물 구매를 중단하라고 말했다고 전해진다. 그러나 호주는 굴복하지 않았다.

호주 정부는 바이러스의 발원지 조사를 촉구하는 데 물러서지 않았다. 불매운동과 관세 폭탄의 첫 충격 이후, 호주는 호주산 석탄과 LNG, 식량과 광물자원이 간절히 필요한 해외시장을 별문제 없이 찾았다. 이것이 바로 무역 전환의 예로, 2018년 중국이 불매운동을 하자 미국 대두 수출업체가 취한 행동과 유사했다. 한 시장이 문을 닫으면 전 세계 어딘가에서 해당 상품이 필요한 이상 다른 구매자가 등장한다. 퍼스미국아시아센터Perth USAsia Centre의 애널리스트인 제프리 윌슨Jeffrey Wilson은 2020년 호주-중국 무역 분쟁이 어떻게 중국과 실제로 갈라설 수 있는지에 관한 실제 사례 연구가 되어준다고 시사했다. 중국에 안 좋은 소식은 세계무역이 중국 없이도 꽤 잘 작동한다는 것이다.

2021년, 규모는 작지만 중요한 무역 전쟁이 발생했다. EU 회원국인 리투아니아와 중국 사이에 분쟁이 일어난 것이다. 2021년 8월, 대만은 리투아니아의 수도 빌뉴스에 대만 대표처를 세웠고, 덜 자극적인 '타이베이' 대신 '대만'이라는 명칭을 사용했다. 2021년 12월, 리투아니아는 중국이 리투아니아로부터의 수입을 모두 중지했다고 밝혔다. 그리고 중국은 수입품 원산지에서 리투아니아를 제외하기 위해 컴퓨터를 재프로그래밍했다. EU가 WTO에 중국이 WTO의 규칙을 어겼다고 제소하면서 분쟁은 급속도로 확대되었다. 발디스 돔브로브스키스Valdis Dombrovskis EU 수석 부집행위원장은 "중국의 조치는 EU 단일 시장의 온전함을 위협하고 있다. 이는 EU 내 무역 및 EU의 공급사슬에 영향을 미치며, EU의 산업에도 부정적인 영향을 끼친다"라고 평했다.[5] 이 분쟁은 중국이 정치적 목표를 달성하기 위해 세계무역을 이용해 다른 나라를 괴롭히는 전술의 또 다른 예다. 또한 대만 대표처의 이름을 둘러싼 사소한 분쟁이 세계에서 가장 큰 두 정치·경제 주체인 중국과 EU 간의 소송으로 확대될 수 있다는 점을 보여준다.

2022년 1월 3일, 중국이 신장웨이우얼 자치구에서 위구르족과 기타 종교 집단의 인권을 탄압하자 EU가 중국에 가했던 제재가 2022년 12월 8일까지 연장되었다. 이러한 결정은 EU 의회가 EU·중국 포괄적 투자 협정Comprehensive Agreement on Investment, CAI의 비준 절차를 중단한 이후 내려졌다. EU와 중국의 CAI는 7년의 협상을 거쳐 2020년 12월에 타결되었으나, EU의 대중국 제재와 중국의 보복 조치로 인해 적어도 2023년까지 이행이 지연될 것으로 보인다. 인권 제재는 관세 및 할당량과 관련된 문제와 달리 타협의 여지를 거의 남기지 않는다.

2021년 11월 5일, 중국 국무원타이완사무판공실Taiwan Affairs Office, TAO은 대만 독립을 지지하는 모든 개인은 종신형에 처할 것이며, 이러한 개인을 지지하는 기업은 중국에서 사업을 할 수 없게 될 것이라고 발표했다. 이 판단은 두 국가 간의 직접적인 무역 관계보다 중국의 대만 선거에 대한 정치적 간섭과 관련이 있다. 하지만 대만과 중국의 무역 관계를 망치는 또 다른 방해 요인이 되었으며 공급사슬이 효율적으로 작동하는 데 역풍이 되고 있다. 러시아의 우크라이나 침공에서 보여주듯 중국은 대만을 침략하기 위해 한발 전진했다. 이는 서방세계와 침략 국가 간의 무역 제재를 쓰나미처럼 촉발할 것이다. 이 문제는 뒤에서 더 자세히 다루겠다. 크고 작은 무역 및 투자 분쟁이 매일 떠오르고 있다. 무역 전쟁과 전략적 제재의 수가 점점 증가하고 있다.

무역 전쟁과 관세 문제만이 공급사슬을 교란하는 것은 아니다. 규제는 나름의 역할이 있지만 눈에 보일 정도로 상황을 완화시키지는 못한다. 남부 캘리포니아 항만에서 발생하는 지연은 적어도 부분적으로는 환경 규제와 노동 정책 때문이었다. 캘리포니아주의 창고와 유통센터를 확장하면서 소음과 교통 체증이 발생하자 반발이 일어났고 결국 과잉 규제로 이어졌다. 특정 지역에서는 트럭 운전기사가 소매업체에 배달할 수 있는 시간이 제한되어 있다. 캘리포니아주에서는 하루당 디젤 차량의 운행 시간을 제한하고 있으며 지게차와 시설용 트럭은 전기차여야 한다. 또 현장은 전기차 충전소를 의무적으로 갖춰야 한다. 캘리포니아주는 새로 건설한 창고에 환경 건설 표준과 건설 장비의 이산화탄소 배출 감소 등 기타 필요 요건을 내걸었다. 캘리포니아 남부해안대기질관리청 South Coast Air Quality Management District은 관할 구역에 있는 창고 3천 개에 태양 전지 패널을 설치하고 배달 시에는 전기 밴을 사용하라고 명령을 내렸다.[6] 미국이 태양광 패널에 높은 관세를 부과하고 있는데 이것이 얼마나 쉽게 구현될 수 있을지는 미지수다. 토론을 해볼 수도 있겠지만 많은 부분이 타당하지 않다. 여기서 분명한 것은 이러한 요구 사항이 공급사슬을 위협하고 있으며 앞으로도 계속될 문제라는 것이다.

캘리포니아는 2019년에 국제트럭운전자연대International Brother-hood of Teamsters, IBT를 달래기 위해 AB5*라고 불리는 법안을 제정했다. 이 법안으로 많은 트럭 운전기사가 독립 계약자가 아닌 직원으로 재분류되었다. 이는 노조를 조직할 수 있는 문을 열어주었다. 미국 노동 관계법에 따르면 독립 계약자들은 노조를 조직할 수 없었기 때문이다. 또한 트럭 운전기사들의 유연한 근로 시간과 여러 트럭 회사를 위해 일할 가능성을 제한하기도 했다. 초과 근무 수당을 의무적으로 지급해야 하고 특정 노선의 운송 수요 증가에 유연성이 제한되어 비용이 증가했다. AB5 법안은 트럭 운전기사의 공급을 줄였다. 몇몇은 관료제의 형식주의와 줄어든 급여 때문에 직장을 그만뒀다. 핵심은 장단점을 논하는 것이 아니다. 계속해서 늘어나는 규제로 인해 공급사슬이 얼마나 더 역기능적으로 작동하게 되는지를 보여주는 것이다.

- Assembly Bill No.5의 약자로, 미국에서 AB5 법안이 제정되면 근로자성을 인정받지 못했던 플랫폼 노동자가 근로자성을 인정받게 된다. 우버와 리프트와 같은 여객 운수 플랫폼에서 일해온 운수 노동자들과 배달 기사가 혜택을 받으며, 이들은 그동안 독립 계약자였기 때문에 적용받지 못했던 상해 및 실업보험, 유급 휴직, 초과 근로 수당, 최저임금, 의료 보조금 등 노동법의 적용과 보호를 받게 된다(옮긴이).

미국트럭운송협회는 현재 운전기사가 8만 명 정도 부족하다고 추정한다.[7] 2030년까지 부족 인원수가 두 배로 늘어나리라고 예상된다. 출시 예정된 자율주행차가 트럭 운전기사의 부족에 영향을 미치고 사태를 악화시키는 요인이다. 몇 년 안에 사라질지도 모르는 직업인데 어떤 유망한 젊은이가 트럭 운전기사로서 경력을 쌓으려고 하겠는가? 긴 근무 시간과 집에서 멀리 떨어져 있어야 하는 업무 스트레스도 한몫했다. 이는 트럭을 운전할 때 받는 고전적인 스트레스지만 팬데믹으로 인한 격리와 백신 접종 의무는 스트레스를 가중시켰다. 트럭 운전기사의 주 연령대는 50대에서 60대 사이인데 이 연령대는 코로나19에 더 취약하다. 나이와 코로나19라는 두 가지 요소가 서로 부정적으로 작용하는 복합적인 시스템의 창발성을 보여주는 좋은 사례다. 나이 스펙트럼의 반대편에 있는 젊은 나이대를 살펴보자. 상업용 운전면허를 취득하려면 21세 이상이어야 한다. 만약 대학에 진학하지 않았다면 18~20세에 첫 직장을 선택해야 한다. 그때 트럭 운전기사가 될 수 없다면 다른 일을 할 것이고 어쩌면 앞으로도 트럭 운전을 선택지로 고려하지 않을 수도 있다. 18세도 운전기사 인턴에 참여할 수 있는 시범 프로그램이 시작되었다. 좋은 취지지만 실질적인 영향력을 발휘하기까지는 몇 년이 걸릴 것이다. 그리고 21세 미만이 트레일러 2대를 연결한 대형 트럭을 안전하게 운전할 수 있을지에 관한 우려도 타당하다. 한편 트럭 운전기사의 연령대가 높아져 기존의 기사들이 빠르게 은퇴하고 있다. 바이든 대통령의 명령에 따라 항만 시설 운영 시간을 늘린다 해도 트럭 운전기사가 부족해서 항만에 트럭이 없으면 아무런 소용이 없다.

또 다른 문제점은 트럭 운전기사의 임금이 마일당 지급된다는 것이다. 픽업 지점에서 대기하는 첫 2시간 동안은 임금이 지급되지 않는다. 대기 시간이 늘어나면 트럭 운전기사의 급여는 줄어든다. 이들의 급여는 주행거리에 기반해 측정되는데 특정 주행거리를 더 긴 시간으로 나눠야 하기 때문이다. 〈뉴욕 타임스〉는 미국트럭운송협회의 수석 이코노미스트인 밥 코스텔로Bob Costello의 발언을 인용했다. "운전기사 부족 문제를 해결하지 못한다면 미래에는 몇몇 상점에 들어갔을 때 텅 빈 선반을 마주할 것이다."[8]

트럭, 차대 및 노동과 관련된 물류 문제 외에도 공급사슬에 방해가 될 만한 전략상의 문제가 남아 있다. 중국은 상하이 근처의 닝보항을 포함한 주요 항만 시설을 갖추고 있으며, 선박 1천3백 척 이상을 보유한 세계 최대 해상 선사이자 선박 대여 회사, 코스코 해운COSCO Shipping의 본거지다. 중국은 해상 물류를 직간접적으로 통제하면서 글로벌 물류 데이터 플랫폼 로진크Logink 등 정교하게 설계된 화물 데이터 시스템에 접속할 수 있었다. 미국 국가 안보 관련 단체와 해상 업계 모두가 중국의 해양 정보 시스템 접속에 관해 전략적으로 중요한 화물의 금수조치, 봉쇄, 차단 등이 발생했을 때 중국이 데이터를 상업적 또는 군사적 이익을 위해 사용할 수 있다는 우려를 제기했다. 미국이 중국에 석유 공급을 차단하고자 한다면, 석유 수송에 관한 정확한 위치와 선박 및 화물에 관한 정보를 갖춘 중국은 화물을 바꿔치기하거나 금수조치에 무릎 꿇지 않으려고 선박을 회항시킬 수 있다. 무역의 맥락에서 보자면 중국의 해상 정보에 대한 접근성이 향상될 경우, 스리랑카부터 피레우스까지 항만을 이어 중국의 수출입을 수월하게 돕는 일대일로Belt and Road Initiative, BRI 전략을 촉진할 수 있다. 선적 데이터 전문가인 이나 쿠즈네트소바Inna Kuznetsova는 "오늘날 물류에서 정보의 흐름은 돈이나 상품의 흐름만큼이나 중요하다"라고 말했다.[9] 중국이 중요 물류 정보를 오용할 가능성이 있다면 다른 국가들은 정보 공유를 개선하는 데 협력하지 않을 것이다.

공급사슬 관리 전문가들은 모두 정보 공유와 자동화 및 물류 사슬 참여자들 간의 협력의 중요성을 강조한다. 비즈니스 세계에서는 데이터와 고객 목록, 선적 목록 정보를 철저하게 보관해야 한다. 이러한 영업 비밀을 확보해야 경쟁 우위에 설 수 있기 때문이다. 공급사슬 관리에서는 정반대의 말이 맞을 수도 있다. 참여자들이 더 많은 정보를 공유할수록 더 효율적으로 공급사슬을 운영할 수 있다. 소매업체가 유통센터에 제품이 다량 입고되는 것을 즉시 알면 미리 판매 전략을 세우고 프로모션을 기획해 상품을 이동시킬 수 있다. 고객사 공장의 생산량이 증가하면서 더 많은 컨테이너 배송이 시작되리라는 것을 알면, 선적 대리점(해운업자가 수출업자의 의뢰를 받아 선적 화물에 관한 모든 사무를 대행하는 업자-옮긴이)은 덜 혼잡한 노선을 선택해 빠르게 배송할 수 있다. 이러한 예시 외에도 효율성을 높이는 전략을 사용하려면 잠재적 경쟁 업체를 포함한 새로운 업체와도 데이터 공유가 필요하다. 전통적인 사업 방식에서 벗어나 문화에 맞게 적응해야 한다. 많은 사람이 물류 데이터를 이용할 수 있게 되면, 자동화도 가능하고 최소한의 비용이 들면서도 모두에게 득이 되는 방식으로 적용할 수 있을 것이다. 이것이 바로 정보 공유를 통해 추구하는 목표다.

수십 년간 개선을 향해 달려왔지만 현실은 이와 매우 다르다. 데이터를 공유함으로써 얻는 잠재적인 이득에도 불구하고 전통적인 문제가 정보 공유를 가로막고 있다. 소규모 공급사슬 참여자들이 협력의 이점을 알지 못하거나 이론상으로 어떻게 이점이 누적되는지 느끼지 못하기 때문이다. 다른 참가자들은 이득을 얻기 위해 필요한 대규모 물류 팀을 출범시킬 자원이 없다. 일부가 데이터를 공유하지 않는 이유는 다른 참가자가 공유하는 데이터로 이득을 취하고 싶으면서도 자신의 데이터는 공유하고 싶지 않은 고전적인 무임승차 행동 탓이다. 다른 이유를 차치하고도 공유하지 않는 것은 대부분 관성 때문이다. 오래된 습관은 여간해서 없애기 어렵다. 미국 운송 업체 라이더Ryder의 최고 기술 책임자 켄트라 필립스Kendra Phillips는 "외부인은 공급사슬이 얼마나 아날로그 방식인지 잘 이해하지 못한다"라고 말했다.[10] 주문을 종이에 받아적고 전화를 걸며 선하증권Bill of Landing, B/L을 직접 건네주는 것이 여전히 일반적이다. 이러한 절차는 자동화되지 못했을뿐더러 참여자가 일일이 손으로 시스템에 데이터를 입력해야 해서 시간이 든다. 현장에서 선하증권을 디지털화하는 것은 쉽지 않다. 선하증권은 그냥 종이 일 뿐이다.

트럭과 컨테이너는 공급사슬의 중요한 연결고리지만 자체적인 공급사슬에 의존한다. 트럭의 교체 부품 공급이 부족하다. 고속도로 인프라 노후로 교통 체증이 심해지고 있다. 미국의 운송 물류 회사 J.B. 헌트 백서J.B Hunt Whitepaper에 따르면 수송 지연으로 트럭 운송 능력이 17% 감소했다고 한다. 해상 물류 전문가 존 먼로John Monroe는 "많은 회사가 컨테이너를 버릴 것"이라고 주장했다. 벌금과 회수 비용이 컨테이너 비용보다 더 크기 때문이다. 물류 운송이 지연되는 와중에 실질적인 자동화, 디지털화, 최적화의 실행은 학계가 권장하고 구상하는 것보다 훨씬 뒤처져 있다. 전문가들은 잠재적 해결책에 동의하지만 여전히 세분화와 자율성, 신뢰·자금·시간 부족과 같은 현실과 교통 체증, 정지 시간, 그리고 노후화된 인프라 등 방해물은 더 심각해지고 있다. 이러한 문제는 끊임없이 발생하며 그 자체로 더 심각해진다. 어떤 문제도 빠른 시일 내에 해결되는 일은 없을 것이다.

팬데믹과 공중 보건

계속되는 팬데믹으로 인해 글로벌 공급사슬의 효율성이 저해되고 있다. 공공 정책은 파멸을 가져왔고 그 결과 팬데믹이 미치는 악영향은 기하급수적으로 증가했다. 공급사슬은 팬데믹이 일어났든 일어나지 않았든 무너졌을 것이다. 팬데믹은 공급사슬의 붕괴와 관계없이 파괴적인 결과를 낳았다. 이 두 가지 요소가 결합하자 각각의 피해가 증폭되었다. 이 추세라면 피해는 분명 더 오래 지속될 것이다.

사람들이 팬데믹 때문에 사망하면서 노동력이 고갈되었다. 그런데도 사망자는 65세 이상이 대부분이었던 터라 경제에 미친 영향은 감당할 만했다. 코로나19에 걸렸다가 회복된 한창 일할 나이의 사람들이 격리된 것은 더 큰 영향을 미쳤다. 트럭 운전기사들은 일반적인 2주간의 격리로 인해 화물을 나를 수 없었다. 지게차 기사들은 팰릿을 들 수 없었으며 크레인 기사는 선박에서 컨테이너를 하역할 수 없었다. 동시에 소비자들은 영화나 외식, 콘서트, 스포츠 이벤트와 같은 서비스에 돈을 쓰는 대신 집에서 온라인으로 상품을 주문하는 데 푹 빠졌다. 그 결과 상품의 수입이 급증했고 동시에 물류 인력이 부족해졌다. 이는 병목현상을 일으키는 지름길이다. 2021년 12월, 오미크론 변종이 전 세계를 휩쓸었다. 2022년 1월에는 경증 환자가 많았고 과거 코로나19 유형과 비교했을 때 전체 확진자 대비 사망자 수가 줄었다. 하지만 격리는 더 심각한 문제를 가져왔다. 증상이 가볍더라도 집에 머물러야 했기 때문에 노동력은 더더욱 급격하게 부족해졌다.

공급사슬에서 인간은 보조적인 존재가 아니라 중요한 구성요소인데 노동력 부족 현상은 기복이 심했고 예측할 수 없었다. 그 자체로 공급사슬에 차질을 빚기에 충분했다. 그런데도 최악의 요인은 아니었다. 더 큰 피해를 준 것은 공중 보건의 대응이었다. 이들의 대응은 좋게 말해 방향성이 잘못된 것이고 나쁘게 말하면 고의로 호도한 것이다. 공공 보건 정책을 평가할 때 내 기준은 다음과 같다.

- 백신은 감염을 완벽히 막지 못하고 바이러스의 확산을 완전히 멈추기 어렵다. 백신은 코로나19에 취약한 사람들이 백신을 접종한 뒤 몇 달 안에 코로나19에 감염되면 증상이 가볍고 위중증 환자의 수가 줄어든다는 점에서 다소 효과적이다. 백신 접종자들의 돌파 감염은 그냥 감염일 뿐이다. 애초에 백신은 감염으로부터 완전히 보호해주지 못하기 때문에 돌파할 것이 없다. 예전부터 백신이 감염 방지에 그다지 효과적이지 못할 수 있다는 이야기가 있었다. 2021년 12월에 오미크론이 유행했을 때 2차 접종 그리고 추가 접종까지 한 사람들이 감염되자 이 주장은 좀 더 설득력을 얻었다. 한편 이른바 부스터샷이라고 불리는 세 번째와 네 번째 추가 접종을 하면, mRNA 백신이 유전자를 조작시키지 못하게 바이러스를 효과적으로 훈련해 백신을 접종한 사람이 미접종자보다 감염에 더 취약해진다는 이야기도 있다.
- 코로나바이러스의 입자는 일반 마스크 천의 5천 분의 1 정도의 크기다. 바이러스는 마스크를 통과할 수 있다. 사람들이 마스크를 올바르게 착용하지 않는 경우를 고려하지 않아도 마찬가지다. 마스크를 쓰면 재순환된 이산화탄소를 들이마시

게 되어 무기력해지고 어지럽다. 아이들에게 마스크 착용을 강제하는 것은 무리한 요구다.

- 락다운은 호흡기 바이러스의 확산을 막지 못한다. 2006년 D. A. 헨더슨D. A. Henderson 박사는 공동 저술한 논문에서 이를 지적한 바 있다. 헨더슨 박사는 전 존스홉킨스 블룸버그 공중 보건대학 학장으로, 천연두 퇴치에 앞장선 공로를 인정받아 대통령 자유 훈장을 받았다.[11] 그에 따르면 락다운을 하면 폐쇄된 공간에 성인들이 들어갔다 나갔다 하면서 바이러스를 퍼뜨리기 때문에 세균 배양기를 만드는 것과 다름없다. 안전한 방법은 마스크를 착용하지 않고 실외에서 운동하고 햇볕을 쬐며 신선한 공기를 마시는 것이다. 이 논의에 따르면 아이들은 어쩌면 집에 갇혀 있는 것보다 학교에 가는 것이 더 안전했을지도 모른다.

이를 토대로 볼 때 공중 보건의 관점에서 전염병에 최선으로 대응하는 방법은 가장 취약한 집단에 백신을 보급하고 백신 접종이나 마스크 착용 의무를 과하게 부여하지 않는 것이다. 락다운을 하지 않고 검사 결과가 양성인 사람들만 자발적으로 격리하는 것이다. 학교에서는 대면 수업을 하고 (접종 증명서 등의) 서류 제출 의무를 없애는 것이다. 실제 공공 정책은 모든 면에서 정반대였다. 과학을 전공하지 않은 미국의 정치인들과 임상 경험이 없는 공중 보건 공무원들은 백신과 마스크 착용을 의무화하는 명령을 내렸다. 이는 훗날 역사를 되돌아봤을 때 가장 큰 실수로 꼽힐 것이다. 이 대응은 공급사슬 운영에 정말 치명적인 영향을 미쳤다.

코로나19 확진으로 인한 노동력 부족을 제외하고도 백신 접종 의무가 부과되자 공급사슬이 지연되었다. 미국 인구 전체와 비교했을 때 교통 및 창고 물류 종사자들의 백신 접종률은 낮았다. 많은 이들은 직장에서 해고되거나 코로나19 검사를 억지로 해야만 했다. 이는 물류 팀에게 의료적으로 아무런 이득도 가져다주지 않았다. 백신이 감염을 완벽히 막아내지 못했기 때문이다. 계약이 종료되자 운영 능력이 줄었고 속도가 느려졌다. 소매 판매점이 문을 닫았고 유통센터에 재고가 쌓였다. 예상보다 판매가 저조했기 때문이었다. 창고 근무자에게 백신 접종 의무를 부과하자 택배 회사의 픽업 및 배송 능력이 저하되었다. 백신을 접종하지 않은 직원들은 일할 수 없었다. 레스토랑 직원의 백신 접종 의무로 인해 인력이 부족해졌고, 그 결과 서비스가 원활하지 않았으며 일부 고객들은 외식을 꺼리게 되었다. 학교 휴교로 취학 아동을 둔 학부모 중 많은 수는 직장에 나갈 수 없었다. 해운 회사는 특정 항구에서 승무원을 검역하자 검역이 덜 까다로운 목적지로 선박 경로를 변경했다. 확실한 효과가 보장되지 않은 백신 접종 의무 부과로 인해 공급사슬의 모든 단계를 운영하는 데 필요한 인적 자본은 손해를 입었다.

2021년 11월 29일, 백신 접종 의무에 대한 열기는 그 정점을 찍었다. 인기 비즈니스 뉴스 진행자 짐 크레이머Jim Cramer는 CNBC 방송에 출연해 다음과 같이 물었다. "어떻게 하면 생명을 구하고 비즈니스를 원 상태로 되돌려놓으며 충분한 생활비를 벌 수 있을까요? 답은 간단합니다. 연방 정부는 백신 접종을 의무화해야 합니다. 코로나19와의 전쟁을 치러야 한다는 것을 인정해야 할 때입니다. 보편적인 백신 접종이 필요합니다. 군대 지휘하에 접종을 진행해야 합니다."[12] 이 발언 이후 오미크론 변이가 유행했는데 백신은 감염이나 확산을 멈추지 못했다. 크레이머의 권고안은 불법이고 위헌이었다. 법원은 비슷한 의무를 적용하는 안이 법원의 시험대에 올랐을 때 계속해서 제동을 걸었다. 제복 입은 군인들이 백신 접종을 원하지 않는 대상에게도 의무적으로 백신을 맞추도록 지휘하는 것은 정부와 대기업들이 손을 잡고 사람들이 자유로운 선택을 하지 못하게 억압하는 파시스트 정권하의 모습과 비슷하다. 그런데도 여타 CEO들은 비슷한 의무를 적용해야 한다고 직원과 고객을 협박했으며, 공포심을 주입하는 크레이머의 방안에 찬성했다. 미국 공급사슬 근로자 중 다수는 단순히 집에 머무르거나 일찍 은퇴하거나 노동인구에 집계되지 않는 쪽을 택했다. 예상대로 배송 지연의 범위는 더 넓어졌고 매장 내 서비스는 축소되었다.

2022년 1월 29일, 쥐스탱 트뤼도Justin Trudeau의 트럭 운전기사들의 백신 의무화 반대 시위는 도를 넘는 백신 접종 의무화에 항의하기 위해 트럭 5만 대 이상이 오타와로 모이면서 정점에 달했다. 트럭들은 줄을 지어 행진했다. 그중 가장 긴 행렬은 약 72킬로미터 길이로 뻗어 있었다. 매섭게 추운 날씨에도 자유 호송대는 캐나다 연방의회를 둘러싸며 오타와의 중심부를 마비시켰다. 이미 집으로 탈출한 트뤼도 총리는 며칠 전 코로나19 확진자와 접촉했다는 이유로 자발적인 자가 격리에 들어갔다. 2022년 2월 7일, 공급사슬은 캐나다 트럭 운전기사들이 미국 미시간주 디트로이트와 캐나다 온타리오주 윈저를 잇는 앰배서더 다리Ambassador Bridge를 봉쇄하면서 또 심각한 타격을 입었다. 이 다리 위로 미국-캐나다 교역 물량의 거의 30%가 왔다 갔다 한다. 두 나라 간의 교통량이 가장 많은 다리다. 오마르 알가브라Omar Alghabra 캐나다 교통부 장관은 "이미 자동차 제조업체와 식료품 판매업체의 이야기를 들었습니다. 정말 심각하게 우려됩니다"라고 말했다.[13] 포드와 혼다는 생산을 중단하기 시작했다.

캐나다 시위의 마지막 단계는 신파시스트적으로 자금을 통제하는 실시간 훈련과 같았다. 트뤼도 총리는 왕립 캐나다 기마경찰을 동원해 시위대를 짓밟고 트럭 창문을 부쉈으며 평화롭게 시위하던 시위대를 체포했다. 이들은 보석금을 내도 출소할 수 없는 상태로 구속되었다. 크리스티아 프릴랜드Chrystia Freeland 부총리는 트럭 운전기사를 지원하는 크라우드 펀딩 웹사이트를 해킹해 기부자 목록을 입수했다. 빠르게 은행 계좌를 동결하고 트럭 운전기사와 기부자들의 암호 화폐 지갑을 장악했다. 프릴랜드 부총리의 행보는 앞으로 일어날 사건의 미리 보기 격으로, 세계경제포럼World Economic Forum, WEF이 주창한 그레이트 리셋 계획Great Reset Initiative 원칙과 부합했다. 프릴랜드 부총리는 WEF의 이사다.

트럭 운전기사의 시위는 또 다른 미국-캐나다 국경까지 퍼져나갔고 서부 농부들의 비료 공급에 위협이 되었다. 프랑스와 호주 등 세계 곳곳에서도 비슷한 시위가 일어났다. 크레이머처럼 바이러스의 공포 속에 사는 사람들은 시위대를 깎아내렸다. 이 시위는 정치적으로 보든 학문적으로 보든 공급사슬 붕괴에 한몫했다. 트럭 수천 대는 무의미한 의무 조치에 맞서 싸우는 대신 물품을 배달할 수 있었을 것이다.

코로나19에 관한 논의는 새로운 형태로 중국에서도 등장했다. 시진핑 주석은 제로 코로나 정책을 추진하고 있는데 불가능한 이야기다. 제로 감기 정책과 비슷한 것이다. 사람들은 늘 감기에 걸리고 있고 앞으로도 감기에 걸릴 것이다. 하지만 이데올로그들은 자신이 일으킨 피해에 대한 책임을 지지 않으므로 불가능한 정책에 손을 뗄 생각이 없다. 공산당 관료들의 커리어는 코로나19 환자 발생을 어떻게 처리하느냐에 따라 나락의 길을 갈 수도 승승장구할 수도 있을 것이다. 제로 코로나 정책이라는 이름에서 알 수 있듯 중국은 규모와 관계없이 코로나19 감염에 무관용 원칙을 적용했다. 감염 사례 한 건이 발생하면 대규모로 추적했고 감염자와 최근에 감염자와 접촉했던 사람들을 모두 격리했다. 감염 사례가 여러 건 발생하자 도시 전체가 봉쇄되었다. 수천 명은 도시 경계 밖에 있는 격리 수용소로 강제로 보내졌다. 소규모 확진은 도시 전체의 봉쇄를 낳았고 운송 연결 지점은 모두 끊어졌으며, 확진 사례가 0이 될 때까지 대규모 검사를 도입했다. 중국과 미얀마 국경에 사는 루일리Ruili는 갓 걸음마를 뗀 아이였다. 루일리는 지금까지 백 번이 넘게 면봉으로 코를 찔렀다.[14] 2021년 10월 31일, 상하이 디즈니랜드에서 한 명이 확진 판정을 받자 수만 명이 디즈니랜드 안에 갇혔다. 2022년 1월에 중국 중부 도시 시안Xian을 봉쇄한 것과 같은 종류의 봉쇄가 더 큰 규모로 이어졌다. 시안은 주민 150만 명 이상이 거주하는 제조업 중심지다. 2022년 4월, 중국은 전염성이 강한 오미크론 변이가 출현한 이후, 인구 2천6백만 명이 사는 도시인 상하이 전체를 봉쇄했다. 2022년 5월 5일, 락다운이 극으로 치닫자 상하이 애플 공장의 노동자들은 폭동을 일으켰다. 5월 중순까지 오미크론은 인구 2천2백만 명이 사는 도시인 베이징으로 퍼졌다. 선별적 락다운이 시작되었다.

2021년 12월 13일, 중국은 코로나 확진 173건을 근거로 대며 제조 공장 수십 곳의 문을 닫았다. 대부분 증상은 가벼웠고 생명의 위협을 받지 않았다. 샤오싱은 컨테이너 물동량 기준 세계 3위 항구 도시인 닝보 옆에 자리하고 있다. 샤오싱-닝보 지역에는 5만 명 이상이 격리되었다. 제조업 중심지와 물류 허브인 저장성에서도 대규모 락다운과 공장 폐쇄가 일어났다. 제조 공장의 폐쇄와 항만 운영의 차질이 합쳐져 글로벌 공급사슬 전체에 파급효과가 일어나기 시작했다. 닝보 항에서 선적을 기다리는 컨테이너 안에는 전 세계 제조업체, 소매업체, 유통업체의 공급사슬 아래에서 필요한 부품이 들어 있었다. 닝보의 봉쇄 조치로 인해 2650억 달러 규모의 반도체 출하를 비롯해 약 40억 달러 규모의 무역이 지연된 것으로 추정된다. 또한 중국은 자국에 도착하는 선박에 승선한 외국인 승무원에게 엄격한 격리 규정을 적용했다. 승무원들은 선박에서 하선하지 못한 채 격리당했다. 선상에서 6개월을 보낼 때도 있는 승무원들은 종종 육지로 나와 휴식을 취하고 여가를 즐기곤 했다. 그런데 선박에 격리된 상황은 승무원들에게 스트레스를 주었고 해운 회사는 이제 중국을 피해 가는 항로를 계획하고 있었다. 홍콩은 한술 더 떠서 2022년 1월 5일에 미국, 영국, 호주, 프랑스, 캐나다, 인도, 파키스탄, 필리핀의 항공편은 입국할 수 없다고 밝혔다. 이처럼 세계의 공장이 막무가내로 문을 닫기 시작하면 글로벌 공급사슬에 미치는 영향은 불 보듯 뻔하다.

시진핑 주석은 글로벌 공급사슬로부터 갈라서겠다는 확고한 의지 보여주고 있다. 제로 코로나 정책은 이러한 조짐에 도장을 찍는다. 시진핑 주석은 잠재적 정치 라이벌이라는 이유로 상장된 SNS 회사들과 빅테크 기업들의 콘텐츠를 빌미 삼아 공격했다. 알리바바의 창업자이자 억만장자인 마윈은 대중의 시야에서 사라졌으며 사실상 가택 연금 상태다. 2020년 2월, 알리바바 계열사인 앤트 그룹의 첫 번째 공모가 취소되었다. 중국판 우버라 불리는 차량 호출 업체 디디DiDi(디디추싱을 줄여서 디디라고 부른다－옮긴이)는 중국 규제 당국의 조사를 받았고 중국 사이버공간관리국Cyberspace Administration은 디디 앱을 삭제하라고 명령했다. 2021년 12월 3일, 디디가 뉴욕증권거래소New York Stock Exchange, NYSE에서 상장 폐지되고 홍콩 증권거래소에 재상장된다는 소식이 발표되었다. 또 다른 중국의 빅테크 그룹 텐센트의 창립자 마화텅은 공산당에 발을 들여놓았음에도 불구하고 자사 게임 사업이 중국 정부의 공격을 받았다. 마화텅의 주식 손실액은 거의 140억 달러에 달했다.

이 사건들은 중국 공산당이 부유한 기업가들과 그들이 소유한 거대 기업에 전면적인 공격을 퍼부은 몇몇 예시에 불과했다. 서방 세계는 순진하게 중국이 '우리와 비슷할 것'이라고 생각하고 있지만 이러한 경향을 보면 전혀 다르다는 점을 엿볼 수 있다. 중국 정부는 공급사슬을 끊는다기보다는 스스로 통제하는 새로운 노선을 만들어내고 있다. 기존의 공급사슬은 서방국가의 기업들이 자국에서 제품을 생산하고 중국은 중국이 통제하는 사슬로 이동하면서 힘을 잃을 것이다.

중국의 제로 코로나 정책은 실패할 것이다. 중국의 백신은 오미크론 변이에 효과가 없으며 제로 코로나 정책으로 인해 집단면역이나 천연 항체가 생길 기회조차 없다. 오미크론 바이러스는 전염성이 강해 자신이 원하는 곳으로 퍼져나갈 것이다. 결국 대규모 감염이 일어나면 중국과 중국 경제에 파괴적인 영향을 미칠 것이고, 감염자 수를 제로로 유지하기 위한 헛된 노력 탓에 더 심각한 상황으로 이어질 것이다. 공장과 항만, 도시 전체는 폐쇄되고 운송은 서서히 멈출 것이다. 병원은 환자 수에 압도당하고 수백만 명은 치료를 받지 못할 것이다. 중환자실에서는 코로나가 밑도 끝도 없이 전파될 것이다. 글로벌 공급사슬에 미친 영향은 지금까지 봤던 그 무엇보다 더 심각할 것이 분명하다.

그린 에너지, 그린 머니

상관관계가 없는 요소가 합쳐지며 예기치 못한 결과를 낳는 또 다른 예가 있다. 기후 위기론은 오랫동안 계속되면서 공급사슬에 여러 방면으로 비용을 초래하고 있다. 효율성을 끌어내리는 또 다른 이유인데 한동안은 사라지지 않을 것이다. 기후 위기론이 공급 사슬 관리에 미치는 영향을 자세하게 살펴보기 전에 기후변화에 관한 주장을 먼저 검토하는 것이 유용해 보인다.

기후는 수십억 년 동안 변화해왔다. 기후변화는 과학 분야에서 가장 복합적으로 다뤄지는 현상 중 하나로, 가장 모델링하기 어려운 현상일 것이다. 기후변화의 본질이 무엇인지, 기후변화가 왜 일어나는지에 관한 연구는 가장 정교한 도구를 활용할 수 있는 과학자들에게는 가치 있는 도전이다. 안타깝게도 일부 과학자들은 결함 있는 모델과 몇몇 데이터를 선택해 기후변화 연구를 본래 의도와 맞지 않게 오용했다. 기후변화를 잘 모르는 미디어와 비밀스러운 의제를 품은 정치인들 역시 잘못된 주장을 되풀이하고 있다. 기후 위기론자로 가장 잘 알려진 인물은 〈파이낸셜 타임스〉의 길리언 테트Gillian Tett와 세계 최대 규모의 자산 운용회사 블랙록의 래리 핑크가 있다. 믿을 만한 자료와 견고한 모델을 사용해 기후변화를 철저하게 다루는 과학자들도 있다. 마이클 셸런버거Michael Shellenberger, 스티븐 E. 쿠닌Steven E. Koonin, 비외른 롬보그Bjorn Lomborg, 브루스 C. 벙커Bruce C. Bunker, M. J. 생어M. J. Sanger 등이 그 예다.

냉철한 목소리를 내는 과학자들은 약간의 기후변화가 감지되지만 위기는 아니라고 주장한다. 또 기후변화는 위기가 아니며 예측할 수 있는 미래에 위기로 다가오지 않으리라고 덧붙인다. 그들은 이산화탄소 배출이 지구온난화에 영향을 미칠지라도 기후변화의 주요 원인인지는 불분명하다는 데 동의한다. 태양의 주기, 해양의 염분, 엘니뇨·라니냐 등의 원인이 되는 해류 현상, 운량(구름량, 즉 특정 지점에서 관찰할 때 구름이 하늘을 덮고 있는 정도-옮긴이), 에어로졸, 화산, 농업 관행, 자연적인 메탄 방출과 같은 다른 원인을 지적한다. 같은 결론을 내리는 수많은 공식 보고서가 존재한다. 각주를 상세히 살펴봐야 발견할 수 있긴 하지만 말이다. 공식 보고서는 그 내용을 심각하게 희석하는 무시무시한 제목을 달았다. 냉철한 과학자들이 가장 크게 이바지한 점은 기후 위기론자들이 사용하는 모델에 얼마나 결함이 있는지를 보여준 것이다.

기후 모델은 지구를 격자로 나눈다. 격자무늬 하나는 육지의 경우 약 932제곱킬로미터, 바다의 경우 약 36제곱킬로미터다. 지구는 격자 약 1억 1천만 개로 나눌 수 있으며, 각 격자는 성층권의 끝부분인 약 48킬로미터 높이까지 차곡차곡 쌓여 있다고 추정된다. 모든 날씨는 이 권역에서 결정된다. 그중 대부분은 지구 표면으로부터 약 16킬로미터 이내인 대류권에서 발생한다. 위로 쌓인 격자를 옆으로 잘라보면 팬케이크처럼 얇은 층으로 나뉜다. 각 층의 기후 조건을 개별적으로 살펴봐야 하고 해당 조건이 인접한 격자 안에 있는 가까운 층에 미치는 영향도 따로 분석해야 한다. 귀납 함수를 사용하기 전에 이러한 활동의 근삿값을 먼저 모델링해야 한다.

각 팬케이크의 두께가 약 1.6킬로미터라면 팬케이크의 수는 30억 3천만 개다. 팬케이크 하나를 분석하는 일도 까다로운데, 팬케이크 30억 3천만 개를 분석하는 일은 상상할 수도 없다. 팬케이크 30억 3천만 개와 다른 팬케이크 30억 3천만 개 각각의 상호작용을 분석한다는 것은 설령 거리 때문에 교류가 줄어든다고 할지라도 컴퓨터로 계산하기 불가능한 초선형 모양의 함수다. 한 과학자는 오늘날의 컴퓨터보다 천 배나 빨리 구동하는 슈퍼컴퓨터가 있다고 해도 이 문제를 푸는 데는 몇 달이 걸릴 것이라고 추정한다.[15] 특히나 기후학은 더욱 복잡한 이론이다.

그렇다면 과학자들은 오늘날 컴퓨터로 계산할 수 없는 모델을 어떻게 처리하고 있을까? 바로 가정을 이용한다. 정말 많은 가정을 한다. 이 과정은 팬케이크처럼 자른 대기의 층 대부분을 직접 볼 수 없다는 인식에서 출발했다. 위성과 기상 관측소가 온도와 강수량을 기록하고 있지만 앞서 설명한 표면적과 높이의 극히 일부분만을 측정할 수 있다.

요점은 기후 모델이 매우 복합적이고 어떤 가정을 세웠느냐에 따라 결과가 크게 달라지기 때문에, 입력값을 수정하고 여러 시나리오를 실행함으로써 대부분 원하는 결과를 얻을 수 있다는 것이다. 근거 없는 가정, 계산의 복잡성, 결함 있는 모델 설계로 인해 도출된 값이 거의 무의미할 수도 있다는 것을 의미하기도 한다. 대부분의 기후 모델에는 어느 정도 결함이 있다. 스스로 미래를 예측하기는커녕 과거 시뮬레이션조차 하지 못한다. 자신이 설계한 모델이 과거의 값을 올바르게 테스트할 수 없는데 어떻게 미래를 예측할 수 있겠는가? 그런데도 이 모델들은 일상적으로 '인류 실존의 위협'을 보여준다면서 주목받고 있다. 기후 위기론자들의 주장 몇 개와 나의 의견을 개략적으로 살펴보자.

해수면이 상승하면 해안 도시가 침수된다: 해수면은 기후변화나 인간의 활동과 관계없이 백 년 동안 같은 속도로 상승해왔다. 백 년당 약 7인치의 속도로 상승하고 있다. 해수면이 계속해서 상승한다면 2121년에는 발이 젖을 정도가 될 수도 있다.

허리케인의 세기가 점점 더 강력해지고 발생 빈도가 잦아진다: 2014년 미국 국가기후평가National Climate Assessment, NCA 보고서에 따르면, "열대성 저기압(열대 해상에서 발생하는 저기압으로, 최대 풍속에 따라 열대 저압부, 열대 폭풍, 강한 열대폭풍, 태풍 4등급으로 분류하고 있다 — 옮긴이)과 미국에서 육지로 상륙하는 허리케인의 발생 건수를 살펴보았을 때 눈여겨봐야 할 만한 추세는 없다"라고 한다. 하지만 허리케인으로 인한 재산 피해가 증가하고 있다는 증거는 존재한다. 그렇다면 허리케인이 강해졌다는 뜻일까? 전혀 그렇지 않다. 이 자료는 그저 집을 짓지 말아야 할 모래톱 위에 수해 보험을 든 부자들이 큰 저택을 많이 지었다는 것을 뜻할 뿐이다. 기후변화가 아니라 우매한 행동 탓이다.

토네이도의 세기는 점점 더 강력해지고 발생 빈도가 잦아진다: 1954년부터 2014년까지 미국 해양대기청National Oceanic and Atmospheric Administration, NOAA이 조사한 바에 따르면, 미국에서 발생한 EF1(EF는 개량 후지타 등급으로 토네이도의 위력을 가늠한다—옮긴이) 이상 세기의 토네이도의 수는 약 4백 건으로 상당히 한결같았다. 1973년, 1982년, 2008년, 2011년에 이따금 급증했다. 미국에서 발생하는 EF3 이상의 토네이도는 약 40건으로, 1957년, 1965년, 1973년, 2011년에는 발생 건수가 급증하긴 했지만 꾸준히 발생했다. 토네이도의 강도와 이산화탄소 배출 간의 상관관계는 보이지 않았다.

눈이 많이 쌓이면서 눈보라가 잦아지고 있다: 눈보라는 아주 국지적으로 발생하기 때문에 일부 지역은 눈이 더 많이 내리고 다른 지역은 눈이 적게 내리는 등 강설량은 매우 다양하게 측정될 수 있다. 예를 들어 1889년부터 2018년까지 인치로 측정한 워싱턴 D.C. 연간 강설량 도표는 130년 내내 강설량이 내림세를 그린다. 기후변화의 영향이 있다면 눈은 더 적게 내릴 것이다.

과거에 비해 산불의 규모가 커지고 빈도수가 잦아졌다: NASA의 위성 자료에 따르면, 1998년부터 2015년까지 전 세계에서 산불로 불탄 면적은 약 25% 감소했다.

호우, 가뭄, 홍수와 기타 기상 현상에 관해서도 유사한 데이터가 있다. 한마디로 기후 위기론자들이 주장하는 극단적인 결과물은 사실이 아닐 수 있다. 이산화탄소 배출이 증가하고 있는 것은 사실이다. 과학자들이 지구 온도가 약간 상승했다는 점을 발견한 것도 사실이다. 그런데 인간이 배출한 이산화탄소가 지구온난화의 주요 원인이라는 명확한 증거는 무엇일까. 물론 이산화탄소 배출이 태양 흑점의 주기, 해류, 측정하기 어려운 기타 자연적 원인에 영향을 미치는 요인이 될 수는 있다. 분명한 점은 만약 지구온난화가 발생하고 있다면 서서히 진행되고 있다는 것이다. 재앙이 닥친다는 가벼운 징조는 없다.

기후 위기론자들의 주장에도 불구하고 신재생 에너지원은 증가하고 있다. 태양광 발전은 효율적이며 이산화탄소 및 메탄 배출을 크게 줄일 수 있다. 외진 곳이나 근처에 태양광 발전 배터리가 있는 단독주택 또는 단지는 매우 유용하다. 그러나 규모가 커지면 태양광 발전은 전력망의 관점에서는 비효율적이다. 어두울 때나 해가 뜨지 않으면 태양열을 모으지 못하므로 쓰지 않으면 잃어버리는 구조다. 태양광 발전소에서 전기를 생산하더라도 그 당시 전력망에서 필요한 전기의 양과는 일치하지 않을 수도 있다. 또한 대규모 발전소를 지으려면 엄청나게 큰 부지가 필요하다. 배터리는 불확실성에 해결책이 되어주지만 비용이나 유지 보수, 공간 측면에서 나름의 문제가 있다. 게다가 독성 화학물질과 금속을 함유한 배터리의 생산과 폐기는 환경문제를 일으키는데, 환경문제를 해결하기 위해 태양광 발전을 고안했다는 점과 상충한다. 태양광은 에너지 시장에서 나름의 역할이 있으나 그 기여도는 미미하다. 여전히 탄소 기반 연료를 대체할 수 없다.

풍력 터빈은 태양광 패널보다 덜 효율적이고 석유와 가스의 강력한 대체재가 되지 못한다. 풍력 터빈은 이산화탄소와 메탄을 배출하지 않고도 상당한 양의 에너지를 생성할 수 있다. 물론 이러한 계산법은 터빈의 제조, 운송, 설치에 들어가는 엄청난 양의 탄소 기반 에너지를 무시한다. 오늘날 풍력 터빈은 650기가와트 이상의 전력을 생산하고 있으며, 매년 60기가와트(1기가와트＝10억 와트)의 전력 생산량이 추가되고 있다. 1기가와트의 전력을 생산하는 데는 약 90×150센티미터 크기의 태양광 패널 3125만 개가 필요하다. 최신 기술을 활용하는 약 91미터 높이의 풍력 터빈 한 대는 3천 킬로와트(1킬로와트＝1천 와트)의 전기를 생산할 수 있다. 풍력 터빈은 전기 출력량 대비 활용 공간의 측면에서 태양광 발전의 효율적인 대체재가 되어준다. 이러한 효율성에도 불구하고 풍력 터빈에는 태양광 패널과 동일한 문제가 있다. 풍력 터빈은 간헐적으로 전력을 생산한다. 태양광 발전에서 간헐적이라는 뜻은 해가 떴을 때를 의미하고 풍력발전에서는 바람이 불 때를 의미한다. 엔지니어는 최적의 장소를 찾지만 바람이 가장 세자게 부는 회랑 지대에도 언제나 바람이 부는 것은 아니다. 그래서 풍력발전으로 생성되는 전력도 쓰지 않으면 잃어버리는 구조다. 풍력발전으로 전력망에 전력을 공급할 수 있더라도 전력망 운영 업체는 풍력발전에 기댈 수는 없다. 고가의 배터리 없이는 전력을 저장할 수 없고 규모가 클 때는 실용적이지 않다.

줄여서 EV라고도 불리는 전기자동차는 두 가지 이유로 탄소 배출에 있어 효율적인 해결책이 되지 못한다. 첫 번째, 전기자동차는 전력망에서 전기를 끌어다가 충전해야 하는데, 여전히 석유, 천연가스, 석탄을 사용해 전력망에 전기가 공급되고 있다는 점이다. 사실, 잠재력이 가장 큰 전기차 시장은 중국인데 중국 내에서 생산되는 에너지의 50% 이상은 석탄 화력발전소에서 나온다. 환경을 오염시키지 않는다고 가정하는 전기차는 사실 석탄으로 생성된 전기로 배터리를 충전하는 중개자 역할을 할 뿐이다. 전기차의 또 다른 문제는 태양광 발전과 풍력 터빈의 문제와 같다. 바로 배터리다. 간헐적이고 불확실한 에너지원을 사용해 전력망에 전기를 공급할 때 말고는 풍력과 태양광발전은 배터리에 의존해야 한다.

풍력이나 태양광 같은 재생 가능한 에너지원이나 전기자동차가 탄소 배출 문제에 완전한 해답을 제공해주지 않는다면 왜 전 세계 지도자들은 기존 에너지 시스템의 근본적인 개편을 주장하는 걸까? 이런 주장을 반복하는 사람 중 일부는 독립적으로 탐구하거나 조사하지 않고 언론이나 정치인들이 한 말을 되풀이하고 있다. 불행히도 대중은 유명 언론이나 정치 지도자에게서 정보를 얻는다. 유념해야 할 것은 기후 위기론자들이 법안을 통과시키고, 선택을 제한하고, 기후변화라는 명목으로 비용을 부과할 수 있다는 점이다. 그 시점에 기후 위기론이 사라지고 있다고 할지라도 경제적인 피해는 반영구적일 것이다.

위기론적 태도를 보이는 기업 임원들은 ESG(친환경, 사회적 책임 경영, 지배구조 개선) 스타일의 투자를 함으로써 주가를 상승시킬 수 있다. ESG 펀드를 홍보하는 재정 고문들은 해당 투자 상품에 돈이 흘러 들어감에 따라 관리 및 성과 수수료를 얻어 수익을 올린다. 기후 위기가 과장되었다고 경고하는 학자들은 종신 재직권을 거부당하거나 논문 게재를 하지 못하게 되거나 문화적 오명을 쓸 수 있다. 기후 위기론을 말하는 미디어 앵커들은 별점을 높일 수 있다. 기후 재앙 이야기를 다루는 웹사이트는 조회수가 올라간다. 정치인들은 예상되는 실존적 위기에 대해 '무언가를 한다'라는 점을 보여줌으로써 표를 얻을 수도 있다.

유명 금융 전문가들은 정치인들이 지지 기반을 얻기 위해 기후를 들먹인다는 측면에서 기후가 위협이라고 주장한다. 기후 위기에 관한 메시지를 계속 강력하게 울려 퍼지도록 하는 학계, 금융 매니저, 은행가, 규제 당국, 유명 인사, 정치인, CEO들이 등장했다. 그들은 은행 규제를 정당화하고, 친환경 투자를 지원하며, 연구 보조금을 지원하는 등 세계가 기후 재앙이 진짜라고 완전히 확신할 때까지 피드백 루프를 만든다. 내러티브는 계속 퍼져나간다.

잠재적으로 가장 큰 피해를 줄 수 있는 전개는 탄소중립을 위한 글래스고 금융연합GFANZ의 설립이었다. 기후 위기론을 앞세우는 한 엘리트 그룹은 국제금융시장을 통제하기 위해 이 연합을 설립했다. GFANZ의 수장인 마크 카니Mark Carney는 과거에 영란은행,

캐나다 중앙은행, 국제결제은행까지 중앙은행 세 곳의 총재였고 사실상 국제 금융 엘리트들을 이끌고 있다. 공동 의장인 마이클 블룸버그Michael Bloomberg는 경제 뉴스를 보도하는 미디어 그룹인 블룸버그 L.P.를 소유한 백만장자이자 기후 위기론자로 유명하다. 주요 인물 목록에는 공모 혐의를 받는 사람들이 포함되어 있었다. 뱅크 오브 아메리카의 CEO인 브라이언 모이니핸Brian Moynihan, 블랙록 CEO인 래리 핑크, 시티그룹 CEO인 제인 프레이저Jane Fraser, 데이비드 록펠러 펀드David Rockefeller Fund의 이사인 닐리 길버트Nili Gilbert와 동류의 인물들이다. 회원 전체는 130조 달러가 넘는 자산을 관리하고 있다. UN은 GFANZ의 소집 권한을 가져왔다.

GFANZ는 천연가스 공급업체와 파이프라인, 원유 선적 등 에너지와 관련된 사업을 하는 회사에 대출을 줄이고, 풍력 터빈, 태양광 모듈, 독성 화학물질로 만들어진 배터리 등 신뢰할 수 없는 에너지원에 자산을 배분하고 대출을 늘리라고 중앙은행과 은행 규제 기관을 압박하려고 한다. 이러한 노력 뒤에 숨은 진정한 목적은 엘리트 그룹이 국제금융시장을 중앙에서 통제하는 것이다. 기후 위기론은 편리한 공약이었다. GFANZ는 반대 목소리와 총기 규제, 인구 통제, 국제금융 및 국제 조세 등과 같은 인기 없는 의제를 짓누르기 위해 힘을 합쳐 통제하려고 시도하는 첫 단계일 뿐이다. 이러한 노력은 결국에는 실패하겠지만 노력이 진행되는 동안 피해가 발생할 것이다. 에너지 가격이 상승하고 에너지가 부족해지며 운송 물류에 차질이 생기고 석유와 천연가스라는 신뢰할 수 있는 에너지에 부과하는 세금이 증가하는 결과가 예측된다. 다시 말해 가장 큰 피해자는 효율적인 공급사슬이다. 소비자는 공급사슬 실패의 비용을 부담하게 될 것이다. 결론은 다음과 같다.

1. 기후는 변하고 있다. 늘 그래왔고 앞으로도 그럴 것이다. 기후가 변하는 것은 맞지만 상당히 느리고 복합적으로 진행되는 과정이다. 필요한 것은 관찰과 실험이지, 히스테리가 아니다.

2. 탄소 배출량이 증가하고 있다. 탄소 배출량 대부분은 이산화탄소(CO_2)와 메탄(CH_4)으로 이루어져 있긴 하지만 이 두 요소만의 문제는 아니다. 대기의 조성과 비교해보면 탄소 배출량은 적다. 질소(N)와 산소(O)가 대기의 99%를 차지한다. 아르곤(Ar)이 나머지 1%의 절반 이상을 차지하지만, 이산화탄소와 메탄이 가둬놓으려고 하는 열을 반사하는 능력은 상당하다. 대기의 열 방출을 막는 데 이산화탄소의 기여도는 7%밖에 되지 않는다. 이산화탄소 농도는 1750년 280ppm(백만 입자 중 280개라는 뜻이다)에서 오늘날 410ppm으로 증가했다. 하지만 이산화탄소 농도가 증가했던 대부분의 경우는 석유와 가스를 대량으로 소비하기 전이며, 그 원인은 대개 자연적이다. 인간이 탄소를 배출시키긴 하지만 인간만의 문제가 아니다. 탄소 배출이 지구온난화에 미치는 영향 역시 불분명하다.

3. 해수면이 상승하고 있다. 사실이다. 하지만 해수면은 거의 같은 속도로 100년 동안 상승해왔고 지구온난화가 해수면에 영

향을 미친다는 증거는 없다. 현재 해수면이 상승하는 속도는 1세기당 약 18센티미터로 실존에 위협이 된다고 보기 어렵다.

4. 태양광 모듈과 풍력 터빈은 전력망에 신재생 에너지를 공급함으로써 탄소 배출을 줄일 수 있다. 하지만 석유와 가스를 대체하는 것은 불가능하다. 이 둘은 간헐적인 에너지원으로 쓰일 뿐이다. 에너지를 저장하는 배터리는 너무 비싸고 배터리를 마련하느라 독성 화학물질을 더 많이 사용하게 된다. 태양광과 풍력발전이 증가할수록 에너지에 대한 전 세계의 수요는 더 빠르게 증가할 것이다. 전기자동차의 사용 범위에는 제약이 있다. 석유와 가스, 석탄을 사용해 전기차에 전기를 공급하므로 전반적인 탄소 배출량을 줄이지는 못한다.

온실가스를 덜 배출하려는 노력에도 불구하고 기후 위기론자들의 주장과는 달리 기후변화는 지속될 것이다. 풍력과 태양광 발전은 성장하겠지만 석유와 가스를 대체하지는 못할 것이다. 국제 탄소세, 탄소 배출 상한제, 석유·가스 탐사 및 개발 금지와 같은 기후 위기론자들의 극단적인 해결책은 실패할 것이다.

키스톤 XL 프로젝트를 중단하는 것은 세간의 이목을 끄는 정치극일 뿐이다. 바뀌는 것은 아무것도 없다. 캐나다 앨버타주에서 생산하는 타르 샌드 오일(휘발성분이 없는 원유 성분이 모래와 섞여 끈적끈적한 형태가 되어 지표에 존재하는 모래, 매년 이산화탄소 6백만 톤을 내뿜으며 지구온난화 현상을 가속화시킨다는 비판을 받는다-옮긴이)은 여전히 미국에 도달할 것이다. 대신 송유관이 아닌 철로로 수송될 것이다. 철로를 활용해 수송하는 것은 송유관을 통한 것보다 오염 물질을 더 많이 배출하지만 기후 위기론 정치가들의 관심사가 아니다. 그들은 보여주기식 송유관 폐쇄를 원한다. 정치적 가식 탓에 비용이 발생할 것이고 비효율성에서 벗어나지 못할 것이다.

나의 생각은 다음과 같다. 궁극적으로 이산화탄소 배출량은 느린 속도로 계속 증가할 것이다. 탄소 배출과 무관하게 해수면은 상승할 것이다. 하지만 상승 속도는 눈에 띌 정도는 아니다. 과학이 풀지 못한 이유로 인해 지구의 평균기온이 약간 상승할 수 있다. 이는 경제적 비용을 거의 발생시키지 않는다. 온도가 더 따뜻해지면서 식물 재배 기간이 길어지고 몇몇 지역의 농업 생산성이 높아질 수 있다. 허리케인과 토네이도, 산불, 가뭄은 이전과 다름없이 지속될 것이며 기후변화나 심지어 지구온난화의 영향을 받지 않을 것이다. 삶은 계속된다. 선진국들은 고령화 인구를 부양하기 위해 경제적으로 더 성장할 것이고, 에너지의 수요 역시 증가할 것이다. 개발도상국의 에너지 수요는 더 빠르게 증가할 것이다. 최소 중산층의 생활양식을 추구하는 청년들을 지탱해야 하기 때문이다. 석유와 가스는 사라지지 않을 것이다. 이 둘은 너무 중요하고 구조적인 장점이 있다. 또한 규모가 커질수록 평균비용이 매우 감소한다. 훗날 기후 위기론은 사라질 수 있지만 그동안 공급사슬이 받은 피해는 사라지지 않을 것이다.

지리경제학과 공급사슬

중국과 러시아 때문에 공급사슬의 차질이 빚어졌다는 점을 고려해보자. 지정학Geopolitics과 경제학Economics으로 구성된 지리경제학Geoeconomics의 관점으로 이 상황을 바라보는 것은 유익하다. 두 학문을 합친 지리경제학에는 사실 새로운 점이 없다. 지정학적인 특성을 띤 전쟁은 산업 생산능력과 공급사슬을 활용해 종종 승리하는데, 이는 주로 경제적인 요소 덕분이다. 나폴레옹 전쟁에서 영국이 승리한 이유 중 하나는 영국 해군이 유럽 대륙의 상업을 봉쇄시킬 수 있었기 때문이다. 일본의 진주만 공격은 프랭클린 D. 루스벨트가 일본 은행 계좌를 동결하고 석유 금수조치를 내려서 촉발되었다. 경제학과 국제 전략은 언제나 얽혀 있다.

지리경제학에 담긴 새로운 관점은 경제학을 단순히 지정학의 부속물로 보지 않는다는 점이다. 지리경제학은 경제학을 주요하게 다룬다. 그렇다고 전쟁의 시대가 막을 내렸다든가 군사적 역량을 고려하지 않는다든가 하는 문제는 아니다. 세계화된 시대의 주요 강대국은 경제적 이득과 손실을 바탕으로 계산하고, 공급사슬과 생산능력을 보조적인 도구가 아니라 주요 무기로 사용하리라는 것을 의미한다.

이러한 변화는 전략 사상가인 에드워드 N. 루트왁Edward N. Luttwak이 발표한 주간 기사 〈지정학에서 지리경제학으로: 갈등의 논리, 무역의 법칙From Geopolitics to Geo-Economics: Logic of Conflict, Grammar of

Commerce〉에 묘사되어 있다.[16] 루트왁은 냉전의 종식과 세계화의 시작은 무력 충돌 비용의 증가와 강대국이 마주해야 하는 불확실성을 의미한다고 주장했다. 강대국들은 이제 경제적 이익을 둘러싸고 갈등을 빚을 것이다. 루트왁은 "냉전이 사그라지면서 세계정세에서 군사력의 중요성은 꾸준히 줄어들고 있다. 이제 군사력을 앞세워 모든 정부 사안에 압력을 행사하는 시대는 저물어가고 있다. 앞으로도 그 추세는 더 심화될 것으로 보인다. 특히 경제 문제는 더더욱 그렇다. 이제 모두가 무역이 군사력을 앞세운 방식을 대체한다는 사실에 동의하는 듯하다. 화력 대신 이용할 수 있는 자본, 군사 기술의 발전 대신 민간 부문의 혁신, 주둔군과 기지 대신 시장 침투라는 방법을 사용한다"라고 말했다.

정확히 말해 루트왁의 분석은 미국, 중국, 러시아, 일본, EU 회원국 등에 주로 적용되었다. 루트왁은 이스라엘, 이란, 이라크, 파키스탄, 북한 등 중견국들이 여전히 전쟁으로 이득을 볼 수 있다는 점을 인식한다. 그는 이라크와 아프가니스탄 사이에 미국의 개입이나 러시아의 우크라이나 침공 등 중견국이 관련된 전쟁에 강대국이 참여한다는 사실을 배제하지 않았다. 그의 요점은 전쟁이 구식이라는 것이 아니라 전쟁은 강대국 간의 직접적인 대립을 수반하지 않는다는 것이다.

지리경제학, 즉 경제적인 목표 달성을 위해 경제라는 무기를 사용하는 강대국 간의 전쟁은 글로벌 공급사슬의 붕괴와 대체할 만한 공급사슬을 분석하는 데 아주 훌륭한 도구가 되어준다. 예를 들어, 미국과 러시아가 동유럽에서 직접 싸운다면 루트왁의 이론은 들어맞지 않는다. 반대로 미국과 러시아가 국제 결제와 천연가스 및 에너지 공급의 흐름을 놓고 맞붙는다면 이론은 검증된다. 루트왁의 이론은 현재의 공급사슬 위기와 앞으로 닥칠 위기를 이해하려는 애널리스트들에게 유용한 프레임을 제시해준다.

지금부터는 공급사슬에서 가장 중요한 연결고리가 되는 국가인 중국에 초점을 맞춰 공급사슬의 현재와 미래의 운명을 고찰해보자.

중국, 힘을 잃다

중국은 글로벌 공급사슬에서 제품을 보내는 시작과 제품을 받는 끝 지점에 자리한다. 중국이 전 세계로 보내는 완제품 대부분은 다른 곳에서 수입한 투입물을 조립한 것이다. 국제무역에서 중국이 중요한 이유는 천연자원 투입물과 제품의 공급처로서의 독특한 역할 때문이었다. 그래서 중국을 '세계의 공장'이라는 별명으로 부르게 된 것이다.

이러한 역할을 맡은 이유는 애초에 그렇게 설계되었기 때문이었다. 1979년 덩샤오핑은 개혁 개방 정책을 시행했다. 그리고 1989년 톈안먼 사태 이후 중국 남부 지역을 순회하면서 개혁 개방 정책을 거듭 강조했다. 중국은 더 높은 소득을 얻고 더 나은 삶을 살고자 하는 중국인 수억 명이 농촌에서 도시로 이주할 수 있도록 외국인 투자와 외국의 기술을 끌어들이고 일자리 창출을 모색했다. 서방 세계 지도자들은 중국의 개혁 개방 정책을 환영했다. 1989년에 세계화가 도래했을 때부터 2008년 세계 금융 위기까지 서방의 진보주의자들은 중국의 경제성장이 정치적 자유로 이어지리라고 생각했다. 쉽게 말해 진보주의자들은 시간이 충분히 지나고 중국이 충분히 번영하게 되면 서방세계처럼 될 것이라고 믿었다. 그동안 서방세계의 소비자들과 투자자들이 세계화와 글로벌 공급사슬에서 얻는 경제적 이익이 축적되고 중국과 서방세계 모두 득을 보는 '윈윈' 관계가 될 예정이었다.

중국의 점진적인 자유화를 위한 서방 지도자들의 계획은 2001년에 중국이 WTO에 가입하고, 2016년에 달러, 유로, 엔, 파운드와 함께 IMF의 특별인출권Special Drawing Right, SDR 통화 바스켓에 중국 위안을 포함하는 원동력이 되었다. 엄밀히 따지면 중국은 WTO에 가입하거나 위안화가 특별인출권에 편입될 만한 자격을 갖추지는 못했다. 하지만 곧 중국 역시 게임의 규칙을 준수할 것이라는 관점에서 그들만의 리그로 안내받을 수 있었다.

미국 명문대에 재학 중인 중국인 학생의 엄청난 수는 이러한 견해를 뒷받침했다. 하버드대학교, 매사추세츠공과대학교MIT, 시카고대학교 능에 재학 중인 중국인 학생들이 중국으로 돌아가 지도자 역할을 맡으면서, 같은 학교에 다녔던 미국의 사상가들이 추진했던 정책과 비슷한 정책을 펼 것이라고 가정했다. 현실주의적인 관점을 지닌 사람들은 이러한 관점을 절대 신뢰하지 않았다. 현실주의자들은 공산주의란 개인의 구석구석에 스며드는 이념일 것이고, 중국 공산당은 엄중하게 사상을 통제할 것이며, 반대 의견은 결국 짓밟힐 것이라고 주장했다. 중국은 서방세계와의 교류로 경제적인 이익을 얻겠지만(지식재산권을 훔쳐서도 이득을 얻을 것이다) 공산주의의 길을 벗어나지 않을 것이다.

현실주의자들의 관점은 언제는 옳았다. 하지만 진보주의자들은 30년이나 걸려 현실을 파악하게 되었다. 저명한 진보주의자들은 노예제, 학살, 강제수용소, 사상 통제, 장기 적출, 임의 체포, 고문 등 중국의 현실에 본격적으로 눈뜨고 있다. 민주당과 공화당은 정책적으로 어떻게 대응할 것인지에 관한 세부 입장은 다르지만, 노골적인 적까지는 아니더라도 중국은 적이며 경제적·인도적 이유로 중국에 대항해야 한다는 의견을 같이한다.

최근 글로벌 공급사슬에 영향을 미친 두 번째 사건은 시진핑 주석의 부상이었다. 중국은 마오쩌둥 시대의 혼란과 마오쩌둥과는 다른 노선을 걸었던 덩샤오핑 시대를 거친 뒤, 차분하고 질서 정연한 통치 과정이 자리 잡았다. 핵심은 합의에 있었다. 지도자는 중앙위원회 내부에서 합의를 마련하고, 덩샤오핑이 주도하기 시작한 경제성장을 이어나가며, 세간의 이목을 끄는 실수와 대립을 피해야 했다. 각각의 지도자는 5년의 임기를 중임하며 지도자 전환이 수월하도록 두 번째 임기 때 후임을 정확히 정해야 했다. 장쩌민(1993~2003년), 후진타오(2003~2013년), 시진핑(2013년~)이 이 패턴을 이어 갔다.

하지만 오늘날 시진핑은 이 틀을 깼다. 일련의 공산당 대회와 기타 포럼에서 그는 자기 자신을 공산당의 위인으로 추앙받는 마오쩌둥에게 비유했다. "새 시대를 위한 중국식 사회주의에 관한 자신의 의견"을 피력했고, 2023년 관례상 임기가 끝났지만 그 이후에도 주석의 자리에 남겠다고 분명히 말했다. 사실상 시진핑은 죽을 때까지 중국 주석으로 남을 것이며 제2의 마오쩌둥과 다름없었다.

리더십과 통치에 변화가 있자 정책도 완전히 바뀌었다. 시진핑 주석은 중국의 빅테크 및 미디어 기업을 적극적으로 공격했다. 나스닥NASDAQ과 뉴욕증권거래소에서 중국 기업의 상장을 폐지했고 그 대신 홍콩증권거래소에 상장시켰다. 그는 홍콩에서 언론의 자유와 민주적 절차의 마지막 흔적을 지웠다. 가장 위험한 점은 대만을 무력으로 점령하겠다고 위협하고 있는 것이다.

중국의 지리 경제적 위협을 균형 잡힌 시각으로 보려면 중국이 글로벌 공급사슬에 얼마나 중요한지를 먼저 파악해야 한다. 중국의 역할은 상품 제조에 필요한 투입물과 제조된 상품의 납품, 그리고 가격 책정보다 훨씬 더 많은 범주에 영향을 미친다. 원자재, 부품 및 완제품 공급국으로서 중국의 역할은 무역 상대국의 국가 안보에 전략적 의미를 띤다.

최근 발표된 논문 〈중국의 공급사슬 끊기: 어떻게 '파이브 아이스'가 중국에 대한 전략적인 의존으로부터 갈라설 수 있는가Breaking the China Supply Chain: How the 'Five Eyes' Can Decouple from Strategic Dependency〉에는 선진국이 중국에 얼마나 경제적으로 의존하고 있는지를 엄밀하게 정량적으로 측정한 뒤 요약한 내용이 담겨 있다.[17] 여기서 파이브 아이스Five Eyes는 정보기관 간의 동맹을 맺은 호주, 캐나다, 뉴질랜드, 미국, 영국을 뜻한다. 국가 정보의 범위는 공급사슬의 취약점 등을 포함해 전략상으로 우려되는 점까지 확대되었다. 이 보고서는 전략적 의존도를 '수출국에 대한 수입 의존도가 수입국 내의 상품 가용성에 중대한 영향을 미칠 수 있는 수준'이라고 정의했다. 수입국이 전략적으로 의존하고 있는지에 대한 여부는 어떤 부류의 수입품 중 50%가 중국에서 왔는지, 국가가 그 물품의 순 수입국인지, 그리고 중국이 해당 물품의 세계시장을 30% 이상 점유하고 있는지에 따라 정해졌다. 세 가지 질문에 모두 '예'라고 답했다면 그 국가는 전략적으로 중국에 의존하고 있는 셈이다. 이러한 분석법은 UN이 지정한 HS코드, 즉 국제 통일 상품 분류 체계를 바탕으로 다른 산업과 분야에도 적용할 수 있다.

이 연구에서는 HS코드에 따라 상품 카테고리 5910개를 살펴본다. 분석 결과, 중국에 전략적으로 의존하고 있는 상품 카테고리의 수는 호주 595개, 캐나다 367개, 뉴질랜드 513개, 영국 229개, 그리고 미국 414개였다. EU의 주요 선진국에서도 유사한 결과일 확률이 높고 일본도 비슷한 의존도를 보일 것이다. 나아가 이러한 상품 카테고리를 이 다섯 국가들에서 4차 산업혁명이 진행되고 있는 주요 산업 11개Critical 11로 나누었다. 주요 산업 11개는 커뮤니케이션, 에너지, 의료, 교통, 물, 은행, 제조업, 응급 서비스, 식품, 정부 시설, 그리고 정보 기술이었다. 중요 산업 카테고리 11개 중 5910개 가운데 중국에 전략적으로 의존하고 있는 상품 카테고리의 수는 호주 167개, 캐나다 83개, 뉴질랜드 144개, 영국 57개, 그리고 미국 114개로 나타났다. 서방세계가 중국산 수입품에 의존하는 정도는 충격적인 수준이었다. 만약 중국이 수입을 중단한다면 선진국에서 는 주요 인프라를 폐쇄해야 하고 서비스가 부족해질 것이다.

마지막으로 보고서 내용 중 '미래 산업 9개Future 9'를 살펴보자. 미래의 경제성장과 기술 우위를 좌우할 분야다. 국가 안보의 관점 에서 볼 때 기존 기술에서 중국을 앞서나가는 것보다 미래의 기술 에서 중국을 앞서나가는 일이 더 중요할 것이다. 미래 산업 9개는 인공지능, 로봇, 컴퓨터 하드웨어, 암호해독, 재료와 제조업, 나노 기술, 네트워킹 및 데이터 통신, 양자 기술, 그리고 합성 생물학을 일컫는다. 연구 결과, 미래 산업 9개 분야의 수입품에 있어 중국에 전략적으로 의존하고 있는 상품 카테고리의 수는 호주 35개, 캐나 다 25개, 뉴질랜드 35개, 영국 12개, 미국 25개였다. 이렇듯 중국 상 품에 대한 높은 의존도는 글로벌 헤게모니를 장악하려는 대결에서 핵심적인 역할을 한다.

중국에 대한 전략적 의존도는 구체적으로 어떤 종류의 상품과 어떤 무역 파트너를 선택했느냐에 따라 다르다. 호주의 대중국 페 니실린 의존도는 65%이고 의료 분야와 금속 합금 시 사용되는 망 간의 의존도는 거의 100%에 달했다. 뉴질랜드의 아스피린과 페니 실린 의존도는 각각 100%, 96%였다. 캐나다는 특수 철강, 전자 기 기, 나노 기술에 사용되는 마그네슘의 77%를 중국에서 수입했다.

또한 캐나다는 선적용 컨테이너의 71%, 노트북의 87%, 비타민 C의 58%를 중국에서 수입하고 있었다. 미국의 의존도도 마찬가지로 높았다. 미국은 리튬 이온 배터리의 51%, 희토류 금속의 68%, 노트북의 93%, 페니실린의 52%를 중국에서 조달받았다. 영국은 이보다 의존도가 조금 낮은데, 노트북의 68%, 핸드폰의 61%가 중국산이었다.

이러한 수치는 중국이 글로벌 공급사슬에 투입되는 전략적으로 중요한 요소들을 얼마나 지배하고 있는지를 표면적으로 보여줄 뿐이다. 스마트폰부터 전기 자동차에 이르기까지 다양한 장치에 사용되는 리튬 이온 배터리의 경우 전 세계 시장의 39.67%를 차지하고 있다. 또한 전 세계 노트북 수출의 68.75%를, 건강에 유익하고 식품 보존에 쓰이는 비타민 C 수출의 62.33%를 차지하고 있다. 또한 전 세계 마그네슘 생산의 80%를 장악하고 있다. 게다가 주요 원자재, 식품, 제품 등 세계 생산량을 보여주는 긴 목록에서도 중국은 비슷한 비율로 시장을 지배하고 있다.

중국이 수출 시장에서 우위를 점하고 있으며 선진국이 주요 제품을 중국에 의존하고 있다는 것은 중국이 무역의 주도권을 쥐고 초강대국의 위치를 차지한 것처럼 보인다. 서방세계의 분석가들은 중국 GDP가 미국 GDP를 능가해 중국이 세계 최대의 경제 대국이 될 날만을 세고 있다. 중국은 이미 세계 최대의 인구 보유국이자 세계 2위의 경제 대국이며 세계 4위의 핵무기 보유국이다. 미래는 중국의 것일까? 그렇지 않다. 중국은 전 세계가 여태까지 보지 못한 경제·인구 붕괴를 향해 빠르게 달려가고 있다. 이는 글로벌 공급 사슬도 나란히 붕괴할 가능성을 높이는 단 하나의 중요한 이유다. 공급사슬은 재건될 테지만 1989년부터 시장을 지배했던 공급사슬 1.0과는 완전히 다른 모습일 것이다.

중국이 무너지는 이유는 언론의 외면을 받을지는 몰라도 어느 정도 잘 알려져 있다. 그중 가장 중요한 이유는 인구학적 측면에서 재앙이 닥칠 가능성 때문이다. 인구를 측정하는 주요 기준은 출산율로, 한 부부가 아이 2.1명을 출산해야 현재 인구가 유지된다. 이를 대체 출산율이라고 부르는데, 인구 증가율에 안정성을 제공하기 위해 평균적으로 한 부부가 낳아야 하는 자녀의 수를 뜻한다.

출산율이 1.8이라면 대체 출산율 2.1보다 낮은 것이다. 이는 인구가 감소하고 있음을 의미한다. 또 인구가 노화된다는 의미이기도 하다. 지금 살아 있는 인구는 더 오래 살고 새로 태어나는 아이들이 사망 인구수를 대체하거나 평균 연령을 낮추지 못하기 때문이다. 출산율이 4.1이라면 2.1의 대체 출산율보다 훨씬 높다. 이는 인구가 증가하며 개인이 오래 산다고 할지라도 평균 연령은 낮아지고 있다는 것을 의미한다. 대체 출산율 2.1은 인구 증가와 감소를 나누는 기점이다.

왜 2.0은 안 될까? 만약 두 사람이 두 명의 자녀를 낳는다면 인구가 일정한 수준으로 유지될까? 답은 '그렇지 않다'다. 유아사망률과 기타 조기 사망률 때문이다. 부부가 자녀를 낳고 한 자녀가 성인이 되기 전에 죽으면 한 자녀만 성인이 되어 미래의 인구 증가에 영향을 끼친다. 2.1이라는 출산율은 이러한 요소를 메꾸어 성인 부모당 2명의 성인 자녀를 두게 함으로써 미래의 인구 증가에 이바지하게 된다. 자녀 2.1명을 둔 사람은 어디에도 없다. 대체 출산율은 평균이다. 만약 부부 5쌍이 자녀 3명을 낳고 부부 2쌍이 자녀 1명을 낳는다면 부부 7쌍을 통틀었을 때 부부당 평균은 2.43으로, 대체 출산율 2.1보다 높은 것이다.

인구학적 특성을 경제성장에 영향을 미치는 여러 요소 중 하나로만 보면 안 된다. 인구에 큰 변화가 생기면 경제성장에 지배적인 영향을 미치는 요소가 된다. 금리, 환율, 인플레이션, 디플레이션, 중앙은행 정책, 지정학, 소비자 기대 등이 경제에 영향을 미치긴 하지만 그래도 인구학적 특성만큼 중요한 것은 없다. 인구학적 특성은 곧 사람을 뜻하는데 경제는 경제에 참여하는 사람들의 행동의 총합이기 때문이다.

중국의 인구는 14억 명으로 세계 인구의 약 17%를 차지한다. 세계은행의 통계에 따르면 중국의 출산율은 1.7로 대체 출산율에 훨씬 못 미치는 수준이다. 중국의 상황은 믿을 만한 기관의 정보가 시사하는 바보다 훨씬 더 안 좋을 수도 있다. 출산율 수치가 정치적인 이유로 과장되었으며 실제 출생률은 1.1 이하에 가깝다는 몇 가지 증거도 있다. 그렇다면 충격적인 수준으로 인구가 감소하고 경제가 쇠퇴할 것이다. 2022년 1월 17일, 중국은 2021년까지 출산율이 5년 연속 감소했다고 발표했다. 〈뉴욕 타임스〉는 "중국은 당국과 국제사회가 상상할 수 없을 정도의 인구 위기에 직면해 있다"라고

보도했다.[18]

인구학적 특성이 GDP에 미치는 영향을 가장 간단히 설명할 수 있는 공식은 L×h = GDP이다. L은 노동생산량, h는 총 노동시간을 뜻한다. 노동시간에 생산성을 곱하면 그 결과는 총생산량, 즉 GDP 가 된다. 만약 인구가 줄어들고 또 노화가 진행되고 있다면, 평균적 으로 노동시간이 줄어들고 노동시간당 생산성이 줄어들 것이라는 사실은 자명하다. 노인복지에 상당한 자원을 투입해야 할 것이고 당연히 생산성은 늘지 않을 것이다.

오늘날 중국인 1억 6천만 명 이상은 60세 이상이다. 60세 이상 의 인구는 2040년까지 2억 5천 명을 넘을 것이고 그중 많은 수는 80~90대일 것이다. 고령화는 치매, 알츠하이머 및 파킨슨병과 상 관관계가 높다. 노인을 돌보는 데에 핵심 노동인구 수억 명이 필요 할 것이다. 치매 환자를 목욕시키는 직업은 가치 있지만 7천 년이 라는 문명의 시간 동안 목욕은 변하지 않았다. 마지막으로 목욕의 생산성이 올라간 것은 1870년과 1930년 사이에 실내 배관과 온수 가 도입되면서부터였다. 인구의 감소와 고령화는 생산성의 둔화와 궁극적으로 GDP 감소를 의미한다. 30년 전쟁(1616~1648년, 유럽에 서 로마 가톨릭교회를 지지하는 국가들과 프로테스탄트 교회를 지지하는 국가들 사이에서 벌어진 종교전쟁 – 옮긴이) 이후, 그리고 1350년대 흑 사병이 돌기 전에 이런 일이 대규모로 일어난 적은 없었다.

1980년부터 2019년까지 중국의 한 자녀 정책으로 인해 성별을 선택하고자 낙태 3천만~6천만 건이 이루어졌으며, 태어난 아기가 여자아이면 분만실 옆에 있는 물통에 넣어 익사시켰다. 자연적인 성비는 여자아이 100명당 남자아이 105명이다.

하지만 여자 영아를 죽인 탓에 중국의 성비는 100 : 120이 되었다. 이는 출산율이 낮은 지금보다 미래에 낳을 수 있는 자녀의 수가 더 낮아진다는 것을 의미한다. 아이를 낳을 수 없는 남자들이 여자들보다 더 많기 때문이다. 정치를 연구하는 대럴 브리커Darrell Bricker와 존 이빗슨John Ibbitson은 중국의 사례를 다음과 같이 요약했다.

> 중국의 인구는 2100년까지 약 7억 5400만 명으로 감소할 것이다. 이는 UN의 평균 추산치보다 2억 5천만 명이 적으며, 현재 중국의 인구보다 6억 3천만 명이 적은 수치다. 중국의 인구는 이번 세기에 거의 절반으로 감소할 수 있다. 심지어 이것이 최악의 시나리오도 아니다. 만약 루츠Lutz(인구학자 볼프강 루츠Wolfgang Lutz를 가리키며, 21세기에는 인구 성장이 멈출 것이라고 주장한다 – 옮긴이)의 급속한 발전 모델이 정확하다면 인구는 6억 1200만에서 6억 4300만 명 사이로 붕괴할 수 있다. 지구상에서 사람들 수억 명이 사라질 수도 있다는 얘기다.[19]

이 문제가 시사하는 바는 경제성장과 세계무역을 뛰어넘는다. 이러한 규모의 인구 붕괴는 정치적 정당성의 위기를 초래하고 중국 공산당이 붕괴하는 전조가 될 수 있다. 브리커와 이빗슨은 다음과 같은 결론을 내렸다. "중국의 인구가 대규모로 붕괴하기 식전으로 보인다. 이는 중국이 인구를 의도적으로 통제한 결과다. 이런 일은 단 한 번도 없었다."[20]

인구 감소와 생산성 저하는 중국이 직면한 도전의 1막일 뿐이다. 1990년대 후반, 중국은 적정 수준의 연금과 건강보험을 제공하는 사회복지 제도를 확대했다. 무역과 생산, 경제와 외교에 관해 연구하는 토마스 J. 듀스터버그Thomas J. Duesterberg 연구원은 다음과 같이 밝혔다. "2020년에 약 4억 5600만 명은 도시 계획 지원금을 받았는데 이는 고용주가 부담하는 지원금이었다. 또 다른 5억 4200만 명은 도시 및 농촌 계획으로 추가 지원금을 수령했다. 그렇다 해도 여전히 수억 명은 연금을 지원받지 못하고 있다. 정보에 따르면 두 계획에서 얻는 수익이 2020년의 지출에 비해 약 10% 적어 정부의 보조금이 필요하다고 한다. 2019년 연구에 따르면 근로자 감소로 인해 정부의 연금 기금이 '2035년까지 바닥날 것'이라고 한다."[21] 2022년 7월, 중국은 보장 범위를 '유연한 근로자'까지 확대하는 안을 발표했다(서류가 필요하지 않은 농촌 지역으로 이주한 사람들 대부분이다). 그러한 노력에도 불구하고 중국의 연금 시스템에는 결점이 많고, 현금의 흐름은 마이너스이며, 정부가 더 지원하지 않는다면 13년 안에 파산할 것이다.

중국에는 충격적인 정도의 소득 불평등이 존재한다. 세계은행은 2018년에 중국의 상위 10%의 소득이 전체 소득의 40% 이상을 차지한다고 추산했다. IMF의 통계에 따르면 중국의 지니계수(소득 불평등을 재는 척도, 1에 가까울수록 불평등함)는 1990년에 0.33에서

2013년에 0.53으로 상승했다. 중국에서는 지역에 따라 소득 분배가 다르다는 문제도 있었다. 해안 지역과 중북부 지역의 소득은 농촌에 비해 2.5배 높았다.

극심한 환경 훼손도 문제가 되고 있다. 외교 정책을 연구하는 할 브랜즈Hal Brands와 마이클 베클리Michael Beckley는 "중국의 자원이 고갈되고 있다. 강의 절반은 자취를 감췄고 정부가 허가한 대로 했더니 오염으로 인해 지하수의 60%는 '음용과 목욕용으로 적합하지 않음' 판정을 받았다. 중국은 정신없이 앞만 보고 질주하는 개발 정책으로 세계 최대의 에너지 순 수입국이 되었다. 식량 안보는 악화 중이다. 토지 과용으로 농지 40%가 파괴되었고 세계 최대의 농산물 수입국이 되었다"라고 보고했다.[22]

중국은 전 세계 다른 국가들의 에너지에 전적으로 의존한다. 중국은 세계에서 석탄을 많이 생산하는 국가로, 전력의 58%가 석탄에서 나온다. 이러한 생산량에도 불구하고 주로 호주와 인도네시아에서 연간 3억 톤을 수입하고 있다. 또한 하루에 석유 1천만 배럴 이상을 수입하는데 사우디아라비아의 일일 총생산량과 거의 맞먹는 수준이다. 2020년에 중국의 천연가스 수입은 약 1조 5천억 입방피트(약 424억 세제곱미터)가 넘었으며 빠른 속도로 증가하고 있다. 현재 중국은 카타르와 LNG 장기의무인수계약(프로젝트의 최종 상품이나 서비스에 대한 최종 구매자가 당해 상품 또는 서비스의 실질적인 제공 여부 사실에 불문하고 무조건적 구매를 보증하는 계약 - 옮긴이)을 협상 중이다.

중국의 경제성장과 글로벌 공급사슬의 성장에 방해물로 작용하는 다른 요인에는 과도한 부채, 그림자 금융 시스템, 자산 버블, 부동산 투기, 유령도시 등 비생산적인 인프라에 대한 과잉 투자, 기차역이나 공항 등 막대한 건설 비용이 들지만 쓸모없는 공공시설이 있다. 중국이 지난 15년 동안 보고해온 GDP 성장률의 20%는 건설 경기부양에 기댄 것이지만 과도하게 지은 건물들은 결코 비용을 충당할 정도의 수익을 창출하지 못한다.

중국의 경제성장에 가장 큰 역풍이 된 것은 공산당 총서기 시진핑의 급격한 방향 전환이었다. 덩샤오핑의 확장 정책에서 마오쩌둥의 강경 정책으로 노선을 바꾼 것이다. 정책 변경의 요인에 대한 두 가지 견해가 있다. 첫 번째는 시진핑 주석을 진정한 이데올로그라고 보는 현실주의적인 관점이다. 중국을 손에 쥐고 있었던 과두 정치 관련자들을 체포하고 중국의 테크 대기업에 불이익을 주며, 국영기업SOE을 지원하고, 중국 기업을 뉴욕증권거래소에서 상장을 폐지하고 홍콩에 다시 상장시킨 일을 보면 그렇다. 중국 공산당은 자유주의를 향한 목소리를 높인다며 오랜 기간 경제 및 사회 정책을 자유화해왔다. 그런데 지금은 체포하고 고문하고 처형하면서 자유를 향한 목소리를 말살시켰다. 이러한 전체주의적 방식은 2047년까지 홍콩의 자치권을 보장하겠다는 1984년의 홍콩반환협정을 위반하고 홍콩에서 반대의 목소리를 말살하는 데 사용되었다. 시진핑 주석은 서방세계에 전랑 외교라 불리는 접근법을 사용했다. 전랑 외교란 모욕, 욕설, 위협을 사용하는 외교 방식을 뜻한다. 경험이 많은 외교관들 사이에서는 시진핑 주석의 접근 방식이 널리 조롱받고 있다. 글로벌 엘리트 사이에서 전혀 성공적인 사례가 될 수 없다.

두 번째 관점은 시진핑 주석이 덩샤오핑의 정책을 이어나가려 했으나 매번 실패했다는 진보주의자들의 관점이다. 분석가인 대니얼 H. 로즌Daniel H. Rosen이 설명한 바와 같이, 2013년에 중국 런민은행人民銀行(인민은행)은 자산 시장의 버블이 터지는 것을 방지하는 기금을 삭감했고, 그 결과 주식시장은 10% 붕괴했다.[23] 중국 런민은행이 손을 떼자 버블이 다시 시작되었다. 2013년에 시진핑 주석은 중국인의 해외투자를 허용했다. 그 결과 보유하고 있던 1조 규모의 기금이 사라졌고 자본 통제가 시작되었다. 주식시장이 여러 번 붕괴했다. 2015년에 위안화가 급락하는 동안 끊임없이 양적 완화를 시도했고 실패는 반복되었다. 가장 마지막으로 일어난 실패는 세계 최대의 부동산 개발 업체와 융자 대출 업체인 중국 헝다Evergrande 그룹의 파산이었다. 실패가 누적되자 서방 투자자들은 중국의 성장 가능성에 신뢰를 잃었고 외국인 직접 투자가 줄었다. 로즌은 시진핑 주석이 계획적으로 강경 공산주의로 후퇴한 것은 아니라고 언급했다. 정치적으로 실패하기 직전인 지도자가 택할 수 있던 최후의 보루였다. 이때 공산당은 시민이나 경제에 도움이 되지 않더라도 최소한 당원의 이익을 보호할 수 있었다.

현실주의자와 진보주의자 간의 논쟁은 글로벌 공급사슬을 분석하자는 목적에 비추어볼 때 그다지 중요하지 않다. 핵심은 시진핑 주석이 오늘날 중국에서 가장 혁신적인 기업을 짓밟고 비효율적이지만 변화를 줄 수 있는 국영기업을 장려하고 있다는 것이다. 이러한 접근 방식은 시간을 절약할 수 있지만 글로벌 공급사슬에 필요한 성장과 혁신을 저해할 수 있다. 단계적으로 세계의 공장이 가동을 멈추고 있다.

중국이 전체주의로 향하는 이유는 강한 위치에 있어서가 아니라 약한 위치에 있어서다. 듀스터버그는 "WEF가 해마다 실시하는 국가별 경제 경쟁력 평가는 의의가 있다. 중국은 지난 10년 동안 선진국 사이에 끼어 세력이 약해졌고, 스페인·아랍에미리트·말레이시아를 비롯해 대부분의 OECD 국가에 뒤처졌다. 전체 글로벌 순위는 130개국 중 28위이며, 거시 경제 안정성에서 39위, 숙련도에서 64위, 노동시장에서 72위, 혁신에서 27위, 비즈니스 역동성에서 36위, 금융시장에서 29위를 차지하고 있다"라고 밝혔다.[24] 애널리스트들에 따르면 중국 은행의 총대출 가운데 22%의 이자가 미납되었다고 한다. 거대 국가와 거리가 먼 중국은 이긴 자가 판돈을 모두 독차지하는 국제 경제의 내기에서도 낙오자가 되었다.

중국은 전형적인 중산층의 함정에 빠졌다. 즉, 국가가 빈곤에서 벗어나 바로 풍요로워진다고 할지라도 마지막 단계에서 고소득 계층으로 도약할 수 없는 함정 말이다. 중국은 사람들이 농촌에서 도시로 이주하고 외국 자본의 도움을 받아 조립식 제조업이 확대되면서 큰 힘을 들이지 않고도 풍요로워졌다. 하지만 기술과 혁신에 기반해 고부가가치를 창출하는 과정이 있어야만 진정한 고소득 국가로 상승할 수 있다. 중국은 기술을 훔쳐서 이 방향으로 나아가는 첫 출발을 할 수 있었다. 하지만 이제 서방세계는 이러한 사실을 인식하고 있고 더 엄격한 보안 조처를 하고 있다. 중국이 앞으로 더 많은 기술을 훔치는 것은 불가능에 가깝다. 중국의 경제는 조종사들이 실속 속도失速速度라고 부르는 속도에 부딪혔다. 비행기는 여전히 공중에 떠 있지만 더 이상 고도가 상승하지 않고 하늘에서 땅으로 떨어질 것처럼 아주 위험해 보이는 상태다.

중국의 실패를 곧 마주하리라고 간주하면서 국제무역의 공급사슬은 공급사슬 1.0에서 공급사슬 2.0으로 재편되고 있다. 외국인 직접 투자는 경제성장과 제조업 역량의 주요 원동력이다. 외국인 투자는 베트남, 인도네시아, 말레이시아, 인도에 더 많이 유치되고 있다. 2022년 4월 11일, 애플은 중국에 대한 의존도를 낮추기 위한 노력의 일환으로 인도 타밀나두주 스리페람부두르Sriperumbudur에서 아이폰13을 제조한다고 발표했다. 대만의 대중국 투자는 지난 10년간 70% 감소했다. 선진국들이 자국에 기술 투자를 하는 현상은 중국이 빠르게 경제를 성장시킬 수 있는 기회를 줄이고 있다. TSMC와 인텔은 약 2백억 달러를 공동 투자해 미국에 최첨단 반도체 공장을 건설하겠다는 계획을 발표했다. 만약 중국이 전체주의의 길을 걷지 않았더라면 이러한 투자는 중국에도 할 수 있었다. 2022년 1월, 미국 의회는 국가핵심역량방어법안을 도입했다.[25] 이 법안을 도입하면 국가 안보의 관점에서 중국 등의 우려되는 국가에 투자하는 미국 투자자들의 외국인 직접 투자를 정밀하게 조사할 수 있게 된다. 이러한 조사는 중국과 다른 국가의 미국 투자를 검토하는 대미 외국인투자위원회Committee on Foreign Investment in the United States, CFIUS와 대칭적이다. 이처럼 외국인 투자를 양방향으로 정밀하게 검토하면 초국제화와 효율적인 공급사슬에 또 다른 방해물이 된다.

만약 중국의 문제가 앞서 설명한 인구, 부채, 정치로 한정된다고 하더라도 글로벌 공급사슬에는 심각한 문제가 발생하게 된다. 현실은 훨씬 더 심각할 것이다. 우리는 중국의 '최고 정점'을 보고 있는지도 모른다. 할 브랜즈와 마이클 베클리는 2021년 말에 일련의 기사에서 이러한 가능성을 제기했다.[26] 중국의 지도자들은 미국보다 경제적으로나 군사적으로 우월하지 않다는 점을 이해한다. 중국의 지도자들이 중국이 전략적 우위를 점하는 것이 단지 시간 문제라고 믿었다면 중국이 우위를 점할 때까지 기다렸을 것이다. 그동안은 지정학적 대립을 피하고 성장에 집중했을 것이다. 브랜즈와 베클리는 더 암울한 가능성을 시사한다. 중국의 성장세가 둔화하고 있고 미국이 온쇼어링을 추진하면서 중국과 갈라서고 있다면 중국의 상대적인 지위가 더 올라가기는 힘들 것이다. 중국의 지도부는 현재 상황이 조금도 나아지지 않는다는 사실을 깨달았을지도 모른다. 만약 중국이 대만을 무력으로 점령하려고 한다면 빨리 진행해야 할 것이다. 시간이 갈수록 성공 확률이 점점 줄어들고 있다. 이는 1914년에 독일이 제1차세계대전에서 싸우고 1941년에 일본이 진주만을 공격한 것과 같은 원리다. 두 경우 모두 공격하는 쪽이 공격을 가한 대상보다 강하지 않았다. 그럼에도 성공 확률이 최고조에 달한 경우였고 공격하지 않으면 항복해야 했다. 독일과 일본, 그리고 오늘날 중국과 같이 영토를 확장하려는 야심을 품은 국가가 취할 수 있는 논리적인 선택은 공격이었다.

역사를 고찰하는 것은 중국의 최고 정점을 분석하는 데 좋은 출발점이다. 제2차세계대전에서 일본이 패배한 이후, 마오쩌둥이 이끄는 중국 공산당과 장제스가 이끄는 국민당은 1928년 말에 중국의 지배권을 두고 내전을 시작했다. 1949년에 공산당은 중국 본토를 장악했고 국민당은 대만과 인근의 작은 섬들로 후퇴했다. 공산주의자들은 중화인민공화국(중국)을, 민족주의자들은 중화민국(대만)을 세우며, 양측은 스스로를 중국의 합법적인 정부라고 선언했다. 중화인민공화국은 중화민국과 비교했을 때 규모와 인구 측면에서 우세했다. 중화민국은 1인당 GDP가 중국보다 현저히 높고 글로벌 무대에서 기술 강대국으로 부상했다. 미국은 1949년부터 1979년까지 중화민국을 중국의 합법적인 정부로 인정했지만, 1979년에는 중화인민공화국과 완전한 수교를 맺었다. 이러한 정책 변화는 리처드 닉슨이 대통령이고 헨리 키신저가 대통령 안보 보좌관이었을 당시, 닉슨 전 대통령이 베이징과 상하이를 방문하면서 시작되었다. 동시에 미국은 여러 기관과 NGO를 소통 수단으로 이용해 중화민국과도 비공식적으로 관계를 맺었다. 미국과 중화민국은 공식적으로 국방 조약을 맺진 않았지만 미국은 대만의 주요 무기 공급 국가였다.

중요한 점은 중국이 대만을 별개의 국가로 인정한 적이 없다는 것이다. 이를 '분리된 지방'이라고 일컬었다. 중국은 어떤 형태로든 대만을 외교적으로 독립국가로 인정한 국가에 무역·금융 제재와 처벌을 내렸다. 리투아니아는 최근 대만이 빌뉴스에 대만 대표처를 개설하도록 승인했을 때 이러한 사실을 알게 되었다. 중국이 거의 무역 금수조치에 해당하는 조처를 내림에 따라 리투아니아의 대중국 수출은 즉시 급감했다.

최근 수십 년 동안 중국의 대만 투자가 증가하고 특히 첨단 기술과 제조업 분야에서 두 경제가 통합되면서 중요한 돌파구가 마련되었다. 상하이에서 타이베이로 여행하는 사람들은 항공편이 국제선 터미널이 아닌 국내선 터미널에서 출발한다는 사실에 익숙해져 있었다.

중국이 대만을 침공한다면 일본이나 서유럽의 침공과 맞먹고 거의 핵전쟁에 가까운 가장 파괴적인 지리 경제적 사건이 될 것이다. 결과는 매우 불확실하다. 미국이 대만을 군사적으로 방어하는 데 도움을 줄지가 가장 큰 변수다. 미국 제7함대는 대만 해협에서 중국 상륙부대를 저지하고, 중국 공군의 전력을 억제하며, 그 외에도 미사일 방어, 드론, 전자전, 국가 정보를 사용해 침공을 격퇴할 수 있도록 대만을 지원할 수 있다. 동시에 중국은 크루즈 미사일로 미국 함선을 공격하고, 전력망과 무선통신 네트워크와 같은 미국 주요 인프라를 공격하는 등 자체 전자전을 개시하면서 상륙 작전을 펴 대만을 침공할 수 있다.

긴장이 고조되면 금융 전쟁도 일어날 것이다. 중국이 수입하는 에너지에 금수조치를 내릴 것이고 세계 반도체 산업의 상당 수준이 운영을 멈출 것이다. 중국은 첨단 기술, 5나노미터 생산 시설 등 대만의 반도체 생산능력을 손에 넣으려고 갈망하고 있다. 중국의 이러한 공산주의적 목표는 대만이 21세기 초토 전술(쓸모있는 것을 모두 불태우는 전술 – 옮긴이)을 사용해 중국이 자국의 반도체 공장과 연구소를 차지하기 전에 먼저 파괴할 가능성을 열어준다.

미국이 발전시키고 있는 군사 독트린은 '깨진 둥지Broken Nest'라고 불리는데, 이 명칭은 중국의 속담에서 유래했다. "깨진 둥지 아래 어떻게 온전한 알이 있겠는가?" 군사학적으로 말하면 둥지(대만)가 무너지면 알(세계 반도체 생산량)도 깨진다는 뜻이다. 이러한 독트린은 미국이 대만을 구하기 위해 적극적으로 싸울 계획을 짜면 안 된다는 점을 시사한다. 대신 중국의 침공 시 미국과 대만은 대만의 반도체 시설과 다른 반도체 제조 공장들을 파괴해야 한다. 이 위협만으로 중국의 침략을 어느 정도 저지할 수 있을지도 모른다.[27] 독트린의 장점에 대해서는 의견이 분분하지만 공급사슬에 미치는 영향은 분명하다. 그 영향은 중국에만 국한되지 않을 것이다. 국제무역은 거의 중단되고 말 것이다.

중국은 동아시아 헤게모니의 패권을 공고히 하려고 일본 침략이 득이 된다며 이를 고려할 수도 있다. 중국이 일본을 침략하면 분명 미국, 호주, 필리핀, 인도도 개입하게 될 것이다. 제3차세계대전과 비슷할 수도 있다. 전쟁이 어떤 결과를 낳을지는 매우 불확실하다. 한 가지 분명한 점은 세계에 정치적·경제적 재앙을 안겨주리라는 점이다. 전쟁을 치러야 하는 국가 입장에선 특히 더 그렇다.

대만 침공이 일어날까? 여기서 루트왁의 지리경제학에 대한 정의가 빛을 발한다. 세계화 이전의 세계라면 중국이 공격을 가할지도 모른다. 세계화가 일어난 이후의 세계라면 중국은 기술, 천연자원, 부가가치를 생산하는 제조업을 끊임없이 발달시키면서 군사 행동을 자제할 것이다. 이 길을 걸으려면 미국과 서유럽과의 대립이 아닌 협력이 필요하다. 물론 중국이 대만에 속한 작은 섬들을 침공할 가능성까지는 배제하지 못한다. 예를 들어, 진먼金門섬이나 마쭈馬祖섬은 중국 본토와 꽤 가까이 있다. 중국이 이 섬들을 점령하면 미국 및 유럽과의 관계가 틀어지겠지만 서양과 전쟁을 일으킬 이유가 되지는 못할 것이다. 이 경우 지리경제학의 이론과는 모순되는 결과를 초래한다. 보여주기식 소규모 침공은 큰 악영향을 미치지 않으면서 중국 내 시진핑 주석의 입지를 강화하기에는 충분할 것이다.

전쟁처럼 정반대의 상황이 일어날 가능성도 시나리오에 포함되어 있다. 사건은 심각해지고 통제할 수 없는 상황에 이를 수도 있다. 미국이 대만을 돕지 않는다는 전제에서만 중국은 대만의 영토를 손에 넣을 수 있을 것이다. 경제적 손실은 불가피하고 공급사슬에는 참담할 정도의 차질이 빚어질 것이다. 그럼에도 위험은 너무나 크고 막대한 비용이 든다. 중국은 침략 대신 말로 위협을 가하거나 군사 준비를 계속할 가능성이 커 보인다. 그렇지 않으면 알맞은 시기를 기다릴 것이다.

동시에 시진핑 주석은 서방을 계속 위협하고 경제적으로 대립할 것이다. 중국에는 가장 도움이 안 되는 행보다. 대만이란 소중한 나라를 손에 넣기도 어려워질뿐더러 서방으로부터 얻을 수 있는 경제적 이익을 제대로 얻지도 못할 것이다. 그러나 중국 공산당 입장에서는 최적의 안일 수도 있다. 탐욕을 채우고 부패를 살찌우는 한편, 세계에서 인구가 가장 많은 국가의 국민에게 이념을 주입할 시간을 벌 수 있기 때문이다. 국가와 정당은 다른 독립체다. 국가의 눈으로 상황을 바라볼 때 이 분석은 정말 빈약하다. 정당에 무엇이 최선일지를 먼저 고려해야 할 것이다.

유명한 경제 애널리스트인 루이스 빈센트 게이브Louis-Vincent Gave는 중국을 오랫동안 연구해왔다. 2022년 5월 18일, 그는 인터뷰에서 제로 코로나 정책에 따라 상하이를 폐쇄한 중국의 행동은 실제로 미국에 대한 경제적 공격이라고 주장했다. 게이브는 중국이 대미 수출을 무기로 삼았다고 밝혔다. 물가상승을 유발하려고 일부러 공급사슬에 차질을 빚었으며 이는 미국 정부의 신뢰를 더 악화시킬 것이라고 덧붙였다. 이러한 정책은 공격적인 갈라서기로 간주할 수 있다. 공격적인 갈라서기의 예시로는 중국 정부의 명령이 있다. 2022년 5월 5일 〈블룸버그〉의 보도에 따르면, 중국 정부는 2024년까지 모든 정부 기관과 국영기업에 외국산 개인 컴퓨터와 소프트웨어를 사용하지 말라는 명령을 내렸다. 게이브의 논문에 담긴 내용이 사실인지 아닐지는 직접적인 증거가 없지만 징황상 사실과 궤를 같이한다고 보인다.

글로벌 무역 강국들은 중국이 세계경제를 파괴하거나 군사적인 사고를 일으킬 때까지 기다리고 있지만은 않았다. 중국으로부터 갈라서고 대체 공급 채널을 생성하는 과정은 이미 시작되었다. 파이브 아이스 보고서는 글로벌 공급사슬에서 중국을 분리할 수 있는 세 가지 방안을 설명한다. 첫 번째는 부정적인 갈라서기라고 불린다. 이는 서양에 대한 중국의 투자를 제한하고, 지식재산권을 훔치지 못하도록 축소하며, 중국의 주요 수출품에 대한 의존도를 줄이는 것이다. 두 번째는 긍정적인 갈라서기라고 불린다. 긍정적으로 갈라서려면 적극적인 산업 정책을 펼쳐 전자, 통신, 미래 산업 9가지 등 미래의 주요 기술 분야에서 선봉을 맡아야 한다. 세 번째는 협동적인 갈라서기라고 불린다. 여기에는 중국에 의존하지 않고도 효율적인 공급사슬을 만들기 위해 파이브 아이스 국가와 민주주의 동맹국 간의 협력을 증가시키는 방안이 포함된다. 보고서에 따르면, "공급사슬을 다각화하고 글로벌 산업 중심지인 중국을 분권화시키는 것"이 목표다.[28] 이러한 목표를 향한 노력은 아직 초기 단계에 머무르고 있다. 파이브 아이스 보고서는 정책 입안자를 위한 상세한 계획을 제공하며 앞으로 일어날 일들의 목록을 담고 있다.

러시아의 귀환

에너지 관련 글로벌 공급사슬에서 세계에 두 번째로 큰 위협이 되는 문제는 미국과 러시아 간의 경제 전쟁이다. 이 전쟁은 러시아가 2022년 2월 24일에 우크라이나를 침공함으로써 시작되었다. 재화, 서비스, 금융에 걸쳐 폭넓은 영향을 미치는 이러한 경제적 대립은 1989년의 냉전 종식과 1991년의 소련 붕괴로 거슬러 올라가 대립이 발생한 맥락을 살펴보지 않고서는 이해할 수 없다. 미국은 냉전 중에 세계 패권국으로 부상한 유일한 국가였다. 러시아는 혼란에 빠졌고 중국은 톈안먼 사태의 충격으로 휘청거렸다. 동독과 서독은 1990년에 서독의 모델에 따라 재통일되었다. 중부 유럽은 누구나 차지할 수 있었다. 1995년에 NATO는 〈NATO 확대에 관한 연구Study on NATO Enlargement〉라는 문서를 발간해 새로운 회원국을 추가하는 과정과 회원국이 되려면 갖춰야 할 조건을 기술했다. 미국과 동맹국들은 NATO에 소련의 위성국들을 통합하기 위해 신속하게 움직였다. 알바니아, 불가리아, 크로아티아, 체코, 에스토니아, 라트비아, 리투아니아, 폴란드, 루마니아, 슬로바키아, 슬로베니아, 몬테네그로, 북마케도니아 등이 새 회원국으로 가입했다. 사실상 서방세계와 러시아의 국경은 총격전 없이도 약 965킬로미터 더 가까워졌다.

러시아는 1990년대에 친서방 성향을 띠었다. 독립적인 중앙은행과 증권거래소, 자유 시장 등 서방 스타일의 기관을 최대한 많이 만들려고 노력했다. 이러한 실험은 과두정치인들이 귀중한 국가 자산을 장악하고, 자유 시장을 뇌물과 살인으로 대체하면서 2000년에 비참하게 끝났지만 말이다. 1999년에 푸틴은 러시아의 대통령이 되었다. 그 이후로 대통령 또는 총리직을 유지해왔으며 그의 주요 목표는 혼란을 종식하고 질서를 회복하는 것이었다.

푸틴은 NATO의 확장을 잘 받아들이는 한편 리투아니아, 우크라이나, 조지아는 안 된다고 선을 그었다. 2004년에 NATO는 리투아니아의 가입을 인정함으로써 러시아가 그어놓은 선을 넘었다. 2008년 4월에 조지 W. 부시는 조지아와 우크라이나를 NATO 회원국이라고 선언했다. 푸틴은 이에 대응해 2008년 8월에 조지아를 침공해 조지아의 NATO 가입 가능성을 말살해버렸다. 우크라이나는 공식적으로 중립을 지켰지만 NATO에 가입할 가능성은 여전히 열려 있었다.

오바마 정부 시절, 우크라이나에서 혼란스러운 사건들이 발생했다. 2013년 11월에 CIA와 MI6는 키예프에서 일어난 색깔 혁명(소련에서 독립한 나라들에서 시민들의 봉기로 친러시아 정권이 연쇄 붕괴한 현상-옮긴이)을 후원했고, 그 이후로 유로 마이단의 시위가 2014년 2월 정점에 달했다. 이 반란으로 인해 민주적으로 선출된 친러시아 성향의 빅토르 야누코비치 전 대통령은 하야한 뒤 모스크바로 도주했다. 2014년 6월에 친서방 성향의 페트로 포로셴코가 대통령에 선출되었다.

포로셴코가 지휘하는 우크라이나가 NATO 가입을 추진하자 푸틴은 크림반도를 합병했다. 크림반도는 러시아 해군의 본거지이자 러시아의 아조프해와 수온이 따뜻한 지중해와 대서양으로 진입할 수 있는 요충지였다. 러시아는 동부 우크라이나의 친러시아 세력을 지원했다. 지원 내용에는 러시아 고문관의 잠입과 무기가 포함되어 있었다. 이러한 불안정한 상태는 2021년 중반까지 지속되었다. 당시 푸틴은 러시아군을 우크라이나 동부 국경으로 급파했고 침공과 추가 합병을 준비하기 시작했다. 공포의 침공은 2022년 2월 24일에 시작되었다.

이 역사적 맥락은 푸틴의 관점을 이해하는 데 매우 중요하다. 푸틴이 우크라이나를 정복한 악당이라는 서방세계의 내러티브는 거짓이다. 푸틴은 지난 20년 동안 서방세계에 더 이상 이득을 취하려하지 말라고 경고했다. 2008년에 우크라이나를 NATO 회원국으로 지명한 것은 부시의 잘못이었다. 2014년 유로 마이단은 우크라이나 원주민들의 봉기가 아니라 어쩌면 서방 정보기관이 오바마 전 대통령과 데이비드 캐머런 전 영국 총리의 지시로 계획한 일종의 '쿠데타'였다. 푸틴은 우크라이나가 러시아와 서방세계 사이에서 중립적인 완충국 역할을 하는 데 만족하고 있었다. 서방세계는 이에 만족하지 않았고 푸틴에게 압박을 가했다. 푸틴은 우크라이나 국경에 군인 십만 명 이상을 동원해 침공을 감행했다.

우크라이나의 NATO 가입이나 친서방 성향은 러시아에 실존적 위협이 되어왔다. 북쪽의 에스토니아에서 남쪽의 우크라이나에 이르는 러시아 국경은 알파벳 C 모양으로, 모스크바를 북쪽·서쪽·

남쪽에서 둘러싸고 있다. 우크라이나의 일부 지역은 모스크바 동쪽에 있는데, 13세기 칭기즈칸의 몽골제국이 공격한 이래로 단 한 번도 그 경로로 공격받은 적이 없었다. 만약 우크라이나가 중립을 지키지 않게 된다면 푸틴은 우크라이나를 통제해야 했을 것이다. 적어도 동쪽 절반은 그러했다.

바이든 대통령은 이 위협에 대한 초기 대응에서 갈팡질팡하고 있었다. 〈더 힐The Hill〉 신문보도에 따르면, 2022년 1월 19일에 바이든 대통령은 기자회견에서 우크라이나 관련 질문에 다음과 같이 답변했다.

> "NATO 전선에서 어떠한 범위까지 완벽한 단결을 이룰 수 있느냐에 관해서는 푸틴의 행동에 달려 있습니다." 바이든 대통령은 수요일 NATO 동맹국들을 언급하며 이렇게 말했다.
>
> "러시아가 침공하면 러시아가 책임을 지는 모습을 보게 될 것이며, 푸틴이 어떻게 하느냐에 따라 져야 할 책임이 달라집니다. 만약 소규모 침입이라면 우리는 어떻게 대응할지 다퉈봐야 할 것입니다."

전 세계에 충격을 몰고 온 발언이었다. 바이든 대통령은 '소규모 침입minor incursion'에 불과하다면 푸틴의 침공을 승인한 셈이었다. 바이든 대통령은 '소규모' '침입'이 무엇인지 각각 명확히 정의하지 않았다. 그의 발언은 위험했다. 그는 남은 기록을 고쳐보려고 추가적인 발언을 하는 등 서툰 노력을 보였지만 상황을 더 악화시켰을 뿐이었다. 처음 발언을 강조하는 꼴이었고 발언 전에 군사 안전시설에서 이미 논의되었을 가능성이 컸기 때문이었다.

이 사건은 비슷한 실수 두 가지를 떠올리게 한다. 두 번 다 대규모 세계 전쟁으로 이어졌다. 1938년에 뮌헨 회담에서 네빌 체임벌린 전 총리는 전 독일 총리인 아돌프 히틀러를 달래기 위해 체코슬로바키아 영토 일부를 나치 독일에 양도하도록 허락했다. 체임벌린은 성공을 선언하며 "우리 시대에 평화를 가져다주리라고 믿는다"라고 말했다. 1년이 채 지나지 않아 역사상 가장 큰 유혈 사태인 제2차세계대전이 시작되었다. 1950년 1월 12일, 해리 트루먼 전 대통령의 국무장관이었던 딘 애치슨은 워싱턴 D.C.에 있는 전미국신문기자협회에서 서태평양에 있는 미국의 '극동 방위선(국제 분쟁 발생 시 미국 육군이 즉시 지원할 수 있는 범위를 일컬으며 나중에 애치슨 라인이라 불리게 되었다-옮긴이)'에 관한 연설을 했다. 애치슨은 그 방위선 안에 한국을 포함하지 않았다. 5개월 뒤, 북한은 미국이 남한을 방어하기 위해 행동에 나서지 않을 것이라는 관점하에 남한을 침공했다. 이렇게 6.25전쟁이 시작되었고 1953년 7월까지 지속되었다. 역사가 가르쳐주는 교훈은 분명했다. 약한 행동이나 모호한 말투는 공격을 부추길 수 있었다. 전쟁을 막는 예방책은 유화정책이나 적에게 청신호를 보여주는 것이 아니다. 전쟁을 막는 것은 바로 힘이다. 바이든 대통령의 유약한 행실과 갈팡질팡하는 언어는 러시아에 우크라이나를 침공해보라고 한 것과 마찬가지였다.

러시아가 우크라이나를 침공하는 과정을 살펴보려면 러시아의 국익을 분리해 평가해야 한다. 푸틴은 루한스크Luhansk와 도네츠크Donetsk를 중심으로 러시아어를 사용하고 러시아와 같은 종교를 믿으며 같은 민족인 지역들을 확보했다. 이로써 돈바스Donbass에서 마리우폴Mariupol을 거쳐 크림반도까지 가는 길목이 만들어졌다. 크림반도와 러시아는 육로로 연결되었다. 크림반도 바로 서쪽에 있는 흑해 항구 도시인 오데사Odessa가 또 다른 목표로 떠올랐다. 러시아는 폴란드나 루마니아에 NATO 군대가 들어설지 세심하게 주의를 기울이고 있었지만 이 두 국가의 영토에는 관심이 없었다. 러시아는 현재 우크라이나, 조지아, 벨라루스에 완충 지대를 만들어서 모스크바의 안보를 어느 정도 확보했다. 이 완충 지대는 기존 바르샤바 조약 기구 회원국들의 크기를 합친 것과는 비교되지 않을 정도로 작았지만 말이다. 결과는 루트왁의 지리경제학이 정의한 내용을 완벽하게 보여주었다. 주권 국가 간에 일어난 일이지만(러시아와 미국) 목표(서유럽의 러시아산 천연가스 의존도)와 도구(파이프라인) 모두 무역과 관련되어 있었다.

미국은 우크라이나에서 러시아와 군사적으로 싸우지 않을 것이라고 분명히 밝혔다. 대신 미국은 현대 역사상 가장 광범위한 경제 제재를 가했다. 이러한 제재에는 러시아 중앙은행과 10대 러시아 상업 은행의 달러채 결제를 불허하고, 국제은행간통신협회SWIFT(스위프트) 결제망에서 배제하는 것이 포함되어 있었다. 또한 미국은 미국에 있는 러시아의 자산을 모두 동결했으며 외국 은행 지사도 제재에 포함되었다. 지역 당국의 자산 몰수 대상에 오른 러시아 과두정치인들의 목록을 발표했다(미국에서 요트, 제트기, 저택 등을 보유하고 있었다). 게다가 EU, 영국, 동맹국들은 모두 미국의 제재와 비슷하게 양자 관계에 따라 러시아에 독자적인 제재를 가했다.

광범위하고 전례 없을 정도의 제재였다. 하지만 시작에 불과했다. 2022년 2월 27일, 서방 은행들은 러시아 통화 루블화 거래를 금지했다. 이 조치는 러시아 중앙은행이 외환 시장에서 루블로 거래하거나 보유하고 있던 자산을 러시아 기관이나 자국의 경제에 도움이 되도록 사용하는 것을 효과적으로 막았다. 2월 28일에 미국은 러시아의 국부 펀드와 재정부, 러시아 직접 투자 펀드의 자산을 동결하고 거래를 금지했다. 3월 8일에 미국은 러시아 석유, LNG, 석탄 수입을 전면 금지했다. 동시에 미국은 러시아의 에너지 부문에 대한 미국의 투자와 러시아에 첨단 장비와 반도체 수출을 금지했다.

2022년 3월 11일, 백악관은 의회와 힘을 모아 러시아에 부여했던 최혜국 대우를 박탈하겠다고 선언했다. 최혜국 대우를 받으면 러시아는 제3국에 부여하고 있는 모든 조건보다 좋은 조건으로 무역을 할 수 있었다. 이 지위를 박탈하면 미국은 WTO 규정을 위반하지 않으면서도 러시아산 제품에 고율의 관세를 부과할 수 있었다. 러시아도 같은 선상에서 IMF나 세계은행 등 다자간 금융 기구에 손을 벌리지 않을 것이라고 선언했다. 미국은 고급 시계나 고가의 자동차, 보석, 디자이너 의류 등 사치품의 러시아 수출을 금지했다. 동시에 캐비어나 다이아몬드 등 러시아산 사치품을 수입하는 것도 금지했다. 게다가 제재 자체를 피하거나 모면하기 위해 간접적인 행동을 하거나 음모에 가담한다면 범죄 행위로 치부하겠다고 밝혔다.

2022년 3월 24일, 백악관은 개별 제재 대상을 확대했다. 이 목록에는 러시아 하원에 해당하는 국가 두마Duma의 의원들과 헬리콥터, 정밀 미사일, 통신 기술 등 방위 산업의 큰 부분을 차지하는 러시아의 대기업 48개가 포함되어 있었다. 미국은 또한 러시아 중앙은행이 보유한 금과 관련된 모든 거래를 금지했는데 그 가치는 약 1천5백억 달러였다. 미국은 러시아에서 보유한 금을 물리적으로 압류할 수 없었지만 금을 팔아 얻은 경화로 융자를 지원하는 것을 불가능하게 만들었다.

거의 매일 새로운 제재가 가해졌다. 2022년 3월 31일, 바이든 대통령은 6개월 동안 1백만 배럴의 전략 비축유를 방출하겠다고 발표했다. 러시아산 석유 수입 금지로 석유가 부족해지자 이를 상쇄하려는 조치였다. 4월 6일, 미국은 미국인의 대러시아 신규 투자를 금지했다.

이러한 제재가 경제에 미친 영향은 정부가 취한 직접적인 조치보다 훨씬 컸다. 미국과 수많은 EU 기업들은 사업을 접으라고 엄격하게 요구하지 않음에도 불구하고 자발적으로 러시아에서 사업을 접거나 러시아에 있는 자산을 완전히 포기했다. 중단한 사업 중 가장 큰 규모의 사업에는 셸Shell, 엑슨모빌ExxonMobil 및 BP 등이 참여하는 석유 탐사 및 생산이 있었다. 러시아 사업을 중단한 다른 회사로는 맥도날드, 나이키, 애플, 리바이스가 있다. 3월 8일까지 총 기업 250개 이상이 러시아 사업을 중단했으며 더 많은 기업은 비슷한 조처를 하려고 준비하고 있다.

미국의 제재는 양국 간 판매와 서비스에만 국한되지 않았다. 미국은 미국의 도구나 미국으로부터 라이선스를 받은 기술을 사용해 생산한 상품을 러시아로 수출하는 모든 국가로 제재를 확대했다. 사실상 2차 보이콧은 중국을 겨냥한 것이었다. 중국은 미국의 라이선스를 받아 반도체나 전자 제품을 생산하고 있었다. 중국 통신 거대 기업인 화웨이의 목을 죄는 데 쓴 전술과 같은 전술로, 그 효과가 입증되었다. 중국은 미국의 제재에 침착하게 반응하고 러시아에 지지를 보냈지만, 한편으로는 이 상황을 두고 미국을 비난할 의사가 없는 것으로 보였다. 우크라이나 정부는 제재의 범위 측면에서 미국보다 한발 더 나아갔다. 4월 11일, 우크라이나는 전 세계 정부에 유조선 등 러시아의 자산을 몰수하고 러시아의 침공으로 인한 복구와 피해 배상금을 지급해달라고 요청했다. 우크라이나 정부의 경제 고문에 의하면 피해 규모는 1조 달러를 초과할 것이라고 추산되었다. 우크라이나의 요청에 즉각적으로 응한 정부는 없었지만 러시아 자산에 대한 국제무역의 불확실성을 더했다.

러시아는 곧장 미국과 EU, 그리고 그들의 동맹국에 보복을 시작했다. 러시아 중앙은행은 금 1그램당 가격을 5천 루블(약 10만 원)로 고정하겠다고 발표했다. 이러한 움직임은 새로운 금본위제가 아니라 루블-달러 환율을 안정시키기 위한 노력으로 풀이된다. 금의 가격은 달러로 책정된다. 루블화를 금으로 고정하면 발표 일자 기준 금 1온스(약 28그램)는 1달러 930센트이기 때문에 1달러는 80루블로 환산된다. 러시아의 수가 먹혔다. 루블의 가치는 2월 말에 전쟁이 발발한 뒤 달러당 80루블에서 140루블로 급락했으나 5월 초에는 다시 70루블로 상승했다.

미국이 이미 특정 러시아 상품의 수출을 금지했음에도 불구하고 러시아는 특정 상품을 적국에 수출하지 말라는 명을 내렸다. 이것은 단순한 보복성 무역 전쟁에 지나지 않았다. 영향을 받는 상품 대부분은 서방국가의 제조업에 필요한 주요 금속과 아프리카와 중동 사람들이 굶주리지 않는 데 필요한 농산물 수출품이었다. 러시아는 자동차와 배터리 제조에 꼭 필요한 백금, 팔라듐, 리튬 및 니켈의 수출도 금지했다. 러시아는 세계 팔라듐의 43%를 수출하고 있었다. 우크라이나는 자체적으로 수출을 금지하지 않았지만 전쟁으로 인해 수출이 중단되었다.

러시아의 보복 몇 가지는 너무 정교했던 나머지 초기에 백악관 정책 입안자들은 이를 이해할 수 없었다. 미국은 러시아에 반도체 수출을 금지했다. 반도체는 천연자원을 투입한 칩들을 겹겹이 쌓아 올린 구조인데 천연자원 대부분은 러시아산이었다. 가장 중요한 것은 칩에 들어가는 회로였다. 회로는 레이저로 에칭이 되어 있는데 레이저를 쏘려면 네온 가스가 필요했다. 러시아와 우크라이나는 세계 네온 가스의 90%를 수출하고 있었다. 가공된 네온 가스의 65% 이상은 우크라이나 오데사의 한 공장에서 생산되었다. 미국은 러시아에 반도체 수출을 제한했지만 러시아는 네온 가스 수출을 중단함으로써 전 세계 반도체 생산의 상당 부분을 중지시켰다. 이 예시는 미국의 분산된 제재가 어떤 부메랑 효과를 일으키는지 꼬집어 보여준다.

러시아와 우크라이나는 세계 밀 수출의 26%, 세계 보리 수출의 30%, 세계 옥수수 수출의 16%를 담당해왔다. 전쟁 중인 두 국가의 수출이 각 나라의 밀 공급에 차지하는 비율은 레바논 100%, 소말리아 100%, 이집트 85%, 수단 75%, 콩고 68%, 탄자니아 65%, 튀니지 56%, 케냐 42%, 남아프리카공화국 37%였다. 러시아와 우크라이나 밀의 최고 수입국인 위 나라들과 다른 나라들의 인구를 합치면 7억 명이 넘는데 이는 전 세계 인구의 10%를 차지한다. 2022년 4월 12일, 카자흐스탄의 밀 공장은 러시아산 밀을 구할 수 없게 되자 생산을 중단했다. 2022년, 비료 부족이나 구입 가능한 비료의 가격이 지나치게 급등하면서 전 세계 농부들은 작물을 심을 수 없게 되었고, 곡물 수출이 부족한 현상은 전반적으로 악화되었다. 대체 곡물을 공급할 수 있는 경우도 2021년 대비 가격이 2~3배가 올랐다. 이는 글로벌 물가상승의 또 다른 양상이었다. 우크라이나는 기차로 폴란드 국경을 넘어 곡물을 수출하려 했다. 하지만 폴란드와 우크라이나 열차의 궤간이 달라 좌절되었다(궤간이란 쉽게 말해 레일 안쪽 간의 거리, 선로의 너비 정도로 생각하면 된다. 우크라이나의 철도는 러시아의 궤간을 따라 표준 궤간과는 다르며, 궤간이 다르면 직렬 통행이 까다롭다 - 옮긴이). 이는 상품이 한 번에 국경을 통과할 수 없다는 뜻이었다. 우크라이나의 열차에서 짐을 내린 뒤 폴란드의 열차 또는 트럭에 다시 실어야 했던 것이다. 2022년 4월 7일, 〈로이터〉는 우크라이나 열차 2만 4190대가 국경을 넘으려고 대기하고 있다고 밝혔다. 물류 악몽이었다. 우크라이나의 곡물을 실은 한 열차는 레바논에 도착하는 데 성공했으나 화물을 열어보니 화물 전체에 습기가 차 있었다. 곡물의 수출 부족으로 굶주려 사망한 사람 수가 전쟁으로 인한 사망자 수를 훨씬 능가할지도 모를 일이었다.

2022년 봄, 대량 기근이 발생할 것이라는 전망이 명확해졌다. 〈이코노미스트〉와 〈뉴욕 타임스〉 등 서방 언론은 러시아 푸틴 대통령 때문에 이러한 참사가 발생했다는 새로운 내러티브를 발표했다. 우크라이나 침공의 책임은 러시아에 있었지만 식량 부족은 미국과 EU가 주도한 경제 제재의 결과였다. 미국과 EU가 제재를 가하지 않았다면 러시아는 전쟁이 벌어졌더라도 계속해서 곡물을 수출할 수 있었을 것이다. 앞으로 닥칠 기근에 대한 비난은 푸틴만큼이나 바이든 대통령에게도 쏟아질 것이다.

러시아가 알루미늄과 티타늄의 수출을 중단하자 보잉Boeing과 에어버스Airbus의 항공기 제조가 지연되었다. 이 두 회사의 제조 및 조립 공정이 계속해서 돌아가려면 알루미늄과 티타늄이 필요했다. 보잉과 에어버스는 각각 러시아로부터 티타늄의 35%와 50%를 조달받고 있었다. 러시아와 우크라이나는 전 세계 티타늄 시장에 30% 이상을 공급해왔다. 2022년 2월 말에 폭스바겐은 우크라이나 공급업체로부터 자동차 배선 시스템을 더 이상 공급받을 수 없다며 독일 동부에 있는 츠비카우Zwickau 공장을 폐쇄하겠다고 밝혔다. BMW 역시 고급 자동차에 사용되는 맞춤형 와이어링 하네스(차량의 각종 장치·부품에 전력을 공급하고 신호를 제어할 수 있도록 전선과 신호 장치를 묶은 부품-옮긴이)를 우크라이나 공급업체로부터 공급받지 못하자 공장을 폐쇄했다. 와이어링 하네스는 차량 내부에서 약 5킬로미터 길이로 배선된다. 각 차량에 맞게 고도로 맞춤화하는 것으로 다른 공급업체의 상품으로 대체하기 어렵다. 유조선 22척이 우크라이나 인근의 러시아가 통제하는 통로인 케르치Kerch 해협에서 가로막혔다. 러시아와 우크라이나는 전 세계 철강, 우라늄, 비료, 니켈 수출량의 각각 32%, 28%, 22%, 16%를 차지하고 있었다. 이와 비슷하게 석탄, 은, 철, 식물성 지방 및 목재 역시 전 세계 수출량의 상당 비율을 차지하고 있었다. 우크라이나와 러시아의 전쟁이 글로벌 공급사슬에 미친 영향은 파괴가 아니라 재앙에 가까웠다.

우크라이나 돈바스 지역(우크라이나 동부의 도네츠크주와 루한스크주를 돈바스라고 한다. 석탄 산업이 크게 발전한 지역이다-옮긴이)에서 러시아군이 크게 군사적 성공을 거두자 러시아는 석탄 575억 톤 이상이 묻혀 있는 지역의 통제권을 쥐게 되었다. 이로써 러시아의 전 세계 석탄 공급 통제가 강화되었다. 향후 러시아가 중국에 석탄 1억 톤을 공급하겠다는 약속을 더 쉽게 지킬 수 있게 되었다. 러시아는 돈바스 지역을 손에 넣은 뒤 이를 지렛대로 삼아 서유럽의 석유와 천연가스 분야에 더 큰 영향력을 행사할 수 있었다. 그나마 석유와 천연가스를 대체할 수 있었던 석탄마저 우크라이나로부터 더 이상 공급받을 수 없게 되었기 때문이다.

전쟁이 공급사슬에 미친 초기 효과는 미미했다. 중간 제조업체와 유통업체는 안전 재고와 수송 중인 상품으로 수요에 대응할 수 있었다. 또 투입물의 가격 인상이 소비자 유가나 슈퍼마켓 선반에 반영되기까지는 시간이 더 걸렸으니 말이다. 투자가들과 월스트리트 전문가들은 다수의 제재는 30일, 60일, 또는 90일이 지난 뒤에 효력이 발생했다는 점을 눈치채지 못한 듯했다. 2022년 3월에 내린 몇몇 제재는 2022년 6월까지 영향을 미치지 못했다. 경제적 결과가 시야에 들어오기까지는 더 오랜 시간이 걸렸다. 완충 효과는 오래가지 못했다. 적시 재고 시스템과 자동화된 정보 공유의 시대에 공급이 부족해지고 가격이 급등하자, 제조업체부터 소매 판매점에 이르기까지 공급사슬 참여자들 전부가 영향을 받았다. 이는 전쟁 이전에 형성되었던 물가상승의 물결에 힘을 실어주었다. 물가는 1970년대 이후로는 볼 수 없었던 수준으로 상승했다.

아이러니하게도 전쟁의 영향을 가장 적게 받은 원자재는 차질이 빚어질까 봐 가장 두려워했던 석유나 천연가스였다. 이유는 명확했다. 러시아로부터 석유와 천연가스 수송을 차단하는 일은 대재앙급이라 거의 고려될 수 없었다(그중 많은 양은 우크라이나의 파이프라인을 통과했다). 세계 4위의 경제 대국이자 수출 강국인 독일은 천연가스의 49%를 러시아에 의존하고 있었다. 세계 8위의 경제 대국인 이탈리아는 천연가스의 46%를 러시아로부터 공급받아왔다. 이 두 국가보다 핵발전 용량이 더 큰 프랑스도 천연가스의 24%를 러시아에서 끌어 쓰고 있었다. 오스트리아는 80%를, 폴란드는 40%를 의존했다. 라트비아, 핀란드, 몰도바, 보스니아 헤르체고비나, 북마케도니아 등 더 작은 경제 규모의 유럽 국가들은 러시아로부터 천연가스의 90~100%를 공급받아왔다. 간단히 말해 러시아에서 천연가스를 공급받을 수 없다면 이 국가들의 경제는 마비될 것이다. 운이 좋으면 대부분 가정에서 불을 켤 수 있을 정도의 가스를 공급받을지도 모른다. 운이 안 좋으면 어둠 속에서 추위에 떨어야 할 것이다.

백악관은 유럽 천연가스 매장량이 "명백히 아주 적다"라고 인정했다.[29] 정부의 계획은 천연가스 수출업자가 공급 경로를 변경하는 동안 거의 0이 될 때까지 매장량을 사용하는 것이었다. "평소와는 달리 가스 생산량을 빠르게 높일 수 있는 역량"과 "각 공급업체로부터 받는 화물량을 조금씩 늘려 전체 화물량을 다소 늘릴 수 있는 능력"을 갖춘 회사를 찾는 것이 목표였다. 섣부른 계획이었다. 공급을 급증시키고 화물을 다른 데로 돌리려는 생각은 급증한 양을 수송할 수 있는 선박이 있는지, 화물이 도착하면 화물을 내릴 항구가 있는지 등의 문제를 고려하지 않았다. 공급사슬의 연결 지점에 문제가 생겼는데 더 많은 양을 공급받기를 기다리면서 매장량이 0에 가까워질 때까지 사용했다면, 유럽의 몇몇 분야는 말 그대로 에너지가 동날 수 있는 상황이었다. 또한 이미 많은 생산업체가 중국의 수요를 맞추기 위해 눈코 뜰 새 없이 공급하고 있다는 점을 무시한 계획이었다. 공급량을 늘릴 능력을 갖췄는지도 의심스러웠다. 기껏해야 제로섬 게임일 것이다. 공급 경로를 유럽으로 돌리면 다른 곳에서 부족해질 수 있다. 계획의 성공 여부와는 무관하게 글로벌 공급사슬에 엄청난 악영향을 미칠 것이 분명했다. 투입량과 선적 능력이 한계에 다다른 상태라서 적체된 항만은 더 적체될 것이다. 어쨌든 2022년 여름을 지나며 이 안은 실행하지 않기로 했다. 러시아는 서방국가들의 우유부단한 태도에도 불구하고, 파이프라인 유지 보수와 수리를 이유로 꼽으며 독일과 다른 국가들에 천연가스 공급을 줄이기 시작했다. 러시아가 겨울이 다가오면 상황이 더 나빠질 것이라고 우크라이나를 원조하는 국가들에 보내는 경고였다.

러시아의 석유 수출에도 같은 분석을 적용할 수 있다. 러시아의 석유 생산량은 전 세계 석유 생산량의 10%를 차지한다. 러시아, 사우디아라비아, 미국의 생산량을 합치면 전 세계 석유 생산량의 33%에 달한다. 러시아의 석유 판매에 제재를 가하는 것은 딱 봐도 불가능했다. 러시아의 석유 판매에 간섭하면 세계에 하이퍼인플레이션이 일어나고 동시에 경제가 붕괴할 수도 있었다. 아이러니한 점은 러시아가 전쟁과 제재에도 불구하고 석유와 천연가스를 판매해 수십억 달러의 경화를 벌어들였다는 것이다. 달러로 지불된 금액은 러시아의 민간 소유 은행 가즈프롬방크Gazprombank로 흘러 들어갔다. 이 계좌는 첫 제재 대상에서 제외되었다. 더 아이러니한 점은 우크라이나가 자국의 파이프라인을 통해 러시아 천연가스 수송을 허용함으로써 연간 약 20억 달러의 통행료를 벌어들였다는 것이다. 러시아 에너지에 대한 유럽의 수요는 양국이 더 격렬하게 전쟁할 수 있는 자금을 공급하는 것과 마찬가지였다.

미국과 EU가 러시아산 에너지의 수입을 금지하더라도 에너지의 수입 금지가 러시아에 미치는 영향은 미미할 것이다. 석유와 천연가스를 공급받고자 하는 고객들이 줄을 서 있기 때문이다. 인도는 러시아와의 거래를 피하라는 미국의 경고에도 불구하고 러시아산 석유의 주요 구매국으로 부상했다. 서유럽, 특히나 독일이 받는 영향은 엄청날 것이다. 독일은 지난 10년간 원자력 및 석탄 화력발전소의 문을 닫고 러시아산 천연가스에 제조업, 전기, 난방을 의존해왔다. 대체 에너지원을 마련하겠다는 미국의 약속은 사실상 껍데기뿐이었다. 중동의 에너지원은 이미 중국에 공급하기로 약속된 상태였다. 미국 국내 에너지원을 끌어 쓰기에는 너무나 오랜 시간이 걸렸다. 주의나 관심을 끌려는 의도가 담긴 말들은 도움이 되지 않았다. 2022년 4월에 EU는 러시아산 석탄의 수입을 금지한다고 발표했지만 8월까지 수입 금지 조치가 발효되지 않았다. EU는 아무런 희생 없이 전쟁이 끝나기를 바라는 것처럼 보였다. 짐작건대 전 세계 에너지가 부족한 상황에서 독일의 '에너지 공수 작전'은 실패할 가능성이 더 컸다. 러시아가 미국과 유럽에 대항하기 위해 은행과 증권거래소 등 주요 인프라를 공격하는 사이버전을 동원할 가능성도 있었다. 글로벌 공급사슬에 가해지는 사이버 공격은 공격을 일으킨 제재만큼이나 참담한 결과를 낳을 것이다.

요트와 타운하우스와 같은 러시아 과두정치인들의 자산 압류는 러시아에 호의를 베푸는 것처럼 보였다. 푸틴 대통령의 권력 기반은 군대, 정보기관, 동방정교회, 그리고 러시아 국민이었다. 그는 언제나 과두정치인들이 맞수의 중심에 있다고 여겼고 그들의 자산을 압류하는 것을 주저했다. 이제 미국과 영국은 러시아 밖에 있는 과두정치인들의 자산을 드러내 보임으로써 푸틴이 하기 꺼렸던 일을 대신 처리해주고 있는 셈이었다. 한 가지 아이러니한 점은 러시아 과두정치인들은 다른 국가들에 비해 러시아가 새로운 피난처가 되어준다고 여기면서 자금을 다시 러시아로 옮기고 있다는 것이다. 서방 정치인들의 관점에서 볼 때 제재는 아주 만족스럽지만 제재를 통해 얻은 것은 거의 없었다. 심지어 어떤 측면에서는 푸틴 대통령에게 득이 되었다. 미국과 EU의 경제 제재 효과는 전략상의 목표와 비교해보면 총체적 실패였다. 러시아가 전쟁을 일으킨 목표는 아조프해와 흑해에 있는 우크라이나 연안을 통제하고 최근에 합병한 크림반도와 그 너머를 잇는 육교를 건설하는 것이었다. 이러한 목표를 달성하는 데 있어 러시아는 꾸준한 진전을 거듭하고 있다. 러시아는 우크라이나의 남쪽과 동쪽에서 우세를 굳히고 있으며 우크라이나가 NATO에 가입하지 못하게 확실히 방해하고 있다. 제재는 제대로 영향력을 미치지 못했다.

반면 제재는 글로벌 공급사슬과 물가상승에 치명적인 영향을 미쳤다. 러시아 시민들은 고물가와 상품 부족에 시달리고 있다. 미국 시민들은 경제적인 면에서 그들보다 더 큰 고통을 겪고 있다.

2022년 한 해 동안 연료비는 2배 이상, 식품 가격은 2배 가까이 올랐다. 2021년 말, 상점 내 선반이 텅텅 비는 현상은 공급사슬의 위기가 처음으로 전국적인 주목을 받았을 때보다 더 가시화되었다. 미국 시민들의 피해는 더욱 심각할 것이라고 예상된다. 중국과 사우디아라비아는 석유 거래 화폐로 중국 위안화를 허용하는 안에 대해 논의 중이다. 1974년 리처드 닉슨과 헨리 키신저는 원유 거래의 결제 통화를 달러로 일원화했는데, 사우디아라비아가 위안화로 원유 거래를 하게 되면 미국 달러의 지위는 치명적인 타격을 입을 것이다. 전 세계 국가들은 미국이 러시아나 러시아 중앙은행, 러시아 국민의 달러 자산을 쉽게 압류할 수 있으므로, 그런 상황을 대비해 미국 달러 예비금을 줄이는 방안을 고려하기 시작했다. 미국은 전쟁 때문에 그렇다고 정당화했지만 전 세계는 이를 당연히 미국 중기 채권에 대한 채무 불이행으로 보았다. 자산 동결과 다른 통화로 갈아타고 달러 표시 자산에서 멀어지고 있다. 모든 점에서 미루어볼 때 이 현상은 전 세계의 예비금과 지불통화에서 선도적인 자리를 지키던 미국 달러의 시대가 끝나간다는 조짐일 수도 있다. 달러 예비금에 대한 대안은 쉽게 등장하지 않았다. 그래도 금은 확실한 후보였다. 2022년 초 내내 금 가격은 꾸준히 상승했다. 이 경우 미국에 해를 입힌 범인은 러시아가 아니다. 미국 관료들의 무지가 피해를 자초한 것이었다. 세계 금융이 밀접하게 서로 연결되어 있으며 전면적인 경제전이 부메랑효과를 가져온다는 점에 대해 무지했기 때문이었다. 금융 제재는 국제 유동성을 감소시키고, 시장 불확실성을 증가시키며, 2008년과 비슷하게 전 세계를 경제공황에 몰아넣을 수도 있다. 물가상승은 이 부작용을 가장 먼저, 또 가장 명백하게 보여주는 지표다. 문제는 물가상승으로만 끝나지 않을 것이다.

공급사슬에 문제를 일으키는 긴 목록의 요점은 그 원인 가운데 무엇도 곧 사라지지 않으리라는 것이다. 전 세계의 금융을 쥐려고 하는 이들에게는 기후변화에 대한 경각심은 효과적이다. 에너지의 부족과 높은 가격은 학계, 정부, 은행을 수호하는 사람들이 발표한 엘리트들의 친환경 의제와 밀접하게 관련되어 있다. 이 피해는 몇 년간 지속될 것이다. 엘리트들이 어둠 속에서 추위에 얼어붙을 때까지는 전환점이 없을 수도 있다. 중국이 의식적으로 기존의 공급사슬에서 갈라서려고 하는 이유는 시진핑 주석의 불안한 입지와 궁극적으로 서방이 중국과 갈라설 것이라는 점을 솔직하게 인정하는 데서 출발한 광범위한 자립 정책의 일환이다. 중국의 갈라서기는 정권이 교체되어 중단되지 않는 한 수십 년에 걸쳐 진행될 것이고 더욱 파괴적인 영향을 가져올 것이다. 서방세계에서는 파이브 아이스가 옹호했던 민주적인 인근 국가로의 온쇼어링과 리쇼어링(생산비와 인건비 절감 등을 이유로 해외로 생산 시설을 옮긴 기업들이 다시 자국으로 돌아오는 현상 – 옮긴이)이 일어나고 있지만, 이 또한 수십 년이 걸릴 것이다. 그 결과 소비자들은 더 높은 비용을 내게 되고 비용은 더 나은 급여와 혜택을 주는 일자리와 더 높은 품질의 제품으로 상쇄될 것이다. 러시아는 또한 수십 년 동안 동유럽과 중앙아시아에 품은 야망의 끝을 보려고 할 것이다. 이는 제국 건설과 비슷한데 러시아의 경우 재건설에 해당할 것이다. 1929년 대공황의 절약 정신이 1960년대까지 사라지지 않았던 것처럼 팬데믹의 여파는 2050년대까지 지속될 것이다. 정신에 미치는 영향과 적응 행동은 바이러스보다 더 오래 지속된다. 이 모든 동향의 가장 큰 특징은 인구통계학적 재난이다. 흑사병 이후로 한 번도 보지 못했고 앞으로도 보지 못할 것이다. 인구 구조가 건전해지는 일은 2070년 또는 그 이후에도 불가능할 것이다.

1989년부터 2019년까지 공급사슬은 지난 30년간 거의 완벽에 가까웠다. 하지만 공급사슬은 고작 3년 만에 무역 전쟁, 팬데믹, 기후 위기론, 갈라서기, 에너지 부족, 지정학 및 인구학적 특성이라는 원인 탓에 와해되었다. 결국 재건될 것이지만 시간이 걸릴 문제다. 지금까지 화폐는 공급사슬에 가해진 스트레스가 전달되는 매개체였다. 2부에서는 현재 물가상승과 다가오는 디플레이션의 관점에서 공급사슬에 빚어진 차질이 화폐에 어떤 영향을 미치는지 살펴볼 것이다.

2부

SOLD OUT

화폐의
역할

물가상승은
지속될 것인가?

벽돌과 모르타르(시멘트와 모래를 물로 반죽한 것 – 옮긴이)에 투자한다는 것. 만약 투자할 만한 돈이 있다면 여전히 구미가 당기는 제안이다. 연금 수급자와 빈곤한 중산층, 그리고 하루 벌어 하루 먹고사는 노동자 계층과는 달리 생활비나 여윳돈보다 더 많은 자금이 있는 사람에게 '물건', 즉 물질적 자산을 획득하는 것은 이러한 불확실한 시대에 살아남고 번영할 수 있는 열쇠였다. 그 무엇보다 중요한 것은 내일 쓸모없어질지도 모르는 현금을 없애는 것이었다.

– 프레더릭 테일러Frederick Taylor, 《화폐의 몰락The Downfall of Money》[1]

은행에 대한 근본적인 역설은 환상적이지만 또 안정적이라는 겁니다. 모든 사람이 은행에 돈이 있다는 약속을 믿고 산다면 말이죠.

– 아담 투즈Adam Tooze, 〈원즈 앤드 투즈Ones and Tooze〉 팟캐스트(2022) [2]

인플레이션의 귀환

미국과 전 세계에 인플레이션이 돌아왔다. 2022년 7월 13일, 미국 노동부는 소비자물가지수가 9.1% 급증했으며 40년 전인 1981년 11월 이후 가장 높은 증가율을 기록했다고 보고했다.[3] 가격이 급격하게 증가한 품목을 보니 상황은 더 심각했다. 식료품 가격은 10.4% 올랐다. 난방에 사용되는 연료유는 98.5% 증가했다. 가장 눈에 띄는 가격 상승은 휘발유로 59.9% 올랐다. 5월에 8.6%, 4월에 8.3% 연이어 오른 것에 이어 6월에도 급격히 상승했다. 이례적인 일이 아니라 동향의 일부였다.

2020년 12월부터 2021년 12월까지 소비자 가격은 7% 상승했다. 1981년 이래 전년 대비 가장 높은 상승률을 기록했다.[4] 별도로 계산한 식료품 가격은 전년 대비 6.3% 상승했다. 2020년에 3.9%가 올랐을 때도 이미 높았는데 이보다 훨씬 높아졌다. 물가상승 데이터를 수집하는 미국 노동통계국은 한 바스켓에 개별 품목 수천 개를 포함시킨 뒤 카테고리 29개로 광범위하게 분류한 다음 데이터를 측정했다. 2020년 12월부터 2021년 12월까지 가장 높은 가격 인상률을 기록한 카테고리는 휘발유, 자동차, 에너지, 육류, 가금류, 생선, 달걀이었다. 즉, 가격이 가장 많이 오른 품목은 미국인이 일상적으로 구매하는 품목이었다. 물가상승은 의류나 여가 등 더 임의적인 범주에 묻히지 않았다. 주유 펌프나 계산대에서도 마주해야 했다.

개별 가격 상승이 두드러졌다. 2020년부터 2021년까지 전년 대비 휘발유 가격은 49.6%, 천연가스 가격은 24.1%, 에너지 가격은 29.3% 상승했다. 전기 요금은 6.3% 올랐다. 육류, 가금류, 생선, 달걀 가격은 12.5% 상승했다. 신차 가격은 11.8% 올랐다. 하지만 공급사슬에 빚어진 차질로 신차를 바로 받아볼 수 없는 경우도 종종 있었다. 중고차 시장으로 눈을 돌리면 비싼 가격을 보고 더 큰 충격을 받을 것이다. 2021년, 중고차와 중고 트럭 가격은 37.3% 올랐다. 중고차 가격의 역사를 살펴봤을 때 전년 대비 가장 큰 폭으로 상승했다. 가구 가격은 7.4% 올랐다. 가격 상승에 충격을 받아 담

배를 피우고 싶어졌다면 전혀 위안받을 수 없을 것이다. 담배 가격 역시 9% 인상되었다.

심지어 이런 소소한 가격 인상은 더 골칫거리였다. 혹시 3% 물가상승이 괜찮다고 들리는가? 사실은 그렇지 않다. 물가상승률이 고작 3%라 할지라도 이는 달러의 가치를 23년 안에 반으로 줄이는 것이다. 23년이면 태어날 때부터 대학 졸업까지의 시간이다. 또 대학 졸업부터 커리어를 한창 쌓을 때까지 23년이 흐르는 동안 3%의 물가상승률은 달러 가치를 또 반으로 줄인다. 결국 태어났을 때보다 달러 가치가 4분의 1로 줄게 된다. 이는 2021년에 집 가격이 4.1% 오르고, 실거주 주택 가격이 3.3% 오르고, 병원 서비스 가격이 3.3%가 오른 맥락에서 고려되어야 한다. 세상에 좋은 물가상승 같은 것은 존재하지 않는다. 물가상승은 고정 수입 또는 급여에서 돈을 훔쳐 가는 것과 마찬가지다. 도난당한 귀중품은 은행과 차입자들에게 넘어간다. 미국 정부는 세계에서 가장 많은 돈을 빌리는 차입자이기 때문에 물가상승의 최대 수혜자이기도 하다.

미국만 물가가 상승하리라는 법은 없다. 다양한 통화로 물가상승이 일어나면서 전 세계에서 인플레이션이 수면 위로 떠올랐다. IMF의 세계경제 전망에 따르면 2021년 12월 말까지 선진국 34개국 중 15개국에서 5% 이상 물가가 상승했다고 한다. 이는 20년이 넘는 세월 동안 가장 높은 수치다. 2021년 12월 유로존의 물가상승률은 연간 5%였고 같은 기간 영국의 물가상승률은 5.4%였다. 유로존의 국가를 개별적으로 살펴보면 2021년 12월 네덜란드는 6.4%, 스페인은 6.7% 물가가 상승했다. 2021년 11월 독일의 물가상승률은 6%였다. 모든 차원의 물가상승에 거부감을 가장 강하게 느끼는 국가에는 충격적으로 높은 수치였다. 2021년 12월, 독일의 물가상승률은 5.5%로 소폭 하락했지만 독일의 기준에서는 여전히 꽤 높은 수준이었다. 2021년 말까지 발트 3국에서의 물가상승은 이미 두 자릿수를 기록했다. 영국 은행은 물가상승에 대응하기 위해 미국 연방 준비 제도의 통화 긴축 정책을 따랐다. 심지어 마이너스 금리로 유명한 유럽 중앙은행은 2022년 7월 21일에 금리를 0.5% 인상하겠다고 발표했다. 물가상승이 일시적이라는 제롬 파월 Jerome Powell 연준 의장의 관점처럼 유럽 중앙은행은 물가상승의 강도가 저절로 약해질 것이라고 여겼다. 파월은 미국의 물가상승이 일시적이라는 관점을 철회했다. 유럽 중앙은행이 이러한 관점을 고수하고 그 예측이 빗나간다면 2022년 이후 유럽의 물가상승률은 더 급증할 것이다.

2021년 미국의 물가는 전년 대비 7% 증가했다. 이는 1981년 이후 가장 높은 연간 물가상승률이다. 눈에 띄는 수치이긴 하지만 맥락을 고려하면 더 골치 아프다. 21세기의 물가상승률은 사상 최저 수준이었다. 미니애폴리스 연방준비은행이 집계한 2000~2020년 소비자물가지수로 연간 물가상승률을 추적해보면 다음과 같다.[5]

년도	연간 물가상승률	년도	연간 물가상승률
2000	3.4%	2011	3.2%
2001	2.8%	2012	2.1%
2002	1.6%	2013	1.5%
2003	2.3%	2014	1.6%
2004	2.7%	2015	0.1%
2005	3.4%	2016	1.3%
2006	3.2%	2017	2.1%
2007	2.9%	2018	2.4%
2008	3.8%	2019	1.8%
2009	-0.4%	2020	1.2%
2010	1.6%		

이 21년의 기간 동안 연평균 물가상승률은 2.1%였다. 21년 중 9년은 물가상승률이 2% 미만인 것으로 나타났다. 21년 중 물가상승률이 3%가 넘는 해는 5년밖에 없었다. 측정한 연간 물가상승률 가운데 4%를 넘는 해는 단 한 번도 없었다. 2009년 그해만 마이너스 물가상승, 즉 디플레이션이 일어났다. 2021년의 물가상승률 7%는 단순히 높다고만 볼 수 없었다. 2000년대에 들어선 이후 가장 높은 수치의 두 배에 달했다. 40세 미만이라면 어른이 된 뒤 이런 수치는 처음 볼 것이다. 만약 60세 미만이라면 십 대 시절로 돌아가 이런 종류의 물가상승을 기억해내야 한다. 물가상승률은 7%, 이는 그냥 높은 수치가 아니라 일생에서 단 한 번뿐인 사건에 가까웠다. 2022년 중반까지 상황은 더 나빠졌다.

'40년 만의 역대급 인플레이션!'이라는 머리기사는 정확했지만 1970년대 후반과 80년대 초반에 일어난 물가상승에 관한 이야기가 쏙 빠져 있었다. 1981년의 물가상승률은 10.3%로 2021년의 7%와 비교했을 때 현저히 높았다. 그러나 1981년 수치가 기존의 추세에서 벗어난 것은 아니었다. 이것은 제2차세계대전이 끝난 이후 10년에 걸쳐 일어난 최악의 물가상승 현상의 일부였으며 이보다 전에 발생한 제1차세계대전의 여파가 영향을 끼쳤다. 물가상승은 다음과 같이 전개되었다.

년도	연간 물가상승률	년도	연간 물가상승률
1973	6.2%	1978	7.6%
1974	11.1%	1979	11.3%
1975	9.1%	1980	13.5%
1976	5.7%	1981	10.3%
1977	6.5%	1982	6.1%

10년 동안 평균 연간 물가상승률은 8.7%였다. 10년 중 4년은 두 자릿수 물가상승률을 기록했다. 1976년, 딱 1년만 6% 미만으로 떨어졌다. 미국의 달러는 1973년부터 1982년까지 소비자물가지수로 측정했을 때 구매력의 57%를 잃었다. 금의 무게로 측정했을 때 달러는 구매력의 75%를 잃었다. 일부 사람들은 주식시장의 호황기와 물가상승이 연관된 문제라고 추측했지만 사실은 그 반대였다. 다우존스 산업평균지수는 1973년 1월 2일에 1031.68이었고 1982년

12월 31일에 1046.54로 마감했다. 10년간 변하지 않았다는 뜻이다. 물가가 상승하는 에피소드가 발생했던 그 10년 동안 다우지수는 1975년 초에 632.04까지 하락했다. 이는 2년 전 수준보다 38% 하락한 것이었다. 물론 명목상의 하락이었다. 물가상승률에 맞춰 지수를 조정하면 하락 폭은 더 가팔랐다. 또 이 기간에는 1973년부터 1975년까지, 1980년, 그리고 1981년부터 1982년까지 불황이 세 차례 있었다. 1973년부터 1982년까지 물가상승이 남긴 것은 정체한 주식시장과 불황 세 번, 그리고 달러 구매력의 절반 미만 감소였다.

오늘날 경제학에서 가장 중요한 질문은 2021년의 7%와 2022년 중반의 9% 물가상승이 파월 연준 의장이 말하는 일시적이고 이례적인 현상인지, 또는 1970년대 후반과 80년대 초반에 발생했던 종류의 인플레이션 에피소드의 시작인지의 여부다. 당시 주식시장은 침체했고 실업률은 높았으며 달러 가치가 폭락하는 바람에 재산을 잃었다. 물가상승이 지속된다면 투자자의 반응은 간단하다. 누군가는 채권을 팔고, 레버리지를 늘리며, 부동산, 금, 미술품 등의 실물자산을 구매할 것이다. 석유 회사, 광산, 기업식 농업 등 기본 실물자산에 관련된 비상장·상장 주식에 자금을 투자할 것이다. 인플레이션이 일시적이라면 연준은 금리를 인상하거나 외부적 요인인 팬데믹 효과, 공급사슬의 실패, 성장을 방해하는 인구 감소를 확인하고 국채를 사면서 레버리지를 줄이고 주식에 더 많이 투자할 것이다. 고정 수입 상품Fixed-income Products(만기가 될 때까지 고정 금리이거나 배당금을 받다가 만기가 되면 원금을 찾는 상품. 국채나 회사채가 가장 대표적인 예 – 옮긴이) 수익률과 비교했을 때 주식이 고평가받을 수 있기 때문이다. 상황이 정말 불확실하고 물가상승이 어떻게 전개될지 확실한 견해가 없다면 투자자는 현금 보유량을 늘리고 경제에 불확실한 구름이 걷힐 때까지 관망할 것이다. 통화는 수출입 가격과 무역 조건을 통해 컨베이어 벨트처럼 인플레이션과 디플레이션을 한 국가에서 다른 국가로 옮기는 작용을 한다. 글로벌 자산을 배분하는 회사들은 위에 언급한 요소를 저울질해보면서 선택한 기준 통화나 금에 환율 변동을 적용할 것이다. 예측하는 것이 어렵지 대응하기는 쉽다. 인플레이션은 작사가 그룹 더 클래시The Clash의 전 멤버 믹 존스Mick Jones가 1981년에 쓴 가사와 같은 질문을 던졌다. "여기 있어야 할까요, 가야 할까요?"

가장 효과적인 예측 분석은 기존 데이터의 추세를 활용해 그래프상에서 일직선으로 값을 예측하는 방식인 선형 외삽법에 기대지 않는다. 운이 좋아서 맞아떨어지는 드문 경우를 제외하고는 결과에 항상 결함이 있기 때문이다. 그렇다고 과거가 미래에 교훈을 주지 못한다는 말은 아니다. 물가상승의 역사는 물가상승 동향을 예측하는 데 아주 귀중한 교훈을 준다. 하지만 단순히 동향의 예측을 통해서만 분석값이 얻어지는 것은 아니다. 평상시의 요인을 식별하고, 이러한 요인을 노드 네트워크로 연결하고, 각 노드에 데이터와 자연어 입력값을 채우며, 노드의 산출 값의 방향과 강도를 추정하고, 이러한 산출 값을 단일 물가상승 예측에 종합함으로써 도출되는 것이다. 쉽게 말해 역사가 중요한 이유는 똑같은 일이 두 번 일어나서가 아니라 어떤 일이 발생한 이유를 도출할 수 있기 때문이다. 사람들, 심지어 정책 입안자들도 역사로부터 배울 수 있다. 행동은 적응적이다. 사회가 1970년대 말 물가상승과 같은 부정적인 국면을 보일 때 관료들은 그런 일이 다시 일어나서는 안 된다고 결의한다. 그렇다고 물가상승이 다시 일어나지 않는다는 뜻도 아니고 관료들이 실수를 반복하지 않는다는 뜻도 아니다. 관료들은 늘 실수를 되풀이한다. 하지만 특정한 반응 함수, 그러니까 어떤 물리학적 계의 특성이 외부 작용에 대해 어떻게 변화하는가를 기술하는 함수를 사용하면 정책과 타이밍의 측면에서 잘 예측할 수 있다는 것이다. '외양간을 고치는' 분야에서 박사가 되는 것과 비슷하다. 함수를 잘 분석하면 언제 외양간을 고치면 될지 쉽게 예측할 수 있다. 그러면 앞으로 일어날 일을 대비할 때 남보다 유리한 지점에서 출발할 수 있을 것이다.

1970년대 중반에 일어난 급격한 인플레이션은 1960년대 중반 이후부터 계속되었던 다섯 가지 인자에 근원을 두고 있다. 바로 위대한 사회Great Society(1964년 린든 B. 존슨 대통령이 가난과 인종차별을 없애는 것을 목표로 행한 미국의 정책—옮긴이) 정책과 베트남 전쟁 국방비 지출(1964년), 베이비 붐(1966년), 금본위제의 종식(1971년), 닉슨의 재선(1972년), 아랍 석유 수출국 기구의 원유 수출 금지(1973년)가 바로 그것이다. 일련의 사건들은 시한폭탄이 터지기 전 카운트다운하는 것과 다름없었다. 그 폭탄은 결국 1973년과 1974년 사이에 터졌다. 한 사건을 유발하는 인자가 같다고 해서 일이 같은 순서로 반복되는 것은 아니다. 하지만 이러한 인자들은 여전히 일반적인 성격을 띠고 어떤 기간에든 적용될 수 있다. 1964년에서 1973년까지 일어난 일들의 순서를 일반화해보자면 적자 지출, 인구학적 특성, 통화정책, 정치, 그리고 공급 충격이라고 설명할 수 있다. 이는 분석 모델의 시작점이다. 여기서부터 분석을 쌓아올리면 된다.

1973년에 물가는 엄청나게 상승했다. 하지만 원인 없이 물가가 상승한 것은 아니다. 물가상승률은 1972년에 3.3%로 진정되기 전까지, 1969년에는 5.5%, 1970년에는 5.8%까지 치솟았다. 1969~1970년의 물가상승 수치는 1959년부터 1965년까지의 수치와 극명하게 대비되었다. 그 시기 물가상승률은 1.6%를 초과한 적이 없었다. 다시 말해 일찍이 1969년에 물가상승이 문제가 되고 있다는 분명한 징후가 있었지만 사람들은 대부분의 징후를 무시했다. 이는 연준과 재정정책 전문가들이 경제를 '미세하게 조정'할 수 있다는 믿음 때문이었다. 1969~1970년, 가벼운 불황도 막 태동하던 물가상승의 싹을 틔우는 데 일조했다. 예측 분석에서 우리가 얻을 수 있는 교훈은 다음과 같다. 주요 사건이 일어나기 전에 언제나 이를 경고하는 분명한 전조가 있다는 점이다. 가장 좋은 방법은 경고를 중요하게 생각하고 이를 이례적인 현상으로 취급하지 않는 태도다.

물가상승률의 예측만 어려운 것이 아니다. 정책적 대응이 어떻게 기능할 것인지, 그리고 어떤 여파가 미칠 것인지 예측하는 일도 중요하다. 이때 역사가 도움이 된다. 1979년 8월에 연준 의장이 된 폴 볼커Paul Volcke는 잔인할 정도로 재정을 긴축하는 정책을 주도함으로써 1973~1982년의 물가상승에 대응했다. 연준 의장이 이끄는 연방공개시장위원회Federal Open Market Committee, FOMC(연준 정례회의 - 옮긴이)는 통화정책을 활용해 연방 기금의 금리를 조정한다. 이 금리는 은행이 다른 은행에 준비금을 빌려줄 때 하루 동안 적용되는 금리다. 볼커가 의장이 되었을 때 실질 연방 기금의 금리는 10.94%였다. 1979년 8월 14일에 볼커는 목표 금리를 11%로 올렸다(자세히 말하자면 10.7%에서 11.25%로 올렸다). 그리고 실질 금리가 1981년 1월에 19.08%에 도달할 때까지 단계적으로 목표치를 상향했다. 1981년 10월, 미국 중기 국채는 15%의 만기수익률을 기록했다. 1982년 6월 말, 연방 기금의 실질 금리는 여전히 14.15%였다. 금리는 1982년 9월까지 10% 이하로 떨어지지 않았다. 볼커의 충격요법은 효과가 있었다. 물가상승률은 1983년 3.2%까지 떨어졌고 1986년에는 1.9%까지 잠잠해졌다. 이것은 일반적으로 대안정화Great Moderation의 시작이라고 간주되었다. 대안정화 기간 내내 연간 물가상승률은 2021년까지 6%에 도달한 적이 없었고 35년 동안 뚜렷하게 4% 미만을 유지해왔다.

볼커는 물가상승과의 싸움에서 승리했지만 그 대가로 급격한 비용을 치러야 했다. 1980년 1월, 미국 경제는 볼커의 금리 인상이 시작된 지 5개월 만에 침체에 빠졌다. 침체는 6개월 만에 끝났다. 고점과 저점을 비교했을 때 GDP는 2.2% 감소했으며 실업률은

7.8%에 달했다. 1981년 7월부터 1982년 11월까지 더 심각한 침체가 이어졌고, 그 기간 GDP는 고점과 저점을 비교했을 때 2.7% 감소했으며 실업률은 10.8%에 달했다. 경제학자들은 1980년, 그리고 1981~1982년의 불황을 종종 하나의 긴 불황으로 보거나 더블딥(경기가 일정 수준으로 회복한 뒤에 다시 침체에 빠지는 현상-옮긴이)이라고 부른다. 대공황 이후 미국 경제가 최악으로 붕괴한 순간이었다. 1983년에 경제가 회복되면서 열매를 맺기 시작해 1986년 내내 미국 역사상 가장 큰 경제성장을 했다. 1990년 7월에 경제가 완만하게 후퇴할 때까지 성장은 지속되었다. 1991년에는 다시 성장하기 시작했고 2001년에 완만한 경제침체가 발생할 때까지 10년간 성장세가 계속되었다. 그 뒤 경제는 2008년에 세계 금융 위기가 닥칠 때까지 6년 연속으로 성장했다. 볼커의 실험은 잔인했지만 25년 가깝게 연속 성장했고 물가성장률은 낮았다. 볼커가 연준 의장일 때 얻은 시장의 교훈은 오늘날까지 회자되고 있다. 바로 높은 물가상승률은 어떤 대가를 치르더라도 억제해야 하며 장기간에 얻을 수 있는 이익은 부질없다는 점이었다.

이 역사는 60년간 높은 물가상승을 연대기적으로 보여준다. 낮은 물가상승률과 적자 지출 규모 증가(1965년)는 물가상승을 경고하는 초기 징후였다(1968~1969년). 물가상승이 본격화되면서(1973년) 정점에 도달했으며(1980년), 점차 통제가 가능해지기 시작했다(1983년). 수십 년 동안 낮은 인플레이션을 유지하고 인플레이션 기대치를 적정하게 관리할 수 있었다(1984~2020년). 2008년 금융 위기와 2020년 팬데믹이 발생하자, 1983년부터 꾸준히 성장하던 경제의 패턴은 깨졌지만 낮은 물가상승률이라는 패턴은 깨지지 않았다. 주식시장이 바닥을 친 2009년의 물가상승률은 마이너스 0.4%였고 2020년의 물가상승률은 1.2%에 불과했다. 고물가상승률을 경고하는 첫 번째 신호는 2021년의 물가상승률 7%였다. 1968년과 비교해볼 수 있을지도 모른다.

물가상승의 역학

우리는 더 높은 물가상승률을 유발할 수 있는 요인 네 가지를 식별해보았다. 바로 적자, 인구학적 특성, 통화정책, 정치 및 공급 충격이었다. 현재 상황에서 이러한 요인을 살펴보기 전에 이 요인이 어떻게 작동하는지 그 역학을 고려해봐야 한다. 달리 말해 로켓 연료를 다섯 가지 요소라고 한다면 로켓은 어떻게 작동할까? 발사대에서 로켓 폭발을 막는 밸브, 호스, 개스킷, 절연체란 무엇일까? 실패했을 때 큰 문제를 일으킬 시스템은 무엇인가? 이 중 두 가지를 자세히 살펴보고 물가상승을 유발하는 요소 다섯 가지를 다시 짚어보자.

시스템을 구성하는 첫 번째이자 가장 중요한 요소는 속도다. 통화유통속도는 화폐의 회전율을 측정할 때 쓰는 전문용어다. 사람들이 얼마나 돈을 빨리 쓰고 있는지를 알려준다. 정의는 간단하다.

GDP를 통화량으로 나누면 얻어지는 값은 통화량의 속도다. 예를 들어 GDP가 24조 달러이고 통화량이 8조 달러라면 속도는 3이다 (24÷8=3). 물론 화폐의 경제학은 그리 간단한 문제가 아니다. 계산 전에 통화량을 정의해야 한다. 연준은 소위 M0(중앙은행이 공급하는 현금통화-옮긴이)라고 부르는 본원통화를 찍어낸다. 또한 M1(통화, 요구불예금, 입출금이 자유로운 계좌 같은 유동성 예금)이라고 불리는 협의통화와 M2(M1에 소액 정기 예금 및 머니마켓펀드를 더한 것)라고 불리는 광의통화를 발행한다. 통화량에 대한 정의는 상당히 다르기 때문에 측정한 속도 값도 다르다. 책의 목적에 맞게 여기서 우리는 M1을 사용할 것이다. M2와 가깝고 미국인들이 매일 쓰는 돈과 가장 밀접하기 때문이다. GDP의 경우 미국 상무부가 2021년 12월 31일에 보고한 값과 거의 정확히 일치하는 24조 달러를 사용할 것이다. GDP 24조 달러를 2021년 12월의 M1값, 20조 6천7백억 달러로 나누면, M1의 속도는 1.16이다. 즉, M1 1달러당 GDP 1.16달러에 해당한다. 충격적인 부분은 다음이다. 통화유통속도는 2008년 이후 붕괴한 상태다. 최악의 국제 금융 위기가 닥치기 이전인 2007년 4분기 말의 통화유통속도는 10.70이었다. 2007년 12월에 M1 1달러는 10.70달러의 재화와 서비스에 해당했다. 그때와 비교하면 오늘날은 1.16달러다. 통화유통속도는 국제 금융 위기가 닥치면서 급하강했다. 주식시장이 폭락하고 2007~2009년 경기 침체 이후 2009년 9월 30일까지 8.70으로 떨어졌다. 이는 통화유통속도가 오랫동안 느리게 감소하는 시작에 불과했다. 통화유통속도는 팬데믹이 일어나기 바로 직전인 2020년 1월까지 5.23으로 느려졌다. 이는 2007년 말의 절반에도 못 미치는 수준이었다. 경제를 성장시킬 수 있는 화폐의 능력은 더운 날씨에 녹는 얼음처럼 맥을 잃었다. 그다음에 일어날 일은 26미터와 28미터쯤에서 점프하는 레드불 클리프 다이빙 대회와 흡사하다. 통화유통속도는 2020년 1월부터 2020년 9월까지 수직으로 하강했다. 2020년 3분기 말, 6개월의 락다운과 격리 기간이 끝난 뒤 통화유통속도는 1.25였다. 올라갈 조짐이 보이지 않았고 그 뒤로도 소폭 하락했다. 2007년 12월 31일부터 2020년 12월 31일까지 통화유통속도는 89%나 떨어졌다. 간단히 말해 우리가 가진 돈은 더 이상 제 기능을 못하게 되었다.

정책적 함의는 상상도 할 수 없을 정도지만 이런 일이 발생한 이유는 간단했다. 우리는 2008~2009년의 국제 금융 위기 때 베어스턴스Bear Stearns(월가의 5대 투자은행), 패니매Fannie Mae(미국의 종합금융회사), 프레디맥Freddie Mac(미국의 종합금융회사), 리먼 브러더스Lehman Brothers, AIG 등 주요 금융기관이 순차적으로 붕괴하는 현상을 목격했다. 모건스탠리와 골드만삭스 등 주요 투자은행이 망하는 것은 시간문제였다. 주요 투자은행들은 은행지주회사(한 은행 또는 복수의 은행 주식 25% 이상을 보유한 회사 - 옮긴이)로 빠르게 사업 내용을 전환함으로써 연준의 보호 장막 아래 있을 수 있었고 덕분에 구제받을 수 있었다. 주요 은행들은 긴급 구제를 받았지만 개인과 소규모 사업장은 그렇지 못했다. 실업률은 치솟았고 실패한 사업의 수는 배로 증가했다. 주식시장은 폭락했으며 경제는 제2차세계대전 이후 최악의 불황을 겪었다. 미국인들은 이에 대응해 지출을 줄이고 경제학자들이 예비적 저축Precautionary Saving이라고 부르는 방안을 채택했다. 즉, 계속해서 어려운 상황이 지속되거나 예기치 않게 어려워질 경우를 대비해 평소보다 저축을 늘리는 것을 의미한다. 소득이 떨어지고 저축이 증가하면 당연히 소비할 수 있는 돈도 줄어든다. 이것이 통화유통속도를 떨어뜨리는 주요 원동력이었다.

결국 급격하게 낮아진 통화유통속도는 2009년부터 2019년까지의 물가상승률이 낮게 유지될 것이라는 단서였다. 미국 역사상 가장 기간이 긴 경제 회복기이자 회복 강도가 가장 약했던 시기였다. 통화주의자들과 고전적인 오스트리아학파(자유지상주의, 신자유주의를 주축으로 한 경제학파-옮긴이)는 11년 내내 물가상승이 임박했다고 경고했다. 이 경고는 1963년에 통화주의자 밀턴 프리드먼Milton Friedman이 남긴 유명한 어록에 잘 묘사되어 있다. "물가상승은 언제 어디서나 화폐적 현상이다." 프리드리히 하이에크Friedrich Hayek와 루드비히 폰 미제스Ludwig von Mises를 따르는 오스트리아학파도 같은 견해를 고수했다. 그런데도 오스트리아학파의 관점은 프리드먼의 단순한 관점보다는 상대적으로 정교했다.

2009년 이후의 경기회복 과정에서 등식의 통화 측면에 대한 의문은 없었다. 연방준비제도의 본원통화 규모는 리먼 브러더스가 2008년 9월 15일에 파산하기 전인 2008년 6월에 8천4백억 달러였다. 연준이 QE, 즉 QE1, QE2, QE3로 양적 완화를 단계적으로 추진함에 따라 이 수치는 2009년 1월에 1조 7천억 달러로, 그리고 2014년 8월에 4조 달러로 증가했다. 이러한 정책과 경고에도 불구하고 물가는 상승하지 않았다. 2009년부터 2019년까지 물가상승률은 3.2%를 넘지 못했고(2011년에는 넘었다), 11년 가운데 7년은 2% 미만으로 떨어졌다. 연준이 6년 만에 본원통화량을 375%나 늘렸는데도 왜 상당한 수준의 물가상승이 일어나지 않았을까? 바로 통화유통속도가 40% 이상 떨어졌기 때문이었다. 통화유통속도는 2014년부터 2021년까지 훨씬 더 느려졌다.

조지프 슘페터Joseph Schumpeter(오스트리아-헝가리 출신의 미국 경제학자-옮긴이)가 '미국이 낳은 가장 위대한 경제학자'라고 평가한 전설적인 어빙 피셔Irving Fisher만이 통화-물가상승률 분석을 제대로 했다는 것이 밝혀졌다. 밀턴 프리드먼이 등장하기 훨씬 전, 피셔는 화폐 수량설의 선구자였고 나중에는 통화주의라 알려진 이론을 주창했다. 피셔는 통화량만 물가상승을 유발하는 요소가 아니라는 사실을 밝혔다. 물가상승을 유발하는 요소는 돈과 통화유통속도의 조합이었다. 통화유통속도는 중앙은행이 제어할 수 있는 범위 밖에서 일어나는 행동적 현상이었다.

가장 단순하게 화폐 수량설을 설명해보겠다.

$$M \times V = P \times Y$$

여기서 각각의 알파벳의 뜻은 다음과 같다.

M = 통화량

V = 통화유통속도

P = 물가지수

Y = 실질 생산량

실질 생산량(Y) 곱하기 물가지수(P, 인플레이션 또는 디플레이션을 뜻할 수 있다)는 명목 GDP와 같다. 명목 생산량(P×Y)은 통화량 곱하기 통화유통속도(M×V)다. 물가가 상승하면 명목 생산량은 실질 생산량보다 더 커진다.

프리드먼은 선진국 경제에서의 실질 생산량을 연간 3%로 제한하는데 이는 합리적인 가정이었다. 나아가 P가 1이 되어야 한다고 주장했다. 이는 실질 생산량과 명목 생산량이 일치해야 한다는 뜻이다. 인플레이션이나 디플레이션이 없는 상태이며, 연준은 2% 물가상승을 선호하긴 하지만 이 역시 합리적인 목표이다(아무도 알아채지 못할 것이라는 희망을 품고 소액의 돈을 훔치는 것과 같다). 가정 중 프리드먼이 잘못 짚은 점은 통화유통속도가 일정하다는 것이다. V가 일정하고 P가 1을 목표로 한다면 M을 제어함으로써 Y를 바꿀 수 있다. 프리드먼은 통화량을 위아래 버튼을 눌러 원하는 온도를 맞출 수 있는 온도조절기와 같다고 생각했다. 가정이 그렇다면 물가상승은 언제 어디서나 화폐적 현상이라고 말하는 것이 타당하다.

피셔는 이를 잘 알고 있었고 통화유통속도가 일정하지 않다는 점을 이해했다. 그는 통화유통속도는 소비자와 투자자 간의 심리학이 낳은 산물이라고 여겼다. 통화유통속도는 최근 인플레이션에 대한 소비자의 경험에 기반했다. 소비자는 그 경험을 바탕으로 즉시 결정을 내렸다. 소비자가 물가상승과의 싸움에서 이기려고 경쟁하기 때문에 최근 물가상승에 대한 경험은 추가적인 물가상승을 낳는 재귀 함수(원래 자리로 회귀하는 것을 의미 – 옮긴이)를 창조했다. 사회학의 대가 로버트 K. 머튼Robert K. Merton이 자성예언이라고 이름 붙인 현상의 예였다. 1970년대 말부터 1980년대 초반까지 나는 일을 하면서 경력을 쌓던 때였다. 새 차나 가구가 필요하면 빨리 사야 했다. '가격이 오르기 전에' 물건을 사려는 동기가 있었다. 경제학자들은 이러한 행동을 수요 견인 인플레이션이라고 부른다. 물가가 오른다는 공포는 수요를 견인한다. 물론 이 행동은 공급 부족을 일으키고 값을 다투어 올리며(소비자가 공급이 부족한 아이템을 경매처럼 경쟁하기 때문이다) 통화유통속도를 높인다. 한 물건을 사자마자 다른 물건도 가격이 오르기 전에 빨리 사버린다. 물가가 금리보다 더 빨리 상승한다면 빚을 내는 것은 돈을 버는 방법이었다. 볼커는 이자율을 20%로 올려 심리를 변화시켰고, 노동자의 10%가 실직하게 되었으며, 불황을 두 번 겪는 동안 GDP가 5% 감소했다. 효과가 있었지만 그 대가는 엄청났다. 그 이후로 물가상승이 크게 일어나지 않았다는 것은 연준이 쓰는 용어에서 나타난다.

피셔가 통찰력을 발휘해 결론 내린 세 번째 요점은 통화유통속도와 행동에 관한 관점보다 훨씬 더 중요하다. 그는 화폐 수량설이 화폐 자체의 정의에 결정적으로 영향을 미친다는 점을 이해했다.

피셔는 '화폐 환상'이라는 표현을 선보였다. 화폐 환상이란 화폐의 가치가 변하지 않을 것으로 생각하고 실질적인 가치의 증감을 인식하지 못하는 현상이다. 화폐의 명목 가치와 실질 가치의 차이를 강조하기 위한 것이었다. 그 차이를 만드는 것은 인플레이션이다. 인플레이션은 처음에는 천천히 진행될 수 있고 다른 품목보다 일부 재화와 서비스에 먼저 나타날 수 있기에, 소비자는 종종 인플레이션이 발생하리라는 것을 보지 못하고 실제로 줄어들고 있는 명목 가치에 매달리게 된다. 피셔는 연준이 통제하는 본원통화가 통화유통속도나 인플레이션을 계산하는 데 적합한 잣대가 아니라고 밝혔다. 그리고 오늘날의 M1 통화량과 더 가까운 지표를 사용하자고 주장했다. 이 둘의 차이는 규모뿐만이 아니다. M0는 중앙은행이 발행한 통화다. M1은 시중 은행이 푸는 통화다. M0가 중요하지 않다면 중앙은행이 중요하지 않은 것이 된다. M0도 중앙은행도 힘이 없는 것은 마찬가지다. 여기서 중요한 것은 대출자 역할을 하는 시중 은행과 신규 대출을 받고자 하는 대출자들의 욕구다. 중앙은행이 맡은 역할 중 유일하게 중요한 것은 시중 은행이 공황에 빠졌을 때 이 은행들을 지원하는 일이다. 시중 은행과 시중 은행에서 대출받은 대출자들은 통화량과 물가상승의 동인이다. 다시 말해 중앙은행의 화폐 찍어내기보다 이러한 행동이 물가상승의 원인이 된다는 것이다.

연준이 화폐를 찍어내는 것은 물가상승과 거의 연관이 없다. 시중 은행의 신용 창출Money Creation(중앙은행이 공급한 돈이 시중 은행

대출과 예금 과정을 통해 증폭되는 현상—옮긴이)과 더 관련성이 높다. 소비자 인플레이션의 심리학이 그 무엇보다 가장 관련이 있으며, 이는 연준이 2009년부터 2019년까지 대차대조표를 부풀렸을 때 인플레이션이 나타나지 않았던 이유이기도 했다. 게다가 연준의 긴축에도 불구하고 오늘날 인플레이션이 일어날 수 있는 이유이기도 하다. 연준은 책임지지 않는다. 정치인이자 영화배우인 제임스 카빌James Carville의 말을 빌려보면 다음과 같다. "사람들의 심리 때문이야, 멍청아."

물가상승을 유발할 수 있는 또 다른 시스템적 요인은 기저 효과다. 미국 노동통계국Bureau of Labor Statistics이 물가상승률을 계산할 때는 보고 기간(일반적으로 매월)의 물가상승을 살펴본 뒤 전년도의 같은 기간과 비교한다. 예를 들어 2021년 12월의 물가상승률은 2020년 12월의 물가상승률과 비교해 측정한 뒤 연율年率로 환산해 발표한다. 머리기사나 금융 TV에서 등장하는 수치다. 미국의 인플레이션은 2021년 4월에 전년 대비 물가상승률이 4.2%로 2008년 9월 이후 최고치를 기록하면서 주목받았다. 이러한 물가상승률은 연내 지속될 것이다. 5월에는 5%, 6월에는 5.4%를 기록한 뒤 마침내 2021년 12월에는 7%에 도달했다. 이러한 물가상승률은 매해 산출되었다. 이는 2020년 월 단위 물가상승률을 기준점으로 잡아 2021년 수치를 계산했다는 뜻이다. 물론 2020년은 팬데믹의 첫 번째 해이자 광범위한 봉쇄가 일어난 첫 번째 해였다. 2020년 2분기에는 1946년 이후 최악의 경제 붕괴가 일어났다. 2020년 4월부터

6월까지의 물가상승률을 살펴보면 약점이 보인다.

시기	전년 대비 물가상승률
2020년 4월	0.3%
2020년 5월	0.1%
2020년 6월	0.6%

　이렇게 떼어놓은 3개월은 2020년 중 경기가 가장 심각하게 침체했고 가장 락다운 정도가 심했던 시기에 해당한다. 이 인플레이션 수치는 2015년 이후 가장 낮았다. 2021년 인플레이션이 낮은 기준이었던 전년 대비 큰 폭으로 증가한 것은 전혀 놀랍지 않다. 물가상승률이 상당히 낮은 해의 다음 해에 물가상승률이 올라가는 일은 기저 효과(경제지표를 평가하는 과정에서 기준 시점과 비교 시점의 상대적인 수치에 따라 그 결과에 큰 차이가 나타나는 현상 – 옮긴이)라고 불리는 통계상의 기이한 현상이다. 예외가 있긴 하지만 인플레이션이나 디플레이션의 수준이 해마다 크게 다르지 않기 때문에 기저 효과는 일반적으로 완화된다. 새로운 인플레이션의 동향에서 통계적으로 기저 효과를 분리해 생각하기는 쉽지 않다. 그래도 가장 믿을 만한 분석에 따르면, 2021년 4월, 5월, 6월 인플레이션의 원인 중 반은 기저 효과였고 또 다른 반은 물가가 또다시 상승해서였다. 이는 2021년 4월의 물가상승률이 4.2%였는데 이 중 2.1%는 신규 물가상승이고 2.1%는 기저 효과였다고 간주할 수 있다. 마찬

가지로 기저 효과를 떼어놓고 보면 2021년 5월과 6월의 신규 물가 상승률은 각각 2.5%, 2.7%다. 여전히 높은 수치이지만 머리기사에 등장하는 수치보다 덜한 문제였다. 연준은 금리 정책의 관점에서 특별한 우려를 나타내지 않았다. 파월 연준 의장은 인플레이션이 '일시적'이라는 생각을 받아들였기 때문이었다. 인플레이션이 곧 사라질 것이라고 생각했다.

하지만 현실은 그렇지 않았다. 미국 GDP는 2020년 2분기에 역사상 최악의 마이너스 성장을 기록하며 하락했다(연율로 환산 시 -31.4%다). 3분기에는 역사상 가장 빠르게 회복했다(연율로 환산 시 33.4%다). 불황은 끝났고 기저 효과는 희미해졌다. 2020년 8월까지 물가상승률은 1.3%였다. 9월에는 1.4%였고 10월에는 1.2%였다. 이는 2021년에 전년 대비 물가상승률 수치가 누그러지리라는 점을 시사한다. 하지만 그런 일은 일어나지 않았다. 2021년 8월, 9월, 10월의 물가상승률은 각각 5.4%, 5.4%, 6.2%였다. 인플레이션이 누그러질 것이라고 기대했던 사람들은 더 이상 기저 효과에 기댈 수 없었다. 전년 대비 물가상승률은 높았고 계속 증가하고 있었다. 기저 효과가 아닌 새로운 힘이 인플레이션 수치를 더 높게 견인했다. 2021년 11월 30일 의회에서 일시적인 인플레이션에 관해 질문을 받자 파월은 "이제 그 단어를 그만 쓸 때가 된 것 같다"라고 답했다. 그 무렵 연준은 이미 테이퍼링을 시작했고 금리 인상 전망을 상향 조정했다. 2022년 3월까지 테이퍼링이 끝났고 금리를 인상하는 새로운 물결이 일었다. 인플레이션을 누그러뜨리기 위한 싸움이 시작되었다.

이제 우리는 앞서 말한 요인 다섯 가지(적자, 인구학적 특성, 통화정책, 정치, 공급 충격)와 시스템을 구성하는 요소(통화유통속도, 기저 효과)를 살펴봄으로써 인플레이션이 어디를 향해갈 것인지 추론해볼 것이다.

먼저 적자를 살펴봐야 한다. 왜냐하면 대중이 잘 이해할 수 있고 또 경제성장에 미치는 영향이 명백하기 때문이다. 미국은 2022년 2월 1일, 미국 국가 채무가 사상 처음으로 30조 달러를 돌파했을 때 처음으로 과거와는 다르다고 선을 그었다. 이 수치 자체는 인상적이지만 경제 생산량의 맥락에서 살펴보지 않는다면 큰 의미는 없다. 사소한 빚이라도 그 빚을 갚을 수단이 없으면 파산에 이를 수 있다. 하지만 이자를 갚을 수 있고 신용도가 높아 만기되는 금융 상품의 상환을 연장해줄 만큼 생산량과 유동성이 어마어마하다면 부채가 커도 감당할 수 있다. 이 점을 염두에 두고 부채를 살펴볼 수 있는 가장 좋은 방법은 GDP 대비 부채 비율을 보는 것이다. 부채를 갚을 수 있는 총소득이 있는지 맥락을 보는 것이다. 분석에는 측정치가 유용하게 사용되지만 마음이 편해지지는 않는다. 2021년 12월 31일 기준 미국 연간 GDP의 최고 추정치는 24조 달러였다. 미국 GDP 대비 부채 비율은 125%(30조÷24조=1.25)였다. 2021년 12월 31일을 기준으로 했을 때 또 다르게 추정해보면 129%였다. 이러한 수치(그리고 미래 예상 수치)는 미국 역사상 가장 높은 수치로 제2차세계대전이 끝난 뒤 119%였을 때보다 훨씬 더 높았다.

2부 화폐의 역할

미국은 느리고 꾸준한 물가상승과 고성장이라는 두 가지를 축으로 제2차세계대전의 부채를 해소할 수 있었다. 1981년에 로널드 레이건이 대통령에 취임했을 때 부채 비율은 31%로 낮아졌다. GDP 대비 부채 비율은 레이건 정부-부시 정부의 41년 동안 61% 까지 상승했고, 클린턴 정부-부시 정부의 43년 동안은 그 수준을 유지하다가 2008년에 68%로 마무리되었다. 오바마 정부부터 트럼프 정부까지 부채 비율은 급증했다. 오바마 전 대통령은 2009년 긴급 구제Bail Out(베일 아웃이나 긴급 구제 금융이라고 부른다. 재정 위기에 처한 기업이나 국가에 대한 긴급 구제를 의미한다-옮긴이)에 비용을 지출하면서 105%까지 비율을 끌어올렸다. 트럼프 전 대통령은 이를 129%까지 올렸는데 주요 이유는 2020년 팬데믹 대응을 위한 비용 지출이었다. 바이든 대통령은 인프라 지출을 늘림으로써 부채 비율을 더 높이고 있다. 말로는 인프라 지출이라고 하지만 대부분은 그린 뉴딜 계획에 쓰인다. 1946년과 2022년의 차이점은 제2차세계대전이 끝나고 독일과 일본은 폐허가 되었고 영국은 파산했으며 러시아와 중국은 공산주의 지도자 휘하에 있던 반면, 미국은 산업이 번영하고 재정이 부강해졌다는 점이었다. 미국은 그 자체로 세계경제의 앞마당이었다. 정책 입안자들은 어떤 정책을 쓰면 될지 알고 있었다. 시간이 좀 걸렸을 뿐이었다. 오늘날 미국은 모든 분야에서 경제적 경쟁에 직면해 있고 별다른 계획이 없는 상태다. 다른 맥락을 살펴보자면 GDP 대비 부채 비율이 미국과 비슷하거나 높은 수준인 주요국들은 캐나다(118%), 프랑스(116%), 그리스(206%),

포르투갈(134%), 이탈리아(156%), 싱가포르(131%), 스페인(120%)이다. 중환자실로 향하고 있는 국가는 레바논(172%)과 베네수엘라(350%)다. 선진국 중에서 일본의 부채 비율은 266%에 달한다. 이에 비해 호주의 비율은 25%로 괜찮은 수준이고 독일은 관리 가능한 정도인 70%다. 이러한 비율은 중앙정부의 부채를 기반으로 측정된다. 중국의 경우 중앙정부, 성쏢 정부, 국영기업, 그리고 국가가 통제하는 은행 간 경계가 흐리다. 중국의 공식 부채 비율은 67%지만 적절한 분석 결과 300% 정도로 볼 수 있다. 미국은 그리스, 포르투갈, 이탈리아와 같은 그룹에 있다. 이제 거울을 볼 때가 된 것 같다.

인플레이션을 분석할 때 GDP 대비 부채 비율은 중요할까? 답은 중요하기도 하고 중요하지 않기도 하다. 단기적으로는 중요하지 않을 수 있다. 높은 GDP 대비 부채 비율이 경제성장을 둔화시키고 인플레이션을 완화하는 길(디스인플레이션)로 경제를 이끈다는 것을 보여주는 광범위한 경제 문헌이 있다. 현대 통화 이론Modern Monetary Theory(정부가 통화를 독점하고 있으며, 정부가 납세와 저축을 위해 필요한 금융 자산을 충분히 공급하지 않기 때문에 실업이 발생한다고 설명하는 거시 경제 이론-옮긴이)을 옹호하는 뉴욕주립대학교의 유명 경제학 교수인 스테퍼니 켈턴Stephanie Kelton은 국가 채무는 가계 부채와 다르기에 인플레이션이 발생하지 않는 한 국가는 원하는 만큼 지출할 수 있다고 주장했다. 인플레이션이 등장하는 시점에서는 세율을 높여 인플레이션을 잠재울 수 있다는 것이다.[6] GDP

대비 높은 부채 비율이 미치는 영향은 5장에서 살펴볼 것이다. 지금은 GDP 대비 부채 비율이 높은 국가들의 물가는 거의 하룻밤 사이에 하락했다가, 시민들과 채권자들이 이 상황에서 탈출하는 유일한 방법이 인플레이션임을 갑자기 깨닫게 되면 디스인플레이션(또는 디플레이션)에서 하이퍼인플레이션으로 건너뛴다는 정도로 알아두자(국가가 찍어내지 않는 통화로 부채가 있을 때 채무 불이행을 선언하는 것은 선호되는 방법이다. 부채가 국내 통화로 되어 있다면 채무 불이행을 선언할 필요는 없다. 부채를 갚을 때 필요한 돈을 찍어내기만 하면 된다). 현대 통화 이론의 분석은 미국 경제를 폐쇄적인 시스템으로 취급한다는 점에서 결함이 있다. 사실은 그렇지 않다. 외환 거래 때문에도 거의 하룻밤 사이에 인플레이션이 일어날 수 있다. 이는 켈턴 교수와 같은 학파의 경제학자들이 교훈을 얻지 못했다는 점을 보여준다. 단기적으로 높은 부채 수준은 인플레이션을 유발하지 않는다. 장기적으로는 거의 반드시 인플레이션이 일어난다. 하나의 단계에서 다른 단계로의 전환은 예상하지 못한 순간에 갑자기 일어난다. 헤밍웨이가 설명한 파산이 일어나는 과정이 떠오를지도 모른다. 모든 단계의 전환이 그렇듯 언제 일어날지는 모르지만 결과는 확실하다. 냄비가 끓는 것을 보는 것과 비슷한 논리다. 그저 시간이 걸린다.

부채와 마찬가지로 인구학적 특성은 강력하지만 느리게 움직이는 힘이다. 부채와는 달리 인구 통계는 아주 정밀하게 예측할 수 있다. 2042년이면 마흔 살이 될 사람들은 지금 모두 살아 있다. 이 수치에 통계적으로 신뢰할 수 있는 사망률을 뺀다. 어떤 영향을 미칠지는 의견이 분분하지만 어쨌든 우리는 그 수치를 알고 있다. 경제성장을 선호한다면 매력적으로 보이지는 않을 것이다(많은 엘리트는 경제성장을 선호하지 않는다). 이 주제를 아주 잘 설명하는 두 가지 작품은 대럴 브리커와 존 이빗슨이 쓴《텅 빈 지구Empty Planet》와 찰스 굿하트Charles Goodhart와 마노즈 프라단Manoj Pradhan이 쓴《인구 대역전The Great Demographic Reversal》이다.[7] 이 작품들을 보면《인구 폭탄Population Bomb》을 쓴 파울 에를리히Paul Ehrlich는 실망할 것이다. 1968년에 발표된 에를리히의 사상을 길게 풀어낸 이 작품은 인구 과잉으로 인해 1980년대 전 세계에 대기근이 발생할 것이라고 예측하며 대규모 불임 수술 등을 통해 인구를 통제해야 한다고 호소했다. 사실 이 책이 출판된 직후 인구 증가 속도는 빠르게 감소했다. 스탠퍼드대학교 교수인 에를리히는 거의 모든 내용을 잘못 짚었지만 중국의 살인적인 1자녀 정책 등 공공 정책에는 큰 영향을 미쳤다. 브리커와 이빗슨은 가장 정확한 최신 데이터를 기반으로 인구의 사회학적·정치적 함의에 초점을 맞췄다. 한편 굿하트와 프라단은 경제적 함의에 주목했다. 이들은 하나의 고차원적인 함의에 뜻을 같이했다. 인류가 멸종을 향해가고 있다는 점이다. 좀 더 정확히 말해보자면 인류의 수명은 늘어났지만 대체 출산율은 떨어지고 있다. 인구는 고령화되는 동시에 줄어들고 있다. 인간의 공급 사슬에 아이들이라는 연결고리가 빠졌다.

인구를 유지하기 위해 각 여성이 평균적으로 낳아야 하는 자녀의 수는 2.1명이다. 비율이 높을수록 인구가 증가하고 비율이 낮을수록 인구가 감소한다. 3장에서 중국의 인구학적 상황을 살펴봤다. 지금부터는 세계 인구가 처한 상황을 폭넓게 살펴보겠다. 선진국의 출산율이 급속도로 낮아지고 있다. 다음은 세계은행이 발표한 주요 선진국의 출생률이다.

나라	출산율	나라	출산율
미국	1.7	스웨덴	1.7
영국	1.6	일본	1.4
독일	1.5	호주	1.7
프랑스	1.9	오스트리아	1.5
스페인	1.2	덴마크	1.7
이탈리아	1.3	캐나다	1.5
네덜란드	1.6		

중요 경제 공동체 및 기구의 수치라고 해서 더 낫지는 않다.

경제 공동체 및 기구	출산율
EU	1.5
유로존(€)	1.5
중부 유럽	1.5
OECD 국가	1.7
북미	1.7

이 수치는 단순히 낮은 것이 아니라 인구학적 재앙이다. 일정하게 지속되는 기간에 출생률이 대체 출산율 아래로 떨어지면 수십 년 동안 대체 출산율을 회복하는 것이 불가능해진다. 각 연령 집단의 규모가 예전보다 더 작아지고, 교육, 도시화 및 여성 해방 등 인구학적 동인이 계속 존재한다. 정부 정책이나 관료는 '대가족'을 형성하라고 부추기지 않는다. 이러한 상황에서 40~50년 안에 상황을 개선하는 것은 불가능하다.

출산율을 보면 다음과 같은 암울한 현실이 펼쳐진다. 스페인의 일부 지역에서는 한 아이가 태어날 때마다 사망자 2명이 발생한다. 마드리드시는 스페인 인구가 2030년까지 백만 명 감소하고 2080년까지 560만 명이 감소할 것이라고 추정한다. 오늘날 스페인의 인구는 4670만 명이다. 2080년 추산치는 12% 인구 감소를 뜻한다. 일본의 인구는 지금부터 2055년 사이에 25%, 즉 1억 2천7백만 명에서 9천5백만 명으로 감소할 것이다. 불가리아의 인구는 1989년 9백만 명에서 현재 7백만 명으로 감소했으며 2050년까지 추가로 30% 줄어들어 490만 명이 될 것이라고 예상된다. 이러한 예시는 예외가 아니다. 스위스(1.5)부터 싱가포르(1.1)까지 많은 나라가 보이는 전형적인 추세다. 급격히 감소하는 인구는 남은 21세기 동안 피할 수 없는 현실이다.

선진국의 감소하는 출산율을 만회하기 위해 개발도상국이 높은 출생률을 유지하게끔 하고 개발도상국의 출산율에 기대는 것은 잘못되었다. 개발도상국의 출산율 역시 무너지고 있다. 다음은 개발도상국 중 인구가 가장 많다고 손꼽히는 몇몇 국가의 출산율이다.

나라	출산율	나라	출산율
나이지리아	5.3	방글라데시	2.0
중국	1.7	러시아	1.5
인도	2.2	멕시코	2.1
인도네시아	2.3	필리핀	2.5
브라질	1.5	이집트	3.3
파키스탄	3.5	베트남	2.0

인구수가 많은 개발도상국 국가들이다. 총 45억 8천만 명으로, 이는 세계 인구의 60%에 해당한다. 많은 개발도상국의 대체 출산율이 이미 2.1 이하라는 측면이 두드러진다. 중국(1.7), 브라질(1.5), 방글라데시(2), 러시아(1.5), 멕시코(2.1), 베트남(2), 인도(2.2) 및 인도네시아(2.3) 등이 그 예로, 이 국가들의 출산율은 곧 대체 출산율 이하로 떨어질 것이다. 개발도상국의 인구 감소 추세는 미래의 이야기가 아니라 이미 닥친 현실이다. 나이지리아(5.3), 파키스탄(3.5), 이집트(3.3) 등 여전히 출산율이 높은 국가들도 있다. 글로벌 인구 추세에 초점을 맞추어 이러한 국가의 높은 출산율이 선진국의 낮은 출산율에 미치는 영향을 상쇄할 것이라고 기대해서는 안 된다. 높은 출산율 역시 앞서 설명한 동인들로 인해 빠르게 감소하고 있기 때문이다. 나이지리아의 라고스Lagos, 케냐의 나이로비Nairobi와 몸바사Mombasa, 이집트의 카이로Cairo, 방글라데시의 다

카Dhaka를 비롯해 사하라 이남 아프리카와 동남아시아에서 주요 도시들은 확장하고 있다. 시골에서 새롭게 이주한 사람들은 도시의 영향에 어쩔 수 없이 빠르게 흡수된다. 도시에서 대가족은 짐이고 또래 집단의 압력은 태도를 바꿀 수 있다. 많은 경우 특히나 브라질에서 여성은 1명이나 2명의 아이를 낳고, 출산 과정에서 관례로 난관 수술을 받기 때문에 아이 수는 1명 또는 2명으로 제한된다. 이때 평균 출산율은 1.5로 2.1의 대체 출산율보다 훨씬 낮다.

22세기까지 동향이 반전되거나 적어도 안정화될 것이라고 예상할 수는 있겠지만 이 추세대로라면 인류는 멸종할 것이다. 인구학적 전망은 명확한 한편 인플레이션에 줄 수 있는 함의는 다소 불분명하다. 브리커와 이빗슨은 노동인구와 생산성에 중점을 두고 GDP를 아주 간단하게 정의한다. 중국과 인도는 인구가 자취를 감추고 있을 뿐만 아니라 빠르게 고령화되고 있다. 이는 치매와 다른 병과도 상관관계가 있다. 경제활동 인구가 감소하면서 전반적인 생산량이 일직선으로 감소할 것이다. 동시에 핵심 생산 인구는 노인 돌봄에 더 많이 종사하게 될 것이다. 존경받을 만한 직업이지만 그 자체로 생산성을 높이지는 못한다. 근로자 수가 줄어들 뿐만 아니라 생산량 손실 폭이 늘어난다. 생산량이 더 낮아지면 대공황 때 그랬던 것같이 디플레이션으로 기울게 될 것이다. 브리커와 이빗슨은 또 다른 역기능을 지적했다. 예를 들면 중국 공산당이 고도성장을 이룩하겠다든가 생활수준을 아주 조금이라도 개선하겠다는 약속을 이행하지 못하면 정당성의 위기를 맞게 될 것이다.

굿하트와 프라단은 인플레이션과 관련해 정반대의 결론에 도달했다. 고령화 사회와 핵심 생산 인구의 빠른 감소, 더 많은 근로자가 생산성이 낮은 노인 돌봄 분야에서 일한다는 사실은 남은 근로자들이 실질적인 임금 인상을 요구할 수 있다는 뜻이다. 이것은 생산 비용을 증가시켜 소비자가 구매하는 재화의 최종 가격을 점진적으로 높일 것이다. 중국은 세계에 원가를 절감해 디플레이션을 끌어올리는 펌프 역할을 하다가 점진적으로 비용을 증가시키는 제조업 기반으로 방향을 틀 것이다. 경제학자들은 대공황을 참고로 삼기보다 흑사병이 휩쓴 이후 14세기 후반과 15세기 초반에 발생한 노동력 부족과 실질 임금 상승을 살펴봐야 한다.[8] 발터 샤이델Walter Scheidel이 자신의 저서 《위대한 평등주의자The Great Leveler》에서 분석한 바와 같이 1347년부터 1351년 사이에 최고조에 달한 림프절 페스트로 유럽과 북아프리카, 중동 인구는 급격하게 감소했다. 그 결과 임금은 상승했고 페스트 이후 75년 동안 소득 불평등이 감소했다. 임금이 높아졌다. 원인은 다르지만(출산율 감소와 림프절 페스트) 그 결과는 같을 것이다. 임금은 상승하고 투입 비용이 더 커진다. 베트남과 인도네시아로 공장을 이전해도 소용이 없다. 이러한 국가들 역시 자체적으로 인구 감소를 겪고 있기 때문이다. 그 역학은 세계적이다.

인구학적 특성은 GDP 대비 부채 비율이 증가함에 따라 물가상승을 유발할 테지만 그 과정은 20년 이상에 걸쳐 느리게 진행될 것이다. 부채를 갚지 않거나 인구 붕괴가 그 정점에 이르러야 인플레이션이 일어나는 것은 아니다. 소비자, 투자자, 경제학자들은 인플레이션이 다가오는 것을 보게 될 것이다. 원자로 노심이 녹아내리기 전에 온도가 올라가는 것처럼, 인플레이션은 인플레이션을 유발하는 데 필요한 최소한의 환경이 갖춰지면 갑자기 속도를 높일 것이다.

세 번째 요인인 통화정책은 다른 요인들과 비교했을 때 단기적으로 인플레이션을 일으킬 가능성이 가장 크다. 하지만 통화정책은 인플레이션에 전혀 영향을 미치지 않고 디스인플레이션을 유발할 것이다. 연준이 과도하게 화폐를 찍으면 인플레이션이 발생할 수밖에 없다는 것이 일반적인 관점이다. 앞서 살펴보았듯이 연준은 은행에서 국채Treasury Securities를 사들이면서 본원통화를 찍어낸다. 그럼 국채를 판 은행은 연준에 초과 예비금 형태로 돈을 돌려준다. 그 돈은 실물경제에 흘러 들어가지 않고 소비자 가격의 인플레이션을 일으킬 수 있는 지출이나 기타 활동에서 아무런 역할을 하지 않는다. 더 높은 물가상승을 유발할 수 있는 유일한 화폐의 형태는 시중 은행이 단순 대출이나 보증, 예비 한도 대출 설정액과 같이 다른 형태의 대출을 해줄 때 찍어내는 돈, M1이다. 그런 종류의 대출 증가는 일어날 수도 일어나지 않을 수도 있다. 어쨌거나 연준과는 거의 관련이 없다. 시중 은행들은 대차대조표상의 증가한 대출을 뒷받침하기 위해 일정 수준의 예비금이 필요하지만 오늘날의 예비금 수준은 과도하게 높아졌다. 그래서 은행들은 제약 없이 대출해주고 있으며 미래에도 근본적으로는 제약받지 않을 것이다.

시중 은행에서 대출이 증가하려면 돈을 빌리고자 하는 개인이나 기업이 늘어야 한다. 손뼉이 마주쳐야 소리가 나는 법이다.

연준의 정책이 실물경제에 영향을 미치는 한 가지 분야는 자산 버블의 생성이다. 연준의 제로 및 저금리 정책으로 은행과 헤지펀드는 레버리지를 늘릴 수 있으며 대차대조표의 자산 형태를 주식, 채권, 부동산 등으로 전환할 수 있다. 자산 버블은 그 자체로 인플레이션을 일으키지는 않는다. 하지만 진짜로 존재하며 중요한 경제적 결과를 초래할 수 있다. 연준은 포트폴리오의 자산 가치가 높아지면 소비자가 더 부유해졌다고 느껴 지출할 의향이 커지는 이른바 자산 효과(자산의 가치가 상승하면 소비도 증가하는 현상 – 옮긴이)가 있다고 생각한다. 실증적인 증거를 살펴보면 자산 효과는 신기루라는 것을 알 수 있다. 타당한 이유는 없지만 연준의 경제학자들이 고수하는 결함이 있는 또 다른 모델이다. 투자자들은 포트폴리오의 가치가 더 높아지면 소비 대신 자신의 포트폴리오에 대한 투자를 늘리게 되는데 이로써 자산 버블은 더 커지게 된다. 이러한 행동은 버블 자산에 가장 많이 투자한 부자들을 더 부자로 만든다. 재미를 볼 만한 주식, 채권, 부동산에 거의 투자하지 않았거나 아예 투자하지 않은 저소득층 사람들에게는 해당되지 않는 이야기다. 이 패턴은 버블이 터질 때까지 지속된다. 버블이 부풀어 오르고 터지는 속도는 불균형적이다. 버블이 팽창하는 단계는 수년 또는 심지어 수십 년 동안 지속되며 붕괴는 몇 주 또는 몇 달 내에 발생한다(1929년 주식시장 붕괴의 경우, 최고점에서 최저점까지 붕괴하는 데 거의 3년이 걸렸다. 1929년 10월부터 1932년 6월까지 82%가 떨어졌다). 팽창하는 버블을 꼬집어서 인플레이션이라고 말할 수는 없다. 사람들은 소비하기보다 동물적인 감각으로 주식과 채권을 사들이기 때문이다. 버블이 터질 때는 디스인플레이션이 생길 수 있다. 소비가 감소하고 실업률이 증가하는 방향으로 심리가 바뀔 수 있으니 말이다. 한마디로 현재의 자산 버블이 인플레이션에 이바지한다고 믿을 만한 이유는 거의 존재하지 않는다. 현재 연준이 자산 매각과 금리 인상을 통한 긴축이 버블을 터뜨리고 소비 감소로 이어질 것이라고 예상하는 몇 가지 이유가 있다.

오늘날, 은행은 취약한 비즈니스 상황 때문에 대출을 해주지 않으려고 한다. 고객은 돈을 잘 빌리려고 하지 않는다. 예방적인 차원에서 예금을 하려 하고 경제는 일반적으로 대출을 뒷받침하는 데 필요한 성장이 일어날 것이라 예상하기 힘든 위태위태한 상황이기 때문이다. 이 상황은 은행의 고객이 인플레이션을 유발하는 행동을 바꿀 때만 변할 것이다. 현재 인플레이션은 향후 더 큰 폭의 인플레이션을 유발하는 행동으로 이어질 가능성이 있다. 결국 소비자들이 가격 상승을 억제하려고 하고 기업이 증가한 수요를 기회로 활용해 직원과 재고를 늘린다면 이는 대출과 소비 증가로 이어질 수 있다. 그러나 이러한 행동 변화는 심리적이고 조건적이며 연준 정책과는 거의 관계가 없다. 아래에서 논의할 외부적 요소와 관련이 있다. 연준과 통화정책은 인플레이션을 유발하는 행동을 이끌어내지 못한다. 연준은 사실상 실질적인 역할을 하지 않는 방관

자다. 정책은 모두 보여주기식이다.

네 번째 요인은 정치다. 정치는 물가상승을 유발하는 데 분명 영향을 끼쳤지만 그 효과는 오래가지 못할 수도 있다. 정치적인 이유로 정부는 엄청난 재난 지원금을 풀었다. 2020년 3월부터 2021년 11월까지 팬데믹으로 입은 피해를 지원하고자 개인, 소규모 기업, 다국적 기업에 수조 달러를 지원했다. 2022년 2월, 코로나바이러스의 오미크론 변이 감염이 수그러들고 과거의 지원금으로 물가상승이 가속화됨에 따라 추가로 지출할 계기는 사라졌다. 하지만 여전히 새로운 재난 지원금이 고려되고 있다. 적자가 더 커지거나 연준의 부채의 화폐화Debt Monetization(또는 부채의 통화화)로 인해 이러한 지출이 물가상승에 영향을 미친 것은 아니다. 되레 장기적인 문제다. 인플레이션은 락다운과 공급사슬 붕괴로 생산량에 제약이 걸렸을 때 돈이 소비자와 CEO들의 손으로 차례차례 쏟아졌기 때문에 발생했다. 그 결과 상품을 찾아보기가 종종 어려운데도 상품을 사는 데 돈을 흥청망청 써버리게 되었다. 이는 비용 인상 인플레이션과 수요 견인 인플레이션을 유발하는 고전적인 방법이다.

팬데믹에 대항하기 위한 제1차 경기 부양책은 2020년 3월 25일에 코로나바이러스 지원·구호·경제안정법Coronavirus Aid, Relief, and Economic Security Act 법안과 함께 시행되었다. 트럼프 전 대통령은 앞 글자를 따서 CARES 법을 제정했다. CARES 법에 따라 미국 GDP의 10%에 해당하는 2조 7천억 달러를 새롭게 지출했다. CARES 법은 대부분의 미국인에게 1천2백 달러어치 수표를 직접 써준 꼴이었다. 직접적인 현금 주입은 헬리콥터 머니에 가깝다. 헬리콥터 머니는 밀턴 프리드먼Milton Friedman과 벤 버냉키Ben Bernanke가 팬데믹이 발생하기 수십 년 전에 이론화한 개념으로, 중앙은행의 발권력을 통해 직접 가계와 정부에 현금을 주입하는 정책 또는 중앙은행이 소비 진작을 위해 대량으로 시중에 푸는 자금을 의미한다. 중앙은행이 채권 유통시장 및 발행 시장에서 국채를 매입하고 화폐를 공급하는 양적 완화와 다른 문제다. 지원금이나 실업 지원금의 혜택을 확대하는 데 쓰인 돈은 총 6천1백억 달러였다. 의료 서비스 제공업체는 1850달러를 지원받았다. 대기업 지원 금액은 5250억 달러였고 소기업 지원 금액은 6천억 달러였다. 항공 업계에 1천 6백억 원이 추가로 할당되었다. 그중 대부분은 델타, 유나이티드, 아메리칸 항공과 같은 주요 항공사에 나누어줬는데, 지원금은 각각 백억 달러에 달했다. 한꺼번에 가장 큰 규모를 지원해준 것은 미국 급여 보장 프로그램Paycheck Protection Program(코로나19로 피해를 본 기업을 지원하기 위해 시행한 제도-옮긴이)이었다. 6690억 달러를 지원해주었다. 직원들을 해고하지 않겠다고 동의한 적격 사업체에 대출해주는 데 사용되었다. 대출을 받고 1년 뒤 직원을 해고하지 않았다는 증명서를 제출하면(또는 자금이 사무실 임대료 등 정부가 승인한 목적으로 사용되었다는 것을 증명하면) 융자를 탕감해주었다. 일반적으로 융자를 탕감받을 때 내야 하는 세금도 면제해주었다.

CARES 법안은 미국 경제를 지탱하기 위한 사상 최대 규모 직접 적자 지출이었다. 흥미롭게도 이러한 막대한 직접 적자 지출 프로그램이 인플레이션에 미치는 영향은 미미했다. 2020년 내내 평균 물가상승률은 1.2%였고 2020년 8월부터 12월까지 지원금 대부분을 풀었던 기간에 물가상승률은 크게 증가하지 않았다. 물론 미국 정부의 지원이 없었다면 디플레이션에 부닥쳤을 것이라고 주장할 수도 있다. 2020년 말의 적당한 물가상승은 디플레이션보다 인플레이션에 영향을 미쳤다는 증거다. CARES 지원금 대부분은 시민들에게 1천4백 달러 수표로 돌아갔다. 시민들은 이 돈 대부분을 쓰지 않고 저축했다. 수표를 지급한 뒤 2020년 4월에 미국의 저축률은 사상 최대치인 32.2%까지 급증했다. 미국인들의 주머니 사정은 궁했고 지갑이 곧 채워지지 않을 때를 대비해 더 많이 저금했다. 그 지원금 중 일부는 세탁기, 냉장고, 대형 TV 등 고가의 수입품을 사는 데 지출되었다. 이로써 무너진 공급사슬에 더 큰 차질이 빚어졌는데 해외 공장이 고군분투하는데도 소비재에 대한 신규 주문이 급증했기 때문이었다.

트럼프 전 대통령 임기가 막판에 다다를 즈음인 2020년 12월, 그는 새로운 경기 부양책을 내놓았다. 2020년 12월 27일, 트럼프 전 대통령은 두 번째 코로나19 지원금을 지급하는 경기 부양책에 서명했다. 연준이 효과적으로 돈을 찍어 적자 지출을 하고 이로써 9천억 달러를 추가로 공급하는 안이었다. 이 지출은 2020년 12월 31일 종료 예정이었던 실업 및 기타 복리 후생 프로그램을 지속시켰다. 또한 미국인 대부분에게 추가로 6백 달러의 수표를 주면서 헬리콥터 머니의 합계는 1인당 2천 달러가 되었다. 이 법안을 통과시키려고 엄청난 정치적 압력이 있었지만 경제적인 근거는 미약했다. 미국 경제는 2020년 3분기에 사상 최대의 실적을 기록했다. 실업률은 꾸준히 하락하고 있었다. 래리 서머스Larry H. Summers 전 재무장관은 두 번째 경기 부양책이 인플레이션을 유발할 위험이 있다고 경고했다.[9] 그의 말이 맞았다. 최종 부양책은 며칠 전 트럼프 전 대통령이 주문한 내용보다 규모가 작았지만 서머스의 분석을 적용해볼 수 있었다. 그는 재량 소득(가처분 소득에서 기본 생활비를 뺀 잔액-옮긴이)의 형태로 지원한 금액이 한 경제의 생산능력을 초과하면 인플레이션이 일어난다고 주장했다. 인플레이션을 거의 유발하지 않았던 2020년 3월의 지원금 지출과는 달리 2020년 12월 지원금 지출의 결과는 즉각적으로 드러났다. 2021년 1월과 그 이후에 시장에 돈이 풀렸다. 2021년 3월까지 물가상승률은 2.6%로 2018년 8월 이후 가장 높았다. 그다음 해 물가상승률은 4.2%로, 2008년 9월 이후 최고치를 기록했다. 인플레이션은 2021년 말까지 7%를 향해 달려갔는데 이는 1982년 이후 최고치였다.

이러한 인플레이션 추세는 바이든이 대통령에 취임하고, 팬데믹 지원금으로 3차 적자 지출을 감행하면서 더욱 악화되었다. 2021년 3월 11일에 바이든 대통령은 미국 구조 계획법, 그러니까 ARPA American Rescue Plan Act라 불리는 법안에 서명했다. 이 법안은 1조 9천억 달러 규모의 적자 경제 부양책과 팬데믹 지원금을 골자로 한다. 2021년 9월 내내 주급 3백 달러를 더 제공함으로써 실업 급여 보장 폭도 커졌다. 또 세 번째 헬리콥터 머니를 공급했다. 이번에는 거의 모든 미국인에게 1천4백 달러 수표를 써주었다. 2020년 12월에 6백 달러 수표를 지급하는 법안이 인플레이션을 유발한다는 래리 서머스의 주장이 옳았다는 사실이 2021년 3월까지 가시화되었다. 똑같은 이유로 상황은 더 악화되었다. 헬리콥터 머니가 미국 경제의 생산능력과 수입으로 표현되는 세계경제의 생산능력을 뛰어넘었기 때문이다. 바이든 대통령의 구제 금융 법안이 트럼프 전 대통령의 2020년 12월 지원금 지출의 영향을 증폭시키면서 2021년 3월에 급격한 물가상승이 일어났다. 소매 판매는 급격하게 늘어났고 가격 역시 발을 맞추어 상승했다.

의회는 비책을 하나 더 가지고 있었다. 2021년 11월 15일, 바이든 대통령은 적자 지출과 연준의 화폐화로 마련한 자금으로 인프라와 일자리에 지원하는 1조 달러 규모의 인프라 투자와 일자리 법안Infrastructure Investment and Jobs Act에 서명했다. 인프라 투자 법안에는 헬리콥터 머니가 포함되지 않았고 5년에 걸쳐 장기 프로젝트에 지출하는 내용을 골자로 했다. 그러므로 CARES 법안이나 12월의 코로나 지원금 또는 ARPA처럼 즉각적으로 인플레이션을 유발하지 않을 가능성이 컸다. 그렇다고 피해가 없었던 것은 아니다. 문제는 연준이 화폐화한 헬리콥터 머니가 개인에게 3천2백 달러가 공급된 것을 포함해 (인프라 법안을 제외하고도) 5조 5천억 달러를 적자 지출한 것이었다. 인플레이션이 시작되었고 인플레이션은 지난 40년 동안 찾아보지 못한 수준을 향해 달려갔다.

공급 충격은 인플레이션을 유발하는 다섯 번째 요인이다. 이러한 종류의 인플레이션은 경제의 수요보다는 공급 측면으로 인해 발생하며 두 가지 형태를 띨 수 있다. 첫 번째는 명백한 공급 부족으로 고객이 남아 있는 상품에 입찰하게 돼서 생기는 인플레이션이다. 두 번째는 대체할 원산지나 그럴듯한 대체재가 없어서 생기는 과점적 물가상승이다. 두 시나리오 모두 필수재의 비탄력적인 수요가 가격 상승을 견인한다.

비자연적인 공급 부족과 과점적 물가상승으로 공급 충격이 일어난 가장 유명한 예는 1973년 10월 17일에 시작된 아랍산 석유 금수조치였다. 1973년 10월 6일에 사우디아라비아가 주도해 욤키르푸 전쟁에서 미국 등 이스라엘을 지지한 국가들을 대상으로 삼았다. 1973년 10월과 금수조치가 끝난 1974년 3월 사이 석유 가격은 배럴당 3달러에서 배럴당 12달러로 약 300% 가까이 올랐다. 나를 포함해 그 당시를 살아간 미국인들은 차에 휘발유를 주유하기 위해 한 시간 이상 줄을 섰던 일을 기억한다. 한 사람당 주유할 수 있는 양이 몇 리터씩으로 제한되기도 했다. 몇몇 동네 주유소에서는 차량 번호 끝자리를 기준으로 짝수와 홀수 일을 나누어 주유할 수 있는 날짜를 정했다. 대부분 주유소는 휘발유를 다 소진하고 다시 배송받을 때까지 문을 닫았다. 미국은 1970년대 초 국내 석유 생산량이 급격히 감소하면서 석유를 무기로 사용하는 아랍 국가 앞에 취약해졌다. 이는 오늘날 바이든 대통령이 추구하는 정책과 유사한 정책이다. 미국의 인플레이션에 미치는 영향은 즉각적이었다. 금수조치 이전 1972년에 인플레이션 기준치는 3.3%였는데

1973년에 6.2%로 올랐고 급격한 불황에도 불구하고 1974년에는 11.1%로 급등했다.

1979년 제2차 석유 위기 때와 똑같이 공급 충격으로 인한 비용 상승 인플레이션이 발생했다. 그 해 이란 혁명이 일어나자 석유 생산량은 급감했고 가격이 급작스레 변했다. 1979년에는 공식적인 석유 금수조치가 없었음에도 석유 생산량이 부족해지자 같은 피해를 보았다. 1979년 1월 16일, 이란 모하마드 레자 샤 팔라비Mohammad Reza Shah Pahlavi가 축출되고, 루홀라 무사비 호메이니Ruhollah Musavi Khomeini가 새로운 지도자로 등장했다. 이를 시작으로 석유 가격은 배럴당 20달러에서 40달러로 올랐다. 미국 주유소에서 주유하려고 줄을 선 자동차 행렬이 다시 이어졌다. 미국은 휘발유 배급 쿠폰을 인쇄했지만 실제로 시민들에게 나눠준 적은 없었다. 인플레이션도 돌아왔다. 1978년 인플레이션 기준치는 7.6%였는데 물가 수준은 1979년 11.3%, 1980년 13.5%까지 상승했다. 물론 1979년까지는 더 높은 인플레이션 기대치와 급격하게 빨라지는 통화유통속도 등 인플레이션을 유발한 다른 요인들도 있었다. 그러나 1979년 석유 위기로 일어난 공급 충격은 인플레이션을 치솟게 한 중요한 요소였다.

이제 미국과 전 세계경제에 또다시 공급 충격이 한바탕 휩쓸 것이라는 새로운 증거가 나타나고 있다. 공급 충격은 단일 원자재(석유)와 하나의 원산지(중동)에서 오지 않는다. 무역 전쟁, 팬데믹으로 인한 락다운, 그리고 공급사슬 붕괴의 영향이 누적되면서 모든 방향에서 새로운 공급 충격이 다가오고 있다.

슈퍼마켓의 빈 선반은 공급 충격의 가장 명백한 증상이었다. 그래도 빈 선반은 더 심층적인 문제의 피상적인 증상일 뿐이었다. 농부들은 비료에 드는 비용이 증가하자 옥수수 대신 비료를 적게 사용해도 되는 콩으로 경작물을 바꾸고 있다(비료 가격이 증가한 이유는 부분적으로 에너지 비용이 상승해서였다). 경작물 전환은 콩의 종자 부족으로 어느 정도 한계가 있지만 여전히 변화가 진행 중이다. 2022년 말까지 나타날 현상은 대두의 과잉 공급이다. 이는 채찍 효과를 보여주는 예시다. 옥수수는 곧 부족해질 것이다. 옥수수 파생물이 수많은 제품에 첨가제로 사용되고 있으니 옥수수의 부족이 품은 함의는 엄청나다. 더 중요한 것은 옥수수가 에탄올과 가축 사료에 사용된다는 점이다. 공급 감소로 인해 옥수수 가격이 높아지면 에탄올과 쇠고기, 돼지고기 가격이 상승할 것이다. 비료 가격이 높아지면 커피 등 다른 농산물의 가격이 오를 것이다. 그중에서도 가장 심각한 경우는 비료 부족으로 인해 전 세계에서 가장 가난한 사람들의 배를 불릴 식량 생산량이 감소하면서 기아가 유발될 수 있다는 점이다.

노동력 부족은 인플레이션의 또 다른 동인이다. 핵심 노동인구 수는 부족하지 않다. 실제로 일자리를 찾거나 일하는 사람의 수가 부족하다. 일자리가 있거나 구직 중인 사람만 계산하는 실업률과 구직 활동을 하고 있지 않은 다수의 잠재 근로자 수의 차이는 경제활동참가율Labor Force Participation Rate, LFPR에 반영되어 있다. LFPR은 전체 노동자 수를 근로자 수로 나눈 수치로, 한 개인이 구직 중인지 아닌지는 고려하지 않는다. 이는 실업률보다 더 의미 있는데 진정한 의미에서 노동력 공급을 살펴볼 수 있기 때문이다.

LFPR은 2001년 3월에 67.2%로 정점을 찍었다. 닷컴 주식 폭락 이후 경기가 침체하기 바로 직전이었다(LFPR은 단 한 번도 100%가 된 적이 없었다. 개인이 노동시장에 참가하지 않는 수많은 이유가 존재하기 때문이다. 조기 은퇴한다든가 장애나 교육, 육아 상의 이유일 수도 있고 팬데믹의 영향으로 건강 관리를 해야 할 일이 발생할 수도 있다). LFPR은 팬데믹의 영향이 느껴지기 직전인 2020년 2월에 63.4%를 기록하며 계속해서 하락세였다. 2020년 4월, 팬데믹으로 인해 시장이 붕괴하고 경제적인 락다운이 일어나자 LFPR은 60.2%로 줄었다가 2022년 6월에 62.2%로 다소 회복되었다. 사상 최고치와 비교했을 때 여전히 5% 포인트 낮고, 팬데믹 최저치보다 1% 포인트 이상 낮은 수치다. 2022년 1월에 노동인구는 1억 6천2백만 명을 넘어섰다. 2001년 3월부터 5% 포인트 감소했다는 것은 기존에 지배적이었던 추세와 비교했을 때 810만 명이 노동인구에서 이탈했다는 점을 시사한다. 심지어 통계국이 작성한 정기실업보고서에 따르면, 팬데믹 이전보다 고용된 노동자의 수가 52만 4천 명이 줄어든 것으로 나타났다. 어떻게 측정했든 잠재적으로 일할 수 있는 근로자는 부족하지 않지만 기꺼이 일하려는 근로자는 부족하다는 것을 알 수 있다. 고용자들이 무소속 근로자 풀을 활용할 수 있는 주요 수단은 더 높은 임금과 복리 후생을 제공하는 것이다. 2022년 6월에 고용보고서에 따르면 시간당 평균 수입은 전년 대비 5.1% 증가했다. 일자리는 실업자 풀에 있는 노동자들로 점차 채워질 테지만 높은 임금의 대가는 소비자에게 더 높은 가격의 형태로 전가될 것이다.

에너지 가격은 최근 물가상승률이 높아진 주요 원인이다. 주유소에서 넣는 휘발유 가격에 직접적인 영향을 미칠뿐더러 전기 생산과 플라스틱 및 화학 물질 생산 등 다양한 중간 공정에서 투입물로써 광범위하고 간접적인 영향을 끼치기 때문이다. 원유 가격은 2020년 4월 28일에 배럴당 12.78달러에서 2022년 4월 4일에 104.54달러로 쉴 새 없이 고공 행진을 했다(선물 거래와 관련한 기술적인 이유로 배럴당 마이너스 37.63달러로 하락한 이후 배럴당 12.78달러로 상승했다가 고공 행진을 한 것이다[*]). 2년 동안 720%나 훌쩍 뛰어버린 원유 가격은 2022년에도 내려갈 기미가 보이지 않았다. 다수의 시장 참가자는 배럴당 120달러가 넘을 것이라고 예상했다. 주유소 휘발유 가격도 급등했다. 미국의 일반 주유소의 휘발유 평균 가격은 2021년 1월 4일에 갤런(약 3.78리터)당 2.16달러에서 2022년 7월 22일에 갤런당 4.41달러로 올랐다. 18개월 만에 104%가 급증한 것이다. 일부 지역의 시장에서는 가격이 더 올랐다. 박사 학위가 있어야 인플레이션을 이해할 수 있는 것은 아니다. 더 높은 가격을 지불할 때 내는 돈은 바로 내 지갑에서 나오고 있기 때문이다.

---

[*] 배럴 가격이 마이너스라는 것은 원유 1배럴을 팔 때 오히려 추가로 달러를 얹어줘야 한다는 사실을 의미한다(옮긴이).

1973년과 1979년의 석유 공급 충격과는 달리 이러한 가격 쇼크를 일으킨 것은 금수조치도, 사재기도, 또는 찌를 듯한 인플레이션 기대치도 아니었다. 바이든 정부가 정책을 잘못 선택한 결과였다. 이 정책에는 파이프라인을 닫고 탐사를 하려는 기업에 연방 부지 임대를 제한하며* 프래킹 작업에 새로운 규정을 추가하는 안이 포함되었다.

바이든 대통령의 실수는 독일의 앙겔라 메르켈 전 총리가 저지른 실수와 같았다. 메르켈 전 총리는 원자력발전소와 석탄 화력발전소에서 전기 생산을 멈췄고 에너지 공급량이 증가한 상황에서 자국을 러시아에 휘둘리게끔 방치했다. 이러한 실책의 영향은 우크라이나 전쟁으로 더 심각해졌으며 그 결과 유럽으로의 천연가스 공급이 막힐 수도 있는 상황이 되었다. 마지막으로는 중국의 제로 코로나 정책으로 인한 물류 문제와 호주와의 무역 전쟁으로 석탄 선적이 중단되었다. 결국 석탄이 부족해지면서 중국의 에너지 공급에 차질이 빚어지고 있다. 중국이 수입하던 석유와 천연가스를 놓고 격렬한 쟁탈전이 일어나고 있으며 이는 에너지 가격 상승으로 이어졌다.

식량, 노동, 에너지는 상업 및 산업 사회에서, 그리고 사실 문명 자체에서 가장 중요한 세 가지 투입물이다. 식량과 노동 에너지를

● 미국 정부는 연방 부지를 석유나 천연가스를 시추하는 기업에 빌려준다. 근래 연방 공공용지·부지에서 화석 연료를 채취하는 요금을 올렸다(옮긴이).

비롯해 이로부터 파생하는 상품들의 가격은 2022년에 더 상승하고 있다.

인플레이션이 이 정도로 유지될까?

이 분석은 돌고 돌아 처음으로 되돌아가게 한다. 인플레이션이 증가하는 것은 확실하다. 하지만 지속될까? 아니면 인플레이션을 상쇄하는 요인으로 인해 사라질까? 인플레이션은 단기적으로 현재 수준 정도로 유지될 것이다(전년 대비 7%). 한번 모멘텀이 형성되면 2020년에 팬데믹과 비슷하게 새로운 충격을 받지 않는 한 그 추세가 갑자기 멈추는 일은 거의 없다. 질문을 더 쉽게 바꿔보겠다. 2022년과 2023년 동안 물가는 8% 수준으로 상승할 것인가? 아니면 5% 이하로 후퇴할 것인가? 아니면 2009년부터 2020년까지 일반적이었던 3% 이하로 하락할까? 통화유통속도와 기저 효과라는 관점에서 다섯 가지 요인을 요약해보면 답이 보인다.

이때 과도한 부채와 암울한 인구학적 특성을 함께 고려해야 한다. 이 특성은 거의 같은 시간 동안 같은 결과를 내기 때문이다. 둘 중 그 무엇도 향후 몇 년간 인플레이션을 발생시키지는 않겠지만 각 요인으로 인해 10~20년 뒤에는 틀림없이 인플레이션이 시작될 것이다. GDP 대비 부채 비율로 측정되는 부채는 부채를 차차 없애기 위해 인플레이션을 일으키는 정책이 도입되기까지는 증가할지도 모른다.* 제2차세계대전 이후 산처럼 쌓여 있는 부채를 다스리는 데는 35년(1946년~1981년)이 걸렸다. 또한 연준과 재무부의 협조가 필요했다. 재무부가 1942년부터 1951년까지 부과한 금리 상한선과 뒤이어 1951년 3월부터 시작된 재무부와 연준 간의 합의 등이 그 예다. 민주당원(트루먼, 케네디, 존슨, 카터)과 공화당원(아이젠하워, 닉슨, 포드)이 함께 이끌며 공화당과 민주당 모두가 노력했다. 느리지만 꾸준하게 성공했다.

오늘날에는 이러한 노력을 찾아보기 어렵다. 초당파주의는 죽었다. 높은 부채 수준부터 해결해야 한다는 상식은 현대 통화 이론과 2008년, 2020년에 구제금융의 필요성이 대두되면서 흐려졌다. 2021년 이전, 연준은 물가상승률을 통제하기 위해 12년간 노력을 쏟아부었음에도 불구하고 2% 이상의 완만한 물가상승률조차도 유지하지 못했다. 중앙은행이 물가를 상승시키려고 하는데 물가가 오르지 않는다면 애석한 일이다. 빚은 여전히 문제였다. 이는 실제로 위기 상태가 닥칠 때까지 인플레이션보다는 디플레이션을 유발한다. 미국은 필요한 돈을 찍어낼 수 있어서 채무를 불이행하는 일은 없다.

화폐를 찍어내는 일 자체가 자신감을 상실하게끔 할 때 위기가 닥칠 것이다. 더 높은 이율, 복리 효과나 총 수량의 문제로 달러를

- 예를 들면 국가가 50억 원의 빚이 있을 때 인플레이션이 발생하면 국가의 명목 부채는 50억 원이지만 실질 부채는 인플레이션으로 인해 그만큼 감소한다(옮긴이).

기피하는 현상이 발생할 수도 있다. 그 시점에서 인플레이션은 빠르게 나타나고 하이퍼인플레이션으로 변할 수 있다. 그렇다. 과도한 부채는 높은 물가상승을 유발할 것이다. 하지만 아직은 아니다.

인구 측면에서도 마찬가지다. 굿하트와 프라단은 인구 붕괴가 닥치면 일할 수 있는 노동력에 프리미엄이 붙을 것이라고 주장했다. 제대로 이해했다. 하지만 바로 그렇게 노동력이 부족해지면 로봇공학과 컴퓨터가 노동력을 보충하더라도 생산량은 낮아질 것이다. 고령화사회와 이에 수반되는 노인 돌봄은 생산성을 끌어내릴 것이다. 로봇은 목욕을 시키지 못한다. 더 높은 임금과 전체적으로 낮은 생산성은 사실상 인플레이션의 정의라고 할 수 있다. 인플레이션의 효과는 지금 시작되고 있지만 심각한 상태에 도달할 때까지 10년 이상이 걸릴 것이다. 과도한 부채와 인구학적 특성이 인플레이션을 일으키겠지만 아직은 아니다.

연준이 실시한 통화정책은 인플레이션과 무관하지만(통화유통속도가 줄어들고 있기 때문이다) 자산 버블과는 관련이 높다. 재정을 긴축하려는 현재 연준의 노력은 모든 것을 감안할 때 무질서하게 자산 버블을 붕괴시킬 것이다. 연준이 기대하는 바와는 다르게 그 결과는 디플레이션을 유발할 것이다. 이런 이유로 연준은 단기적으로 인플레이션을 일으키는 원인이 되지는 못한다. 시중 은행과 대출자가 대출을 부추기고 M1을 찍어내기 위해 기계처럼 빠르게 지출한다면 인플레이션을 유발할 수도 있다. 하지만 인플레이션을 유발하려면 사업 조건이 향상되어야 하고 시장이 활기를 띠어야 하며 인플레이션 기대치가 있어야 한다. 이 중에서 현재에 존재하는 것은 아무것도 없다. 은행 금융은 상품과 서비스 가격 인플레이션보다는 자산 인플레이션을 유발한다. 이는 버블이 터질 때까지 계속될 것이고 그 시점에서 소비자 가격 인플레이션은 반대를 향할 것이다.

또한 가까운 미래에 정치적 이유로 인플레이션이 일어나는 일은 없을 것이다. 2020년 3월부터 2021년 3월 사이 5조 5천억 달러의 적자 지출(재정 적자의 기준선이 되는 2조 달러 및 인프라에 지출한 1조 달러 제외)이 2021년에 인플레이션을 일으켰다는 명백한 증거가 있다. 특히 아무런 조건도 없이 1인당 3천2백 달러의 헬리콥터 머니를 풀었다. 이로써 2021년에 소매 판매가 급증했다. 소매 판매의 급증은 공급사슬 병목현상이 발생하고 가격을 상승시키는 데 한몫했다. 문제는 일단 돈을 쓰면 이러한 소매 판매의 급증이 사라진다는 점이다. 영향은 일시적이다. 이는 과도한 부채와 적자가 어느 수준을 넘어서면 인플레이션보다 디플레이션을 유발한다는 관점과 일맥상통한다(그리고 미국은 그 수준을 훨씬 넘어섰다). 더 중요한 것은 팬데믹이나 전쟁 등 이에 비교할 만한 재난이 일어나지 않는 이상 추가적인 경기 부양책을 도입하거나 헬리콥터 머니를 풀 예정이 없다는 것이다. 미국 상원 의원 대부분은 트럼프 전 대통령이나 바이든 대통령이 코로나19가 발생한 이후 몇 년 동안 추진했던 종류의 지출을 선호하지 않는다. 팬데믹 때문에 지출했지만 이런 날들은 잠깐뿐이다.

부채와 인구구조의 변화가 유발하는 인플레이션의 효과는 장기적이다. 현재 조건에서 통화정책과 정치는 인플레이션을 일으키지 않을 것이다. 단기적으로 물가상승률을 높이는 요인이 있으며 가격을 더더욱 높이는 재귀 함수를 만들 만한 행동 변화가 있을 것인가? 그렇다. 바로 공급사슬과 가격 상승으로 끝나는 공급 충격의 등장이다. 이 역학은 헬리콥터 머니처럼 일시적이지 않아서 빨리 해결하지 않으면 더 심각해진다. 공급사슬은 복합적이기 때문에 정책 입안자들이 통제할 수 있는 범위를 넘어선다.

공급 충격 인플레이션은 지금 눈앞에서 일어나고 있다. 주유소, 식료품점, 네일 숍에서 물가상승이 발생한다. 2020년 봄에 문을 닫았던 사업이 재개되었지만 에너지 및 인건비가 증가해 소비자가 내야 할 가격도 높아진다. 공급사슬의 가격 충격은 소비자가 볼 수 없는 무수한 방법으로 존재한다. 운송 비용, 컨테이너 비용, 도킹 비용, 창고 수수료, 체선료, 벌금 및 패널티, 그리고 글로벌 공급사슬을 잇는 물류 연결고리 수천 개에서 발생하는 비용 등이 그 예다. 에너지 비용은 서방의 정책상 실수와 아시아의 지정학적 요인으로 인해 상승하고 있다. 더 높은 차원에서 살펴보자면 중국의 갈라서기, 미국의 행보, 새로운 공급업체와 고객을 중심으로 한 신규 공급사슬 건설은 향후 비용을 증가시킬 것이다. 이러한 비용은 국가 안보와 인권이라는 관점에서 가치 있을지 모른다. 하지만 값을 치르는 사람은 고객이다.

공급사슬의 실패가 유발하는 전반적인 인플레이션은 이미 발생하고 있고 또 지속될 것이다. 문제는 인플레이션을 상쇄하는 디스인플레이션의 힘이 선로 위를 달려가는 인플레이션 열차를 멈추게 할 수 있느냐는 것이다. 이를 5장의 주제로 다루려고 한다.

디플레이션은
위협적인가?

5장

2000년에서 2002년 사이에 수면 위로 떠오른 주식 버블은 2006년부터 2010년까지의 주택 버블보다 더 위험했다. 연준은 두 자산 버블이 합쳐졌던 1980년대의 일본과 2007년의 미국으로부터 무엇을 배웠는가? 사실상 아무것도 배우지 못했다.

– 제러미 그랜섬Jeremy Grantham(영국 투자 전문가),

《대소동을 벌이자Let The Wild Rumpus Begin》[1]

디플레이션의 사례

최근 미국의 인플레이션이 40년 만에 최고치를 향해 달려가고 있다. 공급사슬에 생긴 차질로 상품이 부족해지자 가격이 상승했다. 디플레이션 또는 전면적인 디플레이션이 발생하기 어려워 보이기도 한다. 하지만 실상은 다르다. 디플레이션이 일어나느냐 마느냐는 경제의 더 근본적인 요인에 직면했을 때 인플레이션이 완화될지 아닐지에 달려 있다. 연준이 인플레이션을 누그러뜨리는 정책을 잘못된 타이밍에 펼치지 않을지, 너무 과도한 정책을 펴지는 않을지의 여부도 관건이다. 디플레이션이 일어날 것이며 연준이 정책을 잘못된 타이밍 또는 과도하게 펼칠 것이라는 전망이 모두 사실이라고 결론 내릴 만한 이유가 있다. 경제는 기초 경제 여건을 살펴보았을 때 디플레이션을 향하고 있다. 2018년에 그랬듯 연준의 정책은 실패할 것이다. 현재 상황은 1970년대와 같지 않고 1930년대의 경제 상황을 반복하지 않는 것만으로도 운이 좋은 것이다.

디플레이션의 전조가 되는 역학을 살펴보기 전에 디플레이션과 디스인플레이션을 구분해보자.* 디플레이션은 실제 가격의 하락을 의미하는데 1930년대에 전 세계적으로 일어난 현상이다. 디스인플레이션은 물가는 여전히 상승하지만 더 느리게 상승하는 현상이다. 물가상승률이 4%에서 1.5%로 떨어지는 것은 디스인플레이션의 한 예시다. 물가는 1.5%로 여전히 상승하지만 이전의 물가상승률보다는 실질적으로 낮다. 그럼에도 불구하고 디스인플레이션이 인플레이션에 속한다면 왜 인플레이션을 다뤘던 이전 장에서 살펴보지 않았을까? 답은 디스인플레이션이 실질 금리와 행동에 미치는 영향과 관련이 있기 때문이다. 이때 디스인플레이션은 인플레이션보다 디플레이션과 공통점이 더 많다. 쌍둥이는 아닐지라도

---

* 디플레이션deflation은 물가상승을 의미하는 인플레이션inflation과는 반대로 물가가 지속적으로 하락하는 현상을 뜻하고, 디스인플레이션disinflation은 물가는 상승하지만 그 상승률이 지속적으로 낮아지는 현상을 나타낸다(옮긴이).

가까운 친척 사이로 비유할 수 있다. 몇 가지 사례를 보면 조금 더 명확히 알 수 있을 것이다.

디플레이션이 발생할 때는 이율이 0일지라도 실질 금리는 여전히 높을 수 있다. 금리가 0이고 물가하락률이 3%라면(−3%의 인플레이션) 실질 금리는 3%다. 수학 공식으로 써보면 다음과 같다. [0−(−3)]=3. 명목 금리가 3%고 물가상승률이 4%인 경우와 비교해보자. 이 경우에 실질 금리는 −1%다. 수학 공식으로 써보면 다음과 같다. 3−4=−1. 계산은 간단하지만 심리적으로는 거울을 보듯 반대로 생각해봐야 한다. 디플레이션에서 명목 금리는 낮아진다고 할지라도 실질 금리는 높아진다. 이것이 디스인플레이션이 인플레이션보다 디플레이션과 닮은 이유다. 물가상승률이 5%에서 1.5%로 떨어졌다고 하자. 명목 금리는 3%를 유지한다(디스인플레이션의 예시다). 그럼 실질 금리는 마이너스 2%(3−5=−2)에서 1.5%(3−1.5=1.5)로 상승한 것이다. 디플레이션과 디스인플레이션 모두에서 실질 금리가 더 높아지기 때문에 이 둘을 유사한 현상으로 묶는다. 소비자 행동 측면에서도 마찬가지다. 물가상승률이 3%에서 7%로 상승할 경우 아마 (확실하지 않지만) 일반 미국인들은 이러한 추세가 지속되거나 악화될 것이라고 예상할 것이다. 이 경우 적응적 행동 양식을 보일 것이다. 돈이 많이 드는 품목을 더 빨리 사려고 할 것이고 자성예언으로 가격을 상승시킬 수 있는 상품을 비축할 것이다. 반대로 물가상승률이 3%에서 1%로 떨어지면 미국인은 물가가 더 떨어지거나 적어도 다시 상승하지는 않을 것이라고 예상할 수 있다. 이 경우 가격이 훨씬 상승할 것이라는 위험이 거의 없기 때문에 구매를 미룰 수 있다. 7%든 1%든 모두 물가가 상승한 것이다. 하지만 중요한 것은 수준이 아니라 추세다. 디스인플레이션은 인플레이션보다는 디플레이션이 일어날 가능성이 크다는 이야기다. 디스인플레이션과 디플레이션 모두 실질 금리가 높아지고 성장이 더뎌지며 소비를 미루거나 감소하는 방향으로 흘러간다. 이것이 바로 디스인플레이션과 디플레이션을 하나의 주제로 묶어서 바라보는 이유다. 비록 거울의 각각 다른 면에 있을지라도 말이다. 우리는 용어를 정확하게 골라서 사용할 것이다. 그래도 디스인플레이션에 대해 언급할 때 디스인플레이션은 디플레이션과 유사하게 취급되어야 하며 다수의 효과가 같다.

미국의 디스인플레이션 또는 디플레이션 사례를 살펴보고자 한다면 우선 1970년대 상황과 비교하면 된다. 1970년에 물가가 급등하자 연준은 불을 끄기 위해 극도의 긴축을 해야 했다. 신기하게도 경제학자들은 여전히 1970년대에 왜 인플레이션이 일어났는지 침을 튀기며 토론하고 있지만 폭넓게 동의하는 관점은 없다. 경제학자 댄 앨퍼트Dan Alpert는 이에 관해 세 학파의 의견이 있다고 한다. 재정 적자와 1969년 초에 펼친 저금리 정책을 탓하는 보수주의자들, 1971~1973년 사이에 브레턴우즈 금본위제의 막을 내리게 한 닉슨 충격(닉슨 충격은 1971년에 미국의 대통령이었던 리처드 닉슨이 취한 일련의 경제 조치를 말하며, 가장 주요한 조치는 미국 달러와 금 사이의 태환 제도를 일방적으로 폐지한 것이다-옮긴이)을 탓하는 제도주의자들, 그리고 1973년과 1979년의 유가 충격 두 번 때문에 인플레이션이 일어났다고 하는 케인스파 진보주의자들로 나뉜다.[2]

앨퍼트는 재정 적자와 저금리, 그리고 인플레이션 간에는 큰 상관관계가 없다는 점에서 보수적인 관점을 단번에 일축했다. 1970년대를 조사한 결과, 그때보다 오늘날이 요소 간의 상관관계가 더 적었다. 실제로 음의 상관관계를 향해가고 있는데 적자가 더 커질수록 물가가 덜 상승하거나 하락하기 때문이다. 그때나 지금이나 이유는 같다. 통화유통속도가 감소한 것이다. 만약 통화유통속도가 충분히 느려지면 돈을 찍어내도 인플레이션을 유발하지 않을 것이다. 앨퍼트는 수적인 관점보다는 원유 금수조치 두 번으로 인플레이션이 일어났다는 진보주의자와 케인스주의적 관점이 더 일리 있다고 여겼다. 이 사례는 외부의 공급 충격이 경제에 타격을 주고 중간재와 완제품에 파급효과를 일으키는 비용 상승 인플레이션 모델에 잘 들어맞는다는 점을 보여준다. 이러한 충격은 인플레이션 기대치를 높이고 더 높은 임금에 대한 수요가 일어나거나 수요 견인 인플레이션으로 돌아올 수 있다. 그렇다 하더라도 그 원인은 공급 측면에 있다.

앨퍼트는 닉슨 충격이 인플레이션을 유발했다는 제도주의자의 의견에 무게를 두고 가장 타당하다고 믿었다. 닉슨 대통령이 무역국에 달러를 더 이상 금으로 바꿔주지 않기로 했을 때, 자신이 의도했던 바처럼 달러가 평가 절하되었던 기존 금본위제로 돌아가지 않았다(금본위제 일시적 정지). 금본위제는 막을 내렸다. 환율은 요동

치기 시작했다. 그 이후로 세계는 불안정한 환율 속에서 살아가게 되었다. 금본위제가 낳은 결과는 달러로 표시된 금의 가격이 급격하게 상승한 것이다. 금은 이제 국제 시장에서 자유롭게 거래되며 금값은 꾸준하게 상승하기 시작했다. 1971년 8월 15일, 닉슨이 금본위제도 정지를 발표한 당일에 금 1온스(약 8.3돈)당 가격은 35달러에서 1973년 말에 137달러로 올랐다. 1979년 말에는 450달러로 상승했다. 1980년 1월 말에 금은 온스당 8백 달러에 잠시 근접했다가 다시 물러섰다. 1980년 1월의 평균 가격은 온스당 625달러였다. 이러한 시장 활동으로 금 가격이 상승했다고 널리 인식되었다. 하지만 금은 불활성 금속으로 화폐 이외의 용도로 쓰일 가능성이 낮다. 금 가격의 상승은 달러 가치의 폭락으로 이해될 수 있다. 1971년 7월, 1달러를 주면 금 1/35 온스를 살 수 있었다. 1979년 12월, 1달러로 살 수 있는 금은 1/450 온스였다. 금 1온스는 변하지 않았지만 달러가 폭락한 것이다. 금 가격을 시간순으로 살펴보면 1971년부터 1979년까지 달러의 가치가 92% 하락했음을 알 수 있다. %를 보면 이는 대공황 시작 당시 주식시장이 붕괴했을 때보다 훨씬 심각했다.

이러한 맥락에서 금은 달러 가치의 붕괴를 측정하는 유일한 중립적 지표였다. 다른 통화는 유용한 준거 틀이 아니다. 다른 통화 기준으로 금에 대한 가치도 붕괴하고 있었기 때문에 각 통화 간의 붕괴는 미미했다. 1970년대 말에 금, 은, 토지, 석유 및 실물 자산에 대한 모든 주요 통화의 가치가 떨어졌다.

달러가 붕괴하자 1970년대의 유가 상승이 재조명되었다. 석유 가격은 1973년 말에 배럴당 3달러에서 12달러로 상승했고, 첫 번째 석유파동이 일어났던 1974년 초에는 300% 상승했다. 그러다 2차 석유파동이 일어난 1979년, 석유 가격은 배럴당 20달러에서 40달러로 100% 급등했다. 석유 가격은 1973년부터 1979년까지 전체 기간을 고려해볼 때 1200% 상승했다. 금은 1973년 말에 온스당 137달러에서 1979년 말에 온스당 450달러로 올랐다. 1973년부터 1979년까지 달러의 가치는 70% 평가절하되었다. 아랍 국가들은 석유를 사려면 더 많은 달러를 내야 한다고 했지만 1달러당 가치는 더 낮았다. 1979년에 1달러는 1973년에 1달러에 비해 0.30달러의 가치만 있었다. 새롭게 조정된 가치를 반영해보자면 이는 즉, 달러가 구매력을 상실했을 때 석유 약 40달러는 실제로 12달러였다는 것을 의미한다. 석유 가격은 1970년대에 상승했지만 실질적으로는 1200%가 아니라 300%가 상승했다. 1971년과 비교했을 때 석유의 실질 가격은 배럴당 3달러에서 3.20달러로 9년 동안 겨우 7% 상승했다. 연간 1% 미만으로 상승한 것이다. 한마디로 1970년대에는 실질적으로 유가 충격이 없었다는 뜻이다. 하지만 달러는 폭락했고 하이퍼인플레이션의 경계에 있었다. 유가를 올렸다고 아랍 국가들을 비난할 수는 없었다. 그들은 달러 가치가 하락하는 와중에 손익분기점을 넘기려고 했을 뿐이다.

지금까지 1970년대의 에너지 가격을 살펴보았다. 요점은 적어도 직접적인 방식으로 똑같은 일이 일어날 수 없다는 것이다. 중단할 금본위제는 없고 더 높은 인플레이션 기대치는 연쇄 반응을 상쇄한다. 달러는 통화 지수로 측정했을 때 2021년과 2022년에 걸쳐 더 강세를 보였으면 보였지 약세를 보이고 있지는 않다. 실제로 2021년 이후 유가가 급등하고 있다. 이 부분은 중요하게 다루어져야 한다. 실질적인 유가 상승에는 유가 하락의 씨앗이 숨어 있기 때문이다. 에너지 가격이 상승함에 따라 다른 상품을 구매할 수 있는 소비자의 가처분 소득이 적어진다. 에너지를 사용하는 사람은 대체재를 찾고 에너지 생산자는 생산량을 증가시킨다. 점차 경제가 둔화되고 유가는 다시 낮은 수준으로 돌아선다. 실제 가격 메커니즘은 가격을 스스로 수정하는 한편, 인플레이션 가격의 메커니즘은 지속적으로 명목 가치를 불릴 뿐이다. 한 가지 예외는 대규모의 전쟁이다. 전쟁이 일어나면 가격을 통제할 수 있고, 전략적으로 비축한 석유를 풀며, 프래킹과 새로운 탐사, 파이프라인에 제약을 완화할 수 있다. 더 넓은 관점에서 보면 초기 조건이 완전히 달라서 2020년에 유가와 에너지 가격은 1970년대와 같은 영향을 받지는 않을 것이다. 금본위제를 포기했다는 것은 달러가 더 이상 금과 연계되어 있지 않아서 인플레이션의 기차를 작동시키는 상황이 일어나지 않는다는 점을 뜻한다. 달러가 왕이었을 시절, 유가 인상은 단순한 명목상의 인상이 아닌 실질적인 인상이었다. 이는 오를 수 있는 실질적·정치적인 한계가 있다는 것을 의미했다.

앨퍼트의 디스인플레이션 이론의 두 번째 부분에서는, 사용되지 않는 방대한 미국 노동력 풀과 엄청난 산업 생산능력이 정부 지출과 소비자 지출, 통화유통속도의 증가를 흡수할 수 있다고 밝혔다. 미국은 인프라, 제조, 주택, 교육에 대한 투자를 늘릴 수 있는 충분한 여지가 있다. 요약하자면 미국 경제는 심각하게 고전 중이다. 부분적으로는 초세계화와 오프쇼어링 때문이고 또 한편으로는 자본 대비 낮은 임금 때문이다. 이러한 예비 능력은 병목현상을 일으키지 않으면서 빚을 내는 재정 지출 등 막대한 규모의 지출과 투자를 흡수할 수 있다. 이러한 종류의 지출은 현명하게 한다면 인플레이션을 유발하지 않으면서 생산량을 더하고 생산성을 증가시킬 수 있다. 앨퍼트는 만약 노동에 대한 수익이 높아져 가계 구매력이 향상하면서 발생한 인플레이션이라면, 또 인플레이션이 가속화되지 않을 경우 완만한 인플레이션도 그리 나쁘지 않을 수 있다고 덧붙였다. 균형을 잘 유지할 수 있다면 부채의 실질적인 부담이 줄어든다는 추가적인 이점이 있다. 현 정부가 풀어야 할 또 다른 과제다.

많은 증거가 미국의 잠재적인 노동력 풀이 크다는 주장을 탄탄하게 뒷받침하고 있다. 미국 경제, 특히나 중소기업에서 노동력 부족이 영향을 미친다는 보도는 대중의 착각을 불러일으키는 허구다. 물론 어디서나 구인 광고 표지판을 볼 수 있는 것이 사실이며, 레스토랑은 주방에 직원이 부족해서 주문한 메뉴가 늦게 나올 수 있다고 고객에게 정기적으로 안내한다. 맥도날드의 초임 임금은 3만5천 달러이며, 복지 혜택을 주고 주문 접수원과 계산원 교육을 제공한다. 슈퍼마켓은 선반이 비어 있는 현상을 물건 부족이 아니라 선반에 물건을 채울 점원이 부족하다고 탓한다. 2022년 3월에 미국 실업률은 오미크론 변종 바이러스와 공급사슬 문제에도 불구하고 3.6%로 하락했다. 거의 모든 측정치를 살펴보았을 때 노동력 부족은 진실처럼 보인다.

이 데이터는 더 강력한 현실을 감추고 있다. 미국은 잠재적 근로자가 부족한 것이 아니라 일할 의지가 있는 근로자가 부족하다는 것이다. 소위 말하는 노동력 부족 현상의 이면에는 아마 단순히 구직하지 않는 잠재적 핵심 생산 인구 8백만 명이 군대처럼 늘어서 있다. 이 집단의 일부는 조기 은퇴, 육아, 교육, 또는 건강 문제 등 타당한 이유로 구직하지 않고 있다. 이를 감안하더라도 여전히 잠재적인 근로자 수백만 명은 일자리를 구하지 못하고 있다.

아직 공석인 일자리 수백만 개가 있고 (구직 중이 아니라서 실업자로 분류되지 않는 사람을 포함했을 때) 실업자 수백만 명이 있는데 이런 일자리가 채워지지 않는 이유는 무엇인가? 이유 중 하나는 고용주가 시장 청산 임금을 줄 수 없기 때문이다. 팬데믹의 영향으로 투입 비용과 세금이 높아졌고 수요가 감소했기 때문이다. 락다운, 격리, 마스크 의무화 및 사회적 거리 두기로 가장 큰 타격을 입은 서비스 부문이 특히나 그렇다. 상품 부문은 서비스 부문보다 더 견고하게 버텼지만 상품 대부분은 임금이 저렴한 국가에서 수입되었다. 미국 달러에 대한 해당 국가 화폐가 평가 절하되면서 비용을 감당할 수 있었기 때문이다. 어떤 경우에도 미국의 노동력은 외국 상품 생산에 있어 실질적인 생산 요소가 되지 못한다. 그렇기에 수입품에 대한 수요가 있다고 할지라도 미국 노동시장은 인플레이션

압력을 주지 않게 된다. 미국 노동력 활용이 부진한 또 다른 이유는 2021년에 미국 구조 계획법으로 실업 급여가 늘어나고 실업 급여 보장 기간과 육아 세액 공제가 늘어났기 때문이다. 이에 따라 미국인들이 집에 있는 것이 쉬워졌고 심지어 많은 이들은 실업 수당을 다 쓴 이후에도 일터에 나가지 않았다. 노동자들이 일하지 않는 것에 익숙해지면 기술과 일하는 습관을 잃어 영원히 노동인구에서 배제된다는 주장을 뒷받침하는 광범위한 연구가 있다. 노동력이 부족하지는 않지만 노동시장은 역기능적이다. 높은 임금을 제공하고, 교육받을 기회를 주며, 몇몇 정부 복지 정책을 철회하고, 민간 부문 혜택을 확장하는 등 이러한 요소들이 점진적으로 결합한다면 노동인구로 집계되지 않은 수백만 명을 다시 노동인구로 끌어들일 수 있다. 상황이 이렇게 전개된다면 큰 노동력 풀은 가까운 미래에 수요 견인 인플레이션이 소비자 가격 인플레이션의 동인이 되지 않도록 보장할 것이다.

지출과 경기 부양책이 인플레이션을 유발하지 않으리라고 시사하는 마지막 요소는 투자다. 지출에는 사람들에게 지원금을 제공하거나 생산성을 높이기 위해 장기 투자하거나 인프라 및 연구·개발을 증진하는 등 여러 가지 목적이 있을 수 있다. 후자의 목적으로 지출할 때는 디플레이션이나 디스인플레이션의 두 가지 효과가 나타난다. 첫 번째 효과는 사용할 수 있는 노동력 풀을 복지 혜택이 많은 고임금 일자리로 흡수시키는 것이다. 이로써 임금은 높아지고 소득 불평등은 줄어든다. 이런 종류의 고용은 높은 생산성과 궤를 같이한다. 생산성이 임금 인상을 초과하는 한 인플레이션을 일으킬 힘이 없다. 두 번째 효과는 개선된 인프라와 연구·개발 구축으로 얻는 이득이 이 활동에 참여하는 노동자에 국한되지 않고 사회 전체에 퍼지는 것이다. 다시 말해 1950년대와 1960년대에 미국이 경험했듯이 생산성을 향상하는 지출은 인플레이션을 유발하지 않는다. 전체적으로는 지출보다 이득이 더 크기 때문이다.

어떤 경제라도 성장이 둔화되고 실업률이 높아지면 디플레이션을 초래할 수 있다. 인플레이션을 일으키지 않으면서 성장률을 높이고 완전 고용을 만들어내는 것이 도전 과제다. 중국과 갈라서면 디스인플레이션을 막고 생산성 향상을 도모할 수 있다. 값싼 노동력이 매력적일 때는 저부가가치 상품을 제조할 때뿐이다. 고부가가치 상품을 제조하려면 더 값비싼 노동력이 효율적이다. 그래야 생산성이 더 높기 때문이다. 이 과정에서 투자의 도움을 받는다면 인플레이션 없이 일자리가 더 많이 창출되고 생산량과 임금이 늘어날 것이다. 초과 노동력이 흡수되고 증가한 생산성이 임금 등 더 높은 투입 비용을 능가하므로 인플레이션은 완화된다. 미국 달러가 강세면 어느 정도의 투입물을 수입할 때 상대적으로 비용이 낮게 유지된다. 높은 금리는 성장을 더디게 하기는커녕 튼튼한 경제와 자금에 대한 높은 수요와 관련이 있다. 투자는 그 자체로 새로운 능력을 창출하며 인플레이션을 일으키지 않고 총 수요를 흡수한다. 중앙은행원을 포함한 미국 정책 입안자들은 저금리, 저비용, 낮은 물가상승률을 추구하는 데 너무나 많은 시간을 쏟은 나머지 고

금리와 고임금, 달러 강세, 그리고 완만한 인플레이션이 튼튼한 경제의 징후라는 점을 잊고 있다. 여분의 노동력과 투자를 통한 생산력 증대, 달러 강세로 인해 낮아진 해외 투입량 비용은 인플레이션을 일으킬 잠재력을 가지고 있다.

디스인플레이션과 디플레이션은 어떤 경우에도 이득이 될 가능성이 있다. 특히 현명하게 투자했다면 생산성이 증대해 인플레이션을 진정시키는 효과가 있을 것이다. 투자가 제대로 이루어지지 않았다면 GDP 대비 부채 비율이 인플레이션을 잠재울 것이다. 첫 번째 경우는 노동자와 사회가 혜택을 보지만 두 번째 경우는 노동자와 사회 모두 얻는 이득이 없다. 결과론적으로 정책적 판단에 달려 있고 단기적 기대는 어렵다.

연준 실패의 귀환

연준 정책보다 예측하기 쉬운 요소는 거의 없다. 그 이유는 연준은 어떻게 할 것인지 미리 알려주고 정말 그대로 실천하기 때문이다. 시장을 예측하는 사람들은 연준의 말을 듣고 믿은 다음 어쩔 수 없이 실패할 경우를 감안하면 된다. 미국 연준이 잘못된 길로 발을 헛디딘다면 약 1년 정도의 예측은 정확할 것이다. 관건은 언제 연준이 현실에 굴복할지 그 시점을 추정하는 것이다. 우리는 만일의 사태에 대비해 시장이 보내는 신호를 봐야 한다. 특히나 채권시장

2부 화폐의 역할

과 유로화 선물 곡선 등을 살펴보는 것이 중요하다. 이를 비롯한 여러 지표는 연준이 벼랑 끝으로 향해가고 있다는 사실을 입증할 것이다. 연준은 그 사실을 가장 늦게 알아차리고 결국 방향을 바꾸게 될 것이다. 유일한 문제는 연준이 정신을 차리기 전까지 시장에 얼마나 큰 피해를 줄지다. 그 시점에서 연준은 새로운 정책을 발표할 것이고 애널리스트는 앞서 설명한 과정을 반복하면 된다.

1990년대 초반까지만 해도 이런 상황은 아니었다. 연준은 정책상의 실수를 범했지만 오류가 발생했다는 사실을 겸허하게 받아들였고 처음부터 정책을 신중하게 발표했다. 연준은 항상 국고채전문딜러(프라이머리 딜러라고 불리기도 하며 국채 시장에서 국채 인수 등에 관한 권리를 우선 부여받는 대신, 국채 유통시장에서 시장 조성자의 의무를 수행하는 국채 딜러를 뜻한다 - 옮긴이)라 불리는 증권 딜러와 선별된 몇몇 은행을 통해 운영되었다. 국고채전문딜러가 되기 위해서는 정식 자격증이 필요하지 않다. 자격증 대신 연준이 뉴욕 연방준비은행 공개 시장 거래 담당 부서(공개 시장 운영 데스크 또는 오픈 마켓 데스크)와 거래를 할 수 있다는 승인을 받으면 된다. 현재 국고채전문딜러 목록에는 기업 24곳이 포함되어 있는데, 대부분은 골드만 삭스, 바클레이Barclay, 시티그룹 등 잘 알려진 국제 은행이지만 애머스트 피어폰트Amherst Pierpont 증권사나 캔터 피츠제럴드Cantor Fitzgerald 투자 은행 등 비교적 덜 알려진 전문 그룹도 있다. 국고채전문딜러는 다양한 국채를 파는 시장과 사는 시장을 계속해서 작동하게 만들 의무가 있다. 국고채전문딜러가 연준 운영에 유동성을 제공하는 방법은 뉴욕증권거래소가 예전부터 시행해온 전문적인 시스템과 별반 다를 것이 없다. 국고채전문딜러는 그 대가로 연준 트레이더와 직접 대화할 수 있고, 희소성이나 전반적인 유동성, 그리고 모든 주문 불균형의 상태를 측정할 수 있다. 이 정보를 통해 자신이 운용하는 자금의 위험을 평가하고 고객에게 확실성을 제공한다.

1990년대 후반까지 국고채전문딜러가 되면 직접 연준 정책에 변화를 줄 수 있다는 또 다른 이점이 있었다. 공개 시장 거래 담당 부서는 일반적으로 공개적인 발표를 하기 전에 긴축정책이나 완화 정책 쪽으로 움직인다. 어떤 정책을 펼칠지 가장 선호하는 한두 명의 딜러에게 돌아가면서 알릴 것이다. 궁극적으로 내부자만이 알 수 있는 정보다. 하노버 스퀘어에 있는 해리바Harry's Bar나 로워 맨해튼 리버티 스트리트에서 걸어서 닿을 수 있는 바에서 술 한잔하면서 고객과 통화를 하다 보면 연준 정책 관련 정보가 새기도 했었다. 며칠 동안 때로는 더 긴 기간 동안 연준이 선호하는 딜러들은 결정적으로 뉴스에서 정책을 공식적으로 보도하기 전에 위험도가 낮은 트레이딩을 해서 이득을 볼 수 있었다. 연준은 이 시스템을 선호했다. 주요 뉴스를 발표해 세계 시장 전체를 뒤흔들지 않고도 미리 상황을 살필 수 있기 때문이었다. 펼치려던 정책을 조용히 철회할 수도 있었다. 이런 내부자 거래는 합법이었다. 궁극적으로 정부가 관여했기 때문이었다. 모든 것은 짜인 각본이었다.

연준과 국고채전문딜러의 편하고 효율적인 관계는 1994년 2월,

연방공개시장위원회FOMC가 연방기금금리FF의 목표를 변경할 것이라고 발표하면서 바뀌기 시작했다. 1995년 2월부터 FOMC는 5년이 지나면 회의록을 공개했다. 1997년 8월, 연준은 정책 금리가 실제 목표 금리임을 인정하고 뉴욕 연준에 지시하는 형태로 목표 금리를 발표하기 시작했다. 1998년 12월, 미국 롱텀캐피털매니지먼트Long-Term Capital Management, LTCM(1990년대 이름을 날리다 러시아 모라토리엄으로 파산한 미국의 유명한 헤지펀드다. 과도한 레버리지 투자의 위험성을 대표하는 사례로 꼽힌다 - 옮긴이)를 구제한 직후부터 FOMC는 통화정책을 변경할 때마다 바로바로 발표하기 시작했다. 1999년 5월 이후 FOMC는 모든 회의에서 정책 변화가 있든 없든 성명을 발표했다. 이러한 변화는 12년에 걸쳐 차근차근 이루어졌다. 위험의 균형에 대한 성명(1999년), 반대표 관련 공지(2002년), 인플레이션 추가 예측 및 회의 3주 뒤 FOMC 회의록 공개 결정(2004년), 의회 제출 통화 보고서에 2년 예측 추가(2005년), 예측 빈도 증가 결정 및 2년 대신 앞으로 3년간의 예측 시작(2007년), GDP·실업률·인플레이션에 대한 장기 예측 추가(2009년), FOMC 회의 뒤 기자회견(2011년), 흔히 '전망치Dots'라 불리는 FOMC 회의 참가자의 연방기금 전망 발표(2012년) 등이 그 예다. 1994년부터 2012년까지 18년 동안 연준은 불투명성에서 완전한 투명성으로, 완전한 투명성에서 예측으로 나아갔다. 해당 기간에는 1998년에 아시아 금융위기, 2000년에 닷컴 버블로 인한 시장 붕괴, 2008년에 국제 금융위기, 2020년에 팬데믹 공황 등이 일어났다. 통계학에 막 입문한 학생 모두는 상관관계가 인과관계가 아니라는 것을 알고 있겠지만, 연준의 투명해지려는 노력과 빈번한 재정 위기 간의 상관관계는 두드러진다. 해리스 바에서 비밀을 공유하며 은밀하게 연준을 운영했던 시대로 돌아가는 것도 고려해볼 만한 문제다.

물론 요즘에는 투명성이 중요하다. 또 애널리스트는 연방 기금 목표 금리를 지속해서 줄이고 물가상승률을 전망하고 전망치를 통해 연준이 하는 일을 정밀하게 살펴봄으로써 이득을 볼 수 있다. 적어도 단기적으로는 그렇다. 그리고 연준의 실패에 대한 합리적인 추정에 근거해 미래의 변곡점을 추론할 수 있다. 이것은 인플레이션, 디스인플레이션, 심지어는 디플레이션을 예측하는 데 중요한 점을 시사한다. 2021년 8월 27일, 파월이 연례 잭슨홀 심포지엄(휴양지 잭슨홀에서 개최하는 연례 경제정책 심포지엄으로, 주요국 중앙은행 총재와 재무장관, 경제학자 등이 참석하며 잭슨홀 미팅이라고도 불린다 – 옮긴이) 연설에서 2021년 말 이전에 연준은 자산 매입을 줄이겠다는 전조를 보인 이후 긴축의 길에 들어섰다. 파월은 테이퍼링이 끝나면 금리를 올리겠다고 언질을 주지 않았지만 금리 상승은 논리적인 단계였다. 또한 테이퍼링의 종료 시점을 불분명하게 남겨두었다. 시장은 발표를 당연한 일로 받아들였다. '테이퍼링 폭발(급격한 금리 상승과 채권 가격의 하락)' 같은 것은 없었다. 2013년 5월에 벤 버냉키Ben Bernanke 전 연준 의장이 이와 비슷하게 자산 매입 축소를 시사했을 때와는 달랐다. 2021년 11월 3일, 파월은 테이퍼링을 공식적으로 발표했다. FOMC는 150억 달러의 현물 구매를 줄이겠다고 밝혔다. 그 속도라면 2022년 7월까지 테이퍼링이 끝날 것이다. 불과 3주 뒤 골드만삭스는 고객들에게 연준이 자산 매입 프로그램을 축소하는 테이퍼링 규모를 매달 기존 150억 달러에서 3백억 달러로 2배 확대하기로 했으며, 2022년 3월까지는 테이퍼링이 끝날 것이라고 말했다. 2021년 12월 15일, FOMC는 테이퍼링 규모를 3백억 달러로 확대하며 테이퍼링을 3월에 종료할 계획이라고 밝혔다. 아마 연준은 우호적인 은행에 여전히 정보를 흘릴지도 모른다. 2022년 1월 26일, 차기 FOMC 회의에서 테이퍼링이 3월 초에 종료될 것임을 확인했다. 그리고 "물가상승률이 2%를 훨씬 웃돌고 노동시장이 강하다면 위원회는 조만간 연방 기금 금리 목표 범위를 높이는 것이 적절하리라고 생각된다"라고 덧붙였다.[3] 연준은 실망시키지 않았다. 2022년 3월 16일, FOMC는 회의에서 연방 기금 목표 금리를 0.25%로 인상할 것이라고 밝혔다. 추가로 2022년 5월 4일에는 0.50%, 2022년 6월 15일에는 0.75%, 2022년 7월 27일에는 0.75% 인상했다. 2022년 9월의 연준 기금의 목표 금리는 2.25%였고 더 높은 곳을 향해갔다. 연준은 매월 1천억 달러씩 대차대조표를 축소(보유한 자산을 감축)하는 새로운 양적 긴축 프로그램Quantitative Tightening, QT을 시작했다.

대차대조표와 금리 인상을 통한 이중 긴축정책을 시행한 이유는 2021년 8월에 인플레이션을 겪고 겁을 먹었기 때문이었다. 2020년의 기저 효과가 2021년 7월에 사라지고 파월의 예상처럼 인플레이션이 일시적인 현상이 아니게 되었다. 그러자 파월은 연준의 테이퍼링 및 금리 인상이라는 긴축 도구를 사용함으로써 갑자기 인플레이션과 싸우는 태세로 전환했다. 2021년 11월부터 2022년 3월까지 연준의 금리 인상은 바로 8년 전에 벤 버냉키가 고안한 연준의 계획으로부터 기인했다. 이는 다음 질문을 던지게끔 한다. 버냉키의 원래 계획은 성공적이었을까? 오늘날의 시장 참가자들은 예전 정책을 기반으로 해서 어떤 예측을 해야 할까? 이러한 질문에 대한 답은 주식시장 투자자들에게 결정적으로 불쾌한 결과를 시사한다.

계획을 보면 현재 파월은 버냉키와 정확히 같은 길을 걷고 있다. 2013년 5월 22일에 버냉키는 연준이 소위 테이퍼링이라고 불리는 자산 매입 규모를 축소하기 시작할 것이라고 밝혔다. 월스트리트의 낙관주의자와 금융 전문가들은 별로 큰 문제가 되지 않을 것이라고 여겼다. 어쨌든 연준은 아직도 돈을 찍어내고 있었다. 단지 더 느린 속도로 찍어내고 있었을 뿐이다. 그래도 시장은 이러한 행보가 무엇을 위한 것인지 알고 있었다. 경제학에서 모든 행동의 이면에는 이윤 추구 동기가 있다고 한다. 테이퍼링은 통화 긴축의 한 형태다. 여전히 증권을 사고 있더라도 사실 더 적게 구매하는 것만으로도 레버리지 비율이 높은 투자자들이 캐리트레이드Carry Trade(저금리로 조달된 자금으로 외국 자산에 투자하는 거래 – 옮긴이)에서 벗어나고 자산 배분가들이 달러 쪽으로 돌아서게 하기에는 충분했다(달러 강세는 긴축의 다른 형태다). 투자자들은 테이퍼링이 폭발하자 신흥시장 채권을 덤핑했고 달러로 돈을 옮겼으며 이사회 전체는 레버리지를 줄였다. 본격적인 재정 공황은 아니었지만 버냉키의 관점에서 안심하기에는 너무나 공황에 가까운 모습이었다. 2013년 9월 18일 FOMC 회의에서 테이퍼링이 시작될 수 있다는 힌트를 준 이후 버냉키는 출발 신호를 보내는 행동을 망설였다. 실제 테이퍼링은 2013년 12월 18일에 시작되어 2014년 10월 29일에 끝났다.

시장은 '리프트오프(금리 인상)'를 기다렸다. 2006년 6월 29일 이후 첫 번째 금리 인상이 될 터였다. 8년 이상 금리를 인하하고 제로 금리 정책을 펼친 이후 금리 인상 카운트다운이 시작되었다. 시장은 한참을 기다려야 했다. 2015년 12월 16일, 재닛 옐런Janet Yellen이 연준 의장에 부임할 때까지 리프트오프는 발생하지 않았다. 세계경제는 그해 8월과 12월 중국 위안화 급락과 8월 내내 일어난 미국 주식시장 붕괴라는 두 차례의 급격한 주식시장 폭락에서 살아남았다. 긴축정책을 펼칠 시기는 아니었다. 하지만 연준은 3년째 리프트오프를 하지 않았다는 부끄러움을 피하고자 별 이유 없이 긴축재정을 시행했다. 연준이 앞서 알린 지침을 이행하기 위해 잘못된 일을 잘못된 타이밍에 자초한 것을 보여주는 아주 좋은 예시였다. 2015년 12월 이후, 2016년 12월 14일 두 번째로 금리를 인상하기 전까지 1년간은 경제 불황이었다. 이 시기를 거친 이후에 금리 인상 속도는 빨리 회복되었다. 2017년 3월, 6월, 9월, 12월에 0.25%씩 증가했으며, 2018년 3월, 6월, 9월, 12월에도 0.2%씩 증가했다. 2018년 12월 19일까지 연방 기금 목표 금리는 2.25~2.5% 사이로, 베어스턴스가 무너지기 시작하던 2008년 3월 이후 최고치를 찍었다. 2018년 2월 5일, 파월이 연준 의장직에 올랐다. 변한 것은 아무것도 없었다. 버냉키와 옐런이 그랬던 것처럼 연준은 앞서 제도적인 목표를 알려주었다. 파월도 비슷한 방식으로 추진했다. 미리 알려주는 것은 연준 의장들의 성격이 아니라 정책이었다는 점도 중요하다. 연준은 2018년 12월까지 오래전부터 추구하던 금리 정상화라는 목표를 사실상 달성했다. 연준은 금리를 인상하는 동안 대차대조표의 M0 본원통화를 2015년 10월 최고치인 4조 1천억 달러(리프트오프 직전)에서 2019년 9월 3조 2천억 달러로 22%나 줄였다. 본원통화의 공급 축소는 금리 인상을 보완했다. 이는 재정 긴축의 한 형태였고 2008년부터 2015년까지 돈을 찍어내 불을 끈 뒤에 통화량을 정상화하기 위한 노력이었다.

연준의 긴축정책에는 한 가지 엄청난 문제점이 있었다. 2018년 9월부터 시장은 들썩이기 시작했다. 2018년 9월 20일에 S&P 500 지수는 역대 최고치인 2930을 기록한 뒤, 2018년 12월 24일까지 2351로 급락했다. 최악의 크리스마스이브였다. 이는 19.8% 급락이었으며 해당 지수를 백 일이 되기도 전에 하락장으로 전환하기 일보 직전까지 밀어붙였다. 연준이 계속해서 금리를 인상하고 통화량을 줄였는데도 시장이 붕괴했다는 점을 주목해야 한다. 즉, 시장은 이것이 실수라고 분명한 증거를 보여주고 있는데 연준은 미리 지침을 주고 또 정상화하는 정책을 고수하고 있었다. 물가상승률은 2018년 10월에 2.5%에서 11월에 2.2%, 12월에 1.9%, 2019년 1월에 1.6%로 하락했다. 주가 하락과 물가상승률 하락은 연준이

　　　　　　　　　　　　2부 화폐의 역할

과도하게 긴축하고 있다는 명백한 징후였지만 연준은 모른 척했다. 심지어 연준은 시장 붕괴가 시작된 지 세 달이 흐른 시점에서도 긴축했다. 그해 12월 금리 인상은 최후의 희망이었다. 2018년 12월 24일, S&P 500 지수는 거의 하루 만에 3%나 하락했다. 역대 최악의 크리스마스 성적이었다. (연준을 비판하는 사람 대부분의 관점과는 반대로) 연준이 주식시장 동향을 특별히 신경 쓰는 것은 아니다. 하지만 시장이 무질서할 때는 신경을 쓴다. 12월 24일의 실적이 9~12월의 드로다운Drawdown(주식시장이 통화정책 긴축과 성장 둔화 속에 고점에서 후퇴하는 현상 – 옮긴이)과 겹치자 시장을 무질서하다고 판단했다. 연준은 마침내 시장이 던지는 메시지를 이해했다.

연준은 며칠 내로 방향을 선회하기 시작했다. 2019년 1월 4일, 파월은 애틀랜타에서 열린 미국경제협회American Economics Association, AEA 연례 회의에서 벤 버냉키와 재닛 옐런과 나란히 패널로 앉아 추가적인 금리 인상에 대해 "인내심을 갖고 기다릴 것"이라고 답했다. 페드 워처(미국의 통화정책 동향을 보고 행동하는 미국 등의 금융 관계자 – 옮긴이)들은 '인내심'이라는 단어가 '금리를 올린다고 말하기 전까지는 금리를 올리지 않을 테니 그때까지 돈을 갚을 것은 갚고 받을 것은 받을 수 있다'라는 암호라는 점을 알고 있었다. 시장은 좋아했다. 파월이 방향을 바꾸자 다우존스 산업평균지수는 몇 분 안에 600포인트가 상승했다. 하지만 강경론에서 온건론으로의 선회는 반만 완성된 것과 다름없었다. 그는 시장이 숨을 고를 수 있도록 잠시 멈춘 뒤에도 계속해서 금리를 올릴 것으로 예상했다. 본원통화는 끊임없이 감소했다. 2019년 10월, 초기 반등 이후 주요 주식시장 지수는 여전히 2018년 9월 수준에 머물렀다. 2019년 9월 말, 연준은 기준 통화량을 3조 2천억 달러로 늘리면서 순자산 매각을 종료했다. 추가 흔들리기 시작했다. 연준은 새로운 양적 완화를 시작했고 2020년 1월까지 천천히 M0을 3.4조 달러로 끌어올렸다. 또 2019년 7월 31일부터 금리를 인하하기 시작했고 이후 9월과 10월에도 0.25% 포인트 추가 인하했다. 그 뒤 코로나19가 터졌다. 연준은 2020년 3월 3일에 긴급회의를 열고 금리를 0.5% 인하했다. 2020년 3월 15일, 3월 19일, 3월 23일, 3월 31일에 열린 긴급회의에서 금리를 4번 더 낮췄다. 30일이 채 지나지 않아 금리는 다시 제로로 돌아왔다. 동시에 본원통화 규모는 2020년 5월에 5조 1천억 달러로 폭발했다. 그리고 그 뒤 2021년 12월에 6조 4천억 달러로 다시 급증했다. 통화량 증가의 다른 척도들은 더 큰 폭으로 올랐다. 연준의 정상화 계획은 파국으로 치닫고 있었다. 금리는 다시 제로로 돌아갔고 통화량은 사상 최고치를 기록했다. 연준은 방 탈출 게임에서 탈출에 성공하지 못한 것이다.

이 실패로부터 얻는 교훈은 무엇일까? 첫 번째, 정책 방향성이 잘못되었다는 시장의 경고에도 불구하고 연준은 기존 정책을 고수했던 것이다. 이 점은 2018년 11월에 분명해졌다. 당시 연준은 긴축 정책을 폈고 경제는 휘청거리기 시작했다. 하지만 지난 2018년 12월에 마지막으로 금리를 한 번 더 올렸고 이는 거의 시장의 붕괴를 초래했다. 두 번째, 연준은 실물경제를 어떻게 읽는지 모른다.

연준 지도부는 실업률(노동 참여율이 낮기에 오도할 소지가 있다), 임금 인상(인플레이션으로 인해 오도할 소지가 있다), 주가 상승(패시브 인덱스에 투자하기에 잘못된 위안을 준다)에 초점을 두었다. 주식시장은 지행 지표다. 주가가 하락할 때쯤이면 이미 경제는 심각한 피해를 본 후다. 채권시장과 유로달러(유럽 은행에 예금되어 있는 미국 달러 – 옮긴이) 선물 곡선에는 통화정책이 성공했는지 실패했는지를 가늠하는 지표가 훨씬 더 잘 나타나 있다. 하지만 연준은 이를 눈치채지 못한 것처럼 보였다. 세 번째 교훈이자 투자자들에게 가장 중요한 교훈은 연준이 다시 실패할 것이라는 점이다. 그 결과 많은 사람의 예측과는 다르게 인플레이션보다는 디스인플레이션이 일어날 것이다. 그러나 연준의 통화정책의 실패로 닥칠 결과와 이야기의 결말 간에는 중요한 차이가 있다.

연준이 다음에 어떤 행보를 보일지, 그리고 경제에 어떤 영향을 미칠지에 대한 최선의 관점은 긴축 사이클 전체를 살펴보아야 알 수 있다. 긴축 사이클의 첫 단계는 테이퍼링 미리 보기다. 그다음에는 테이퍼링의 시작이다. 테이퍼링이 끝나면 금리가 인상된다. 그 뒤 자산 판매로 인해 본원통화가 감소한다. 각각의 목표는 금리를 2.5% 범위로 낮추면서 한편으로는 본원통화를 2조 5천억 달러 가까이로 줄이는 것이다. 경제는 긴축정책이 진행됨에 따라 둔화된다. 여태까지 경제의 활력은 완화된 통화정책에 기댔었기 때문이다. 자산 가치가 하락하기 시작한 탓에 인플레이션 기대치는 낮아진다. 연준은 이러한 신호에도 불구하고 계속 재정 긴축정책을 고수할 텐데 채권시장의 신호와 유로달러 선물 곡선을 제대로 읽지 못하기 때문이다. 연준은 무질서하게 주가가 하락하지 않는 이상 주가 하락을 문제 삼지 않는다. 그러나 마지막으로 유동성 위기가 커지는 순간에 시장은 무질서하게 붕괴하고 만다. 연준은 금리 인상과 통화량 축소를 빠르게 멈춘다. 연준은 경제와 시장이 더 악화되면서 금리가 0으로 돌아가고 본원통화가 역대 최고치에 도달할 때까지 금리를 인하하고 본원통화를 늘리는 방향으로 선회한다. 그 이후 자산 가치가 회복되고 사업 여건이 개선된다. 그 시점에서 사이클이 완료되고 연준은 테이퍼링할 다음 기회를 기다린다.

벤 버냉키와 재닛 옐런, 그리고 제이 파월이 시작한 사이클은 버냉키가 테이퍼링을 하겠다고 신호를 보낸 2013년 5월부터 제이 파월이 다시 테이퍼링을 한다고 신호를 준 2021년 8월까지 8년에 걸쳐 진행되었다. 긴축 국면은 파월이 새로운 금리 인상은 없다고 발표한 2013년 5월부터 2019년 1월까지 6년이 조금 덜 되는 시간 동안 지속되었다. 그리고 완화 사이클은 2018년 1월부터 2020년 3월까지 금리가 0이었을 때부터 15개월 동안 진행되었다. 이 과정이 반복된 터라 2007년 9월부터 금리가 거의 0에 가까웠던 2008년 12월까지 15개월 동안 초기 완화 사이클을 손쉽게 설명할 수 있었다. 분명한 것은 완화 사이클은 긴축 사이클보다 훨씬 더 빠르게 진행된다는 점이다. 완화 사이클은 긴축이 유발한 무질서한 시장 상황에서 일어나는 비상 반응이기 때문이다.

긴축 사이클은 이러한 사이클의 반복에서 2013년에 버냉키가 시작했던 6년간의 긴축보다 훨씬 더 빠르게 진행될 것이다. 첫 번째 이유는 테이퍼링을 시작한 뒤 첫 번째 금리 인상까지 버냉키 때는 2년이 지연되었는데 파월 때는 4개월만 지연되었기 때문이다. 두 번째 이유는 파월의 테이퍼링 종료와 금리 인상 사이에 지연이 없었기 때문이다. 버냉키의 후임 재닛 옐런의 경우 13개월의 시차가 있었다. 세 번째 이유는 옐런 시절에는 첫 번째와 두 번째 금리 인상 사이에 12개월의 공백이 있었지만, 파월의 경우 첫 번째로 금리를 인상한 뒤 그다음에 금리를 인상하는 속도가 빨랐기 때문이다. 한마디로 제이 파월은 성격이 급한 사람이었다. 그는 2021년 말 치솟는 물가상승률에 놀라 물가상승을 짓누르면서 낭비한 시간을 만회하고자 했다. 또한 최악의 크리스마스를 거친 뒤 2019년 1월에 그만두었던 금리 및 통화량 정상화 정책으로 돌아가기를 바랐다. 빠르게 금리 상승을 하면 두 가지 목적을 이루는 데 도움이 된다.

시장은 이 장면을 본 적 있다. 2013년부터 2018년까지의 긴축 과정은 연준의 긴축을 강인한 경제와 전 세계 금융 위기의 진정한 종식의 신호라는 관점에서 바라보았기 때문에 초기에는 시장의 지지를 받았다. 경제가 더 부강해지고 세계화의 비용이 낮아지며 이윤이 더 커진다면 금리를 올리는 것이 타당했다. 정상적인 비즈니스 사이클에서 일어나는 일이니 말이다. 하지만 2013년 이후에 정상적으로 진행된 것은 하나도 없었다. 특히나 탄탄한 비즈니스 사이클은 찾아볼 수 없었다. 트럼프 정권의 연평균 성장률은 오바마 정권 때와 거의 비슷했다. 2009년 경기가 회복되기 시작했을 때부터 2020년 팬데믹이 닥쳤을 때까지 약 2.2%였다. 이는 미국 역사상 가장 긴 회복 시간(129개월)이었지만 가장 결과가 미미했던 회복 기간이기도 했다. 오바마-트럼프 경기 회복기의 연평균 성장률은 2.2%였다. 1980년 이후부터 2021년까지 경기 회복기의 연평균 성장률인 4.4%와 비교된다. 트럼프 옹호론자들이 계속해서 주장하는 바와 같이 트럼프 시기의 연평균 성장률은 적당했지만 그렇다고 엄청난 것은 아니었다. 2018년에 시작된 무역 전쟁에는 강력한 정책적 근거가 있었을지 모르지만 성장에 제동을 걸었다. 2018년 분기별 미국 GDP는 1분기 3.8%, 2분기 2.7%, 3분기 2.1%, 4분기 1.3%였다. 무역 전쟁 가운데 2018년 성장률은 그해 내내 꾸준히 하락했으며 4분기에는 주식시장 위기의 전주곡을 울렸다. 연준은 긴축정책을 폈고 경제 상황은 악화되었다. 하지만 연준은 계속해서 긴축했다. 2018년 말에 주식시장은 주가 20% 하락으로 응답했다.

제이 파월이 긴축 타임라인을 가속화한 것처럼 시장도 그 반응을 가속화할 것이다. 파월은 폭주하는 인플레이션을 성공적으로 멈출 확률이 높다. 하지만 2018년에도 그랬듯이 성장을 둔화시키고 경제를 불황의 벼랑 끝으로 밀어붙일 것이다. 그 시점에서는 인플레이션이 아니라 시장의 붕괴가 문제가 될 것이다.

폭풍 주의보

디플레이션과 인플레이션 기대치를 낮추는 가장 빠른 길은 시장 붕괴다. 머지않은 미래에 일어날 일이다. 정확한 타이밍은 불확실하다. 복잡하고 역동적인 시스템의 본질적 특성이 그렇기 때문이다. 붕괴는 높은 확률로 여전히 전반적인 시스템의 측정 지표와 시스템 자체의 밀도 함수에 기초한다. 정책 입안자들과 월스트리트 옹호자들은 시장 붕괴를 논의하는 데 거부감을 가지고 있다. 이 점은 이해할 만하다. 시장 붕괴에 대해 논의하게 되면 불리한 결과가 전망된다. 일반 투자자와 기관 자산 운용사들은 이런 전망을 간과하고 있다. 포트폴리오에 미치는 함의가 어마어마한데도 말이다. 시장이 붕괴할 때 돈을 버는 방법이 있다. 첫 번째, 시장이 붕괴하리라는 점을 예측해야 한다. 이 책의 목적은 붕괴의 원인을 설명하는 것이다. 그 시점부터 시장이 디플레이션의 동력을 받는 것은 자명하다.

오랜 연륜을 자랑하는 투자자 제러미 그랜섬과 연구원들은 지난 백 년간의 데이터를 사용해 시장 버블을 연구했다.[4] 그들은 시장 평균 추세에서 표준편차가 +2 수준이면 버블이라고 정의한다. 표준편차는 시그마라고도 불리는 통계 척도를 의미한다. 표준편차가 2를 웃도는 사건은 동전 던지기와 같은 공정한 방법을 사용했을 때, 마흔네 번 시도에서 한 번 정도 발생한다. 시험 삼아 1년이라는 기간을 임의로 잡아보도록 하자. 표준편차 2의 시장은 시장 붕괴라는 메커니즘을 통해 언제나 버블이 생기기 이전의 추세로 돌아간다. 시장은 동전 던지기보다 더 무의미한 인간의 행동으로 움직인다. 표준편차가 2일 때 실제로 붕괴는 35년마다 한 번 일어난다.

그랜섬은 슈퍼 버블이라고 부르는 특정 표준편차를 식별했다. 표준편차가 3일 때 발생하는 사건은 백 년에 한 번꼴로 일어나지만 인간의 행동으로 움직이는 시장에서는 실제 빈도가 더 잦아 40년에 한 번 일어난다. 이러한 빈도의 증가는 동시에 여러 시장에서 수많은 슈퍼 버블이 존재할 수 있다는 사실에 기인한다. 그랜섬 팀은 지난 백 년 동안 가장 규모가 컸던 슈퍼 버블 5개를 식별해보았다. 1929년과 2000년에는 미국 주식시장, 2006년에는 미국 부동산 시장, 1989년에는 일본 부동산 시장과 일본 주식시장. 이 슈퍼 버블 5개는 모두 아주 극적으로 터졌다. 물가는 버블 전의 추세로 돌아갔다. 파급효과와 금융 전염 현상Financial Contagion(특정 국가의 금융 혼란이 다른 나라로 퍼져나가는 것 - 옮긴이)으로 한 슈퍼 버블이 터지면 일반적으로 다른 시장에서 비슷한 붕괴가 발생한다. 예를 들어 1929년 미국 주식시장의 붕괴는 상업용 부동산의 폭락을 가져왔다. 2006년 미국 서브 프라임 모기지 사태는 주식, 은행, 파생 상품 등에 영향을 미친 전 세계 금융 위기로 이어졌다. 1989년에 일본의 부동산 시장과 주식시장의 붕괴가 동시에 일어났을 때만큼 이를 잘 보여주는 예시도 없다. 그 이후로 33년이 지났지만 시장은 1989년에 시장이 최고점을 찍었을 때로 회복하지 못했다.

그랜섬은 미국과 세계가 슈퍼 버블 4개가 동시에 터질 수 있는 상황에 놓여 있으며 재정 상태는 사상 최악이라고 주장했다. 이 슈퍼 버블 네 가지는 부동산, 주식, 채권, 원자재에서 발견되었다. 현재 미국의 주택 가격은 가구 소득의 수 배로 역대 최고 수준이다. 이 수치는 2006년에 부동산 시장의 붕괴 직전의 배율보다 크다. 가구 소득 대비 주택 가격 비율은 호주, 중국, 영국에서 더더욱 높아 세계적으로 붕괴할 확률이 분명히 높았다. 주가는 주가수익률PER, GDP 대비 총 주식 시가총액 비율(버핏 지수) 및 경기조정주가수익비율CAPE 등 여러 지표를 살펴보았을 때 사상 최고치 또는 거의 최고치를 기록했다. 미국 금융회사인 윌셔 어소시에이츠Wilshire Associates에서 발표하는 윌셔 5000 지수에 비추어봤을 때 GDP 대비 주식 시가총액 비율은 189.8%였다. 2008년에 국제 금융 위기 이전에는 105.3%였고 2000년에 닷컴 붕괴 이전에는 140.7%였다. 경기조정주가수익비율은 36.17이었다. 참고로 150년 평균 비율이 16.92, 중간 비율이 15.87이었다. 이 비율은 1929년의 최고치인 30보다 높으며 2000년의 최고치인 44.2 다음으로 높았다. 채권시장의 거품은 단순히 저금리 또는 제로 금리의 결과였다. 좋은 이유로 금리가 상승하거나(지속적인 성장) 안 좋은 이유로 상승하면(인플레이션) 채권 가격이 하락한다. 이것이 바로 채권시장의 피할 수 없는 법칙이다. 마지막으로 폭락하는 원자재 가격은 오늘날 우리가 볼 수 있는 식품, 에너지, 금속 원자재 가격 상승의 이면적인 모습이다. 이러한 가격 상승은 단기적으로는 지속될 수 있지만 결국 비용을 증가시키고 성장을 둔화시킨다. 소비자의 경우 1980년대 중반과 2008년에 국제 금융 위기 이후에 그랬던 것처럼 상황이 역전되어 재량 소득(가처분소득에서 기본 생활비를 뺀 잔액 – 옮긴이)이 늘어날 것이다.

위험성을 지적하는 사람은 그랜섬뿐만이 아니다. 게이브칼 리서치Gavekal Research의 루이스 빈센트 게이브Louis-Vincent Gave는 에너지 가격에 대해 주식의 가치를 측정하는 나름의 측정치를 고안했다.[5] 이 측정치는 경제활동은 에너지의 변환이며 화폐는 에너지로 저장된다는 견해를 기반으로 한다. 일리 있는 말이다. 돈을 벌려면 일에서 어떠한 형태의 에너지를 쏟아부어야 하는데 그 에너지는 육체나 지식을 동원해 만들어지거나 기업가가 창출할 수 있다. 에너지는 돈에 저장된다. 상품이나 서비스에 에너지를 쓸 때나 다른 사람의 노력에 투자할 때 에너지가 방출된다. 에너지 자체는 유가로 측정될 수 있으며 에너지 투입으로 얻는 경제적 효율성은 주가로 측정될 수 있다. 그러므로 유가에 대한 주가의 장기적인 비율은 현재 주가가 그 추세에 비해 높은지 낮은지 확인할 수 있는 기준선이 되어준다. 게이브의 방법론에 따르면 유가에 대한 S&P 500 비율은 120년 동안 487이었다. 이에 비해 현재는 1080이다. 게이브는 다음과 같이 분석했다.

S&P 500이 에너지 가격에 비해 크게 과대평가되었을 때 미국 주식시장은 구조적인 하락세를 보이기 시작했다. 1912년, 1929년, 1968년, 2000년이 그 예다…. 에너지 가격이 경제 체제

가 더할 수 있는 가치보다 더 빠르게 상승하기 시작한다면 쉽게 말해 에너지 가격이 S&P 지수보다 더 빠르게 상승한다면 시스템은 에너지 비용을 충당하기 위해 가격을 올려야 한다. 이 경우 인플레이션이 생기기 시작하고 수요가 하락하며 주가도 하락한다.[6]

이러한 관측은 현재 에너지 비용의 상승에 이어 주가가 하락하고 디플레이션이 발생하는 시나리오에 잘 맞아떨어진다. 원자재에 주식만큼 버블이 껴 있다는 그랜섬의 견해와도 일맥상통한다.

게이브의 지표에 따르면 유가 대비 주가의 추세로 돌아가려면 주가가 약 50% 하락해야 한다는 것을 시사한다. 그랜섬의 지표를 보면 2022년 2월에 평가를 기준으로 했을 때 주가는 47% 하락할 것이라고 예상된다. 주식시장에서 버블이 터져 뻗어나가기 시작한다면 하락 폭은 더 커질 것이다. 헤지펀드의 전설이라 불리는 스탠리 드러켄밀러Stanley Druckenmiller, 유명 경제학자 데이비드 로젠버그David Rosenberg, 더블라인 캐피털Doubleline Capital 최고경영자 제프리 건들락Jeffrey Gundlach 등 저명한 투자자들과 애널리스트들은 심각한 주식시장 하락에 대해 비슷하게 끔찍한 예측을 했다. 그랜섬은 버블 가치와 역사적인 시장 역학을 보여주는 데이터를 보면서 다음과 같은 결론을 내렸다. "심지어 모든 자산 등급에 대한 평가가 역사적인 수준의 3분의 2로 돌아간다 해도, 미국만 계산했을 때 자산의 총 손실액은 약 35조 달러와 비슷한 수준일 것이다."[7] 이 규모의 붕괴라면 그 결과는 심상치 않을 것이다. 우리는 이 책의 나머지 부분에서 붕괴의 결과물 몇몇을 살펴볼 것이다. 일단은 시장이 붕괴하면 인플레이션이 사라질 것이라는 설명만으로도 충분하다.

진짜 돈, 진짜 빛

노동시장의 둔화, 생산성을 향상하는 투자, 연준의 정책적 실수, 그리고 여러 시장에 끼어 있는 슈퍼 버블 외에도 인플레이션이 아닌 디플레이션이나 디스인플레이션의 방향으로 강하게 기울도록 하는 세 가지 역학이 있다. 시장 신호, 부채 수준과 인플레이션 기대치의 실제 역할이 바로 그것이다. 순서대로 살펴보겠다.

제프리 스나이더Jeffrey Snider 연구원과 그의 동료 에밀 칼리노프스키Emil Kalinowski 연구원은 탄탄한 데이터를 근거로 논문을 썼지만, 안타깝게도 시장 참여자와 정책 입안가의 주목을 받지는 못했다. 논문이 어려운 이유는 가장 이해하기 어렵고 시장 구석에 있는 파생 상품이나 환매조건부채권Repurchase Agreements, Repo 등 자금 조달 도구를 세세히 파헤쳐놓고 있기 때문이다. 전 세계가 주식과 부동산에 집중하는 동안 스나이더와 칼리노프스키는 예측적으로 분석할 수 있는 단서를 찾기 위해 채권시장을 속속들이 들여다보았다.[8] 채권시장에는 단서가 넘쳐났다. 시장은 경고를 울렸지만 주류 투자 매니저와 일반 투자자들에게는 굉장히 난해해 보였다. 두 전문가의 예측은 옳았다. 손해를 본 것은 이를 알아보지 못한 투자 매니저들과 일반 투자자들이었다.

이들의 가설은 연준이 찍어내는 본원통화 M0는 은행 딜러 계좌로 입금되기 때문에 관련성이 높지 않다는 점에서 시작되었다. 이 은행들은 본원통화를 연준에 초과 준비금으로 예치한다. 이 돈은 절대 실물경제로 간주하지 않는다. 인플레이션이나 통화유통속도, 재화와 서비스 생산에 영향을 미치지도 않는다. 미국 시중 은행이 찍어낸 돈이나 단기금융자산투자신탁Money Market Fund, MMF에 예치된 화폐인 M1과 M2는 더 강력하지만, 통화유통속도가 감소하기 때문에 전 세계 시장에 거의 영향을 미치지 않는다. 국제금융과 무역 및 투자에 실제로 동력을 일으키는 것은 중앙은행의 밖에서 찍어내고 거의 규제받지 않으며 규제 당국도 이해할 수 없는 그림자 화폐다. 바로 유로달러. 유로달러는 은행 간 또는 은행이 대기업에 대출하고 예치하는 금액으로서, 미국 달러로 표시되지만 직접적인 은행 규제를 받거나 보고의 의무가 없는 런던, 프랑크푸르트, 도쿄, 및 전 세계 오프쇼어뱅킹센터에서 만들어진다. 유로달러 예치금은 우량 증권 매입에 사용될 수 있다. 이러한 증권을 담보로 잡아 다른 은행으로부터 대출받은 돈으로 더 많은 증권을 매입하는 데 사용된다. 증권은 또 담보로 잡힌다. 규제되지 않은 달러와 담보 잡힌 증권, 은행 수수료, 은행 스프레드(은행이 차용자에게서 청구하는 이자율과 은행이 예금자에게 지불하는 이자율의 차이-옮긴이), 무역 이익, 그리고 국제무역과 외국인 직접 투자의 바퀴를 기름칠하기 위한 엄청난 레버리지가 존재할 때까지 방대한 피라미드가 쌓인다.

　마치 규제되지 않는 달러와 담보 잡힌 증권으로는 충분하지 않은 것처럼 또 다른 더 큰 피라미드가 파생 상품의 형태로 유로달러 위에 쌓여 있다. 기본적으로 은행 장부의 기저를 이루는 포지션에 부수적인 내기를 하는 것이다. 부수적인 내기를 건 파생 상품들은 규제되지 않을뿐더러 눈에 보이지도 않는다. 이들은 이해하기 힘든 재무제표의 각주에 명목 가치 합계로 존재한다. 하지만 재무제표 자체에는 등장하지 않으며 겉핥기식 이상의 자세한 내용은 공개되지 않는다. 기본 위치에서 주어진 가치에 관련해 만들어질 수 있는 파생 상품의 명목 가치에는 제한이 없다. 10억 달러 규모의 파생 상품 포지션은 백만 달러 증권 위에 놓여 있을 수 있으며, 5천 달러의 현금으로도 그 백만 달러 증권의 포지션을 지탱할 수 있다는 점을 염두에 두어야 한다. 이른바 0.5% '헤어컷(금융 상품의 가치를 현재 가치에 맞게 재조정함-옮긴이)'으로, 나머지 99만 5천 달러는 환매조건부채권 형태로 저당 잡힌 증권이다. 현금 주식 5천 달러가 보이지 않는 파생 상품 10억 달러를 지탱하고 있다는 사실이 무섭게 들린다면 이제부터 스나이더가 매일 보는 것이 눈에 보이기 시작하는 것이다.

　말도 안 될 정도로 레버리지 비율이 높은 유로달러 세계의 핵심은 담보물이다. 현금 5천 달러가 백만 달러의 포지션을 지탱하고 있고 99만 5천 달러가 담보물이라면 세상에서 가장 안전하고 유동적인 증권이어야 할 것이다. 레버리지 비율이 높은 트레이더와 반대로 움직이는 미닛 마켓Minute Market(분당 트레이딩과 비슷한 개념-옮긴이)은 순식간에 현금 포지션을 쓸어갈 것이다. 트레이더는 시장 상황에 따라 거래일 장이 마감할 때까지, 또는 거래일 내에 더 많은 담보물을 마련해야 한다는 마진콜(추가 증거금 청구)을 받게 될 것이다. 거래자가 마진콜을 이행하지 않으면 상대방은 거래를 종료하고 원래 대출금을 갚기 위해 증권 담보물을 판매한다. 마찬가지로 규모가 훨씬 큰 파생 상품 거래는 구축한 포지션에서 자금을 잃는 경우 트레이더가 우량 담보물로 충족시켜야 하는 자체적인 변동 증거금의 요건이 있다. 대출자의 관점에서 살펴보면 상대방이 트레이딩 시 손해를 본다면(담보를 추가로 요구할 것이다) 몹시 안 좋은 상황이나 담보 자체가 가치를 잃는다면 더 나빠진다. 거래 손실과 신용 부도가 합쳐지는 것이다. 이러한 매개변수를 고려할 때 유동성과 신용도, 낮은 변동성이라는 대출자의 요구를 충족하는 유일한 담보 유형이 있다. 바로 단기 미국 국채다.

이러한 조건에서 시작해 스나이더와 칼리노프스키는 다음과 같이 가정했다.

- 단기 미국 국채는 유로달러와 레버리지된 대출 및 파생 상품으로 구성된 거대한 피라미드를 쌓는 데 선호되는 안전한 담보다.
- 단기 미국 국채의 공급이 부족하다면 은행 딜러들은 위험도가 높은 담보를 사용하기 시작한다. 결국 더 위험한 담보물은

은행으로부터 레버리지와 대차대조표를 축소하게끔 한다.

- 극단적인 경우 담보가 부족하고 대차대조표가 축소되면 은행들은 대출을 지탱하기 위해 달러와 국채를 서로 손에 넣으려 할 것이다. 이 때문에 본격적으로 유동성 위기가 닥치고 일반적으로 달러가 부족한 현상으로 이어질 수 있다.

- 위기 국면에서 미 연준은 선정된 외국 중앙은행과 연계해 달러 스왑 라인을 활성화할 것이다. 이는 외국 중앙은행에 달러를 공급하기 위한 것이다. 이로써 외국 중앙은행은 인터뱅크 시장(은행과 거래 당사자 간에 구축한 신용 관계에 의존해 거래되는 일종의 신용 승인 시스템-옮긴이)에서 더 이상 달러를 손에 넣기가 불가능한 국가 시중 은행을 구제할 수 있다.

사건이 연속적으로 일어나면 두 가지 피할 수 없는 결과가 생겨난다. 무역과 금융은 막 발생하려는 인플레이션을 누르는 방식으로 수축하며 중앙은행은 달러 위기가 다가오는 것을 가장 늦게 알아차린다. 2008년과 2020년에 닥친 위기는 이 연속적인 순서를 정확하게 따랐다. 투자자들에게 던지는 질문은 다음과 같다. 과연 이러한 일이 다시 일어날 것인가?

연구에 따르면 투자자들에게 전 세계 달러 부족과 이와 관련한 단기국채 부족 현상이 나타나고 있는지 경고해줄 구체적이고 실증적인 징후가 있다고 한다. 또 다른 세계적 금융 위기가 닥칠지 모른다는 일종의 조기 경고다. 첫 번째 징후는 미국 국채 수익률 곡선이 평탄하게 되는 것이다. 이는 반드시 명목 금리가 하락해서 생긴 문제라고는 볼 수 없다. 단기금리와 장기금리가 같은 수준으로 수렴해서 생긴 문제다. 그리고 시장이 견고하게 성장하거나 인플레이션이 닥치는 것을 보지 못하고 그 반대를 본다는 것을 의미한다. 이 현상을 극단적으로 보여주는 것은 장기금리가 단기금리보다 낮은 역수익률 곡선이다. 이는 경기 침체 또는 그보다 더 안 좋은 상황과 항상 관련이 있는 밝게 번쩍이는 빨간 경고등과 같다.

이와 밀접하게 관련된 경고는 유로달러 선물 계약 가격 책정이다(유로달러 선물 계약은 전 세계에서 가장 큰 파생 상품의 거래가 이루어지는 시장으로, CME그룹이 운영한다). 이러한 계약은 증분되어 1개월, 3개월 주기로 만기가 돌아온다. 만기가 되는 일련의 계약을 10년 뒤까지 미리 이어붙여(유로달러 선물 스트립이라고 한다 - 옮긴이) 거래할 수 있다. 이 가격에는 트레이더들이 오늘부터 2년, 3년 또는 그 이후의 단기 유로달러 금리(유로달러의 대차거래에 적용되는 금리 - 옮긴이)가 어떻게 될 것이라고 생각하는지가 반영되어 있다. 가격은 정산일 액면 가격에서 할인된 금액이기 때문에 할인이 많이 들어갈수록 더 높은 수익률을 실현할 수 있다. 선도 금리가 가까운 미래를 반영하는 단기금리보다 높기에, 기본 형태의 수익률 곡선에서는 결산하는 달마다 가격이 단계적으로 낮아질 것이다. 다시 말해 과거의 몇몇 기간보다 금리가 낮은 역수익률 곡선은 시장이 둔화되거나 경기가 나빠질 수 있다는 사실을 경고하는 신호다. 시장이 최종적으로 보내는 신호는 은행들이 연준으로부터 자유롭게 구매할 수 있는 국채보다 더 낮은 수익률로 새롭게 발행하는 단기국채에 입찰하는 상황이다. 연준은 역레포(역 RP, 연준이 시중 은행으로부터 현금을 빌려오는 시장을 말한다 – 옮긴이) 거래를 해서 증권을 담보로 맡기고 현금을 받는다. 연준은 그 현금에 대한 금리를 지불한다. 왜 딜러는 연준이 제공하는 수익률보다 낮은 수익률의 단기국채에 입찰할까? 은행들이 필사적으로 국채를 손에 넣고자 하기 때문이다. 그렇게 하면 레버리지 비율이 높은 대차대조표를 지탱할 수 있다.

국채 수익률 곡선, 유로화 선물 곡선, 그리고 단기국채 금리는 환자에 비유하면 환자가 괜찮은지 아픈지를 알려주는 온도계, 청진기, 심전도 기계와 같다. 시장은 금융 시스템의 건강에 관해 우리에게 어떤 이야기를 전달하고 있는가? 2022년 7월 22일 현재, 만기가 1년 이상인 미국 국채 수익률 곡선은 반전되었다. 1년 만기 단기국채 수익률(3.029%)과 10년 만기 중기 국채 수익률(2.758%) 사이의 스프레드는 27BPS(1%의 27/100)를 조금 넘는 수준이다. 장기 금리가 단기금리보다 낮은 상황은 매우 이례적이다. 이는 경기 침체와 디스인플레이션이 올 것이라는 분명한 경고다.

유로달러 선물 가격은 더욱 흥미로운 이야기를 들려준다. 가격이 곡선을 벗어나기 시작하면 일반적으로 가격은 내려간다. 즉, 시장은 금리가 오를 것이라고 확신하고 있다는 뜻이다. 이 예상에 따르면, 2022년 7월 말 시점에서, 첫 계약 7건부터 2023년 2월까지 이 패턴은 계속된다. 2023년 3월에 갑자기 가격이 오르고(금리는 낮아진다) 2025년 6월까지 선물 계약 8번 내내 선도 금리가 낮게 유지되는 패턴이 지속된다. 이것이 바로 일반적인 시장에서는 일어나지 않는 역수익률 곡선이며 경기둔화와 2023년 초에 경기 침체의 가능성을 시사한다. 더 정확히 설명하자면 이 가격은 매일 변한다. 이 책을 읽고 있을 때쯤이면 변했을 것이고 내일 또 변할 것이다. 구난 신호를 보내는 조명탄은 사라질 수 있으며 조명탄이 단 하나도 발사되지 않았다는 사실은 심각한 우려를 불러일으킨다. 최근의 단기국채 경매에서 볼 수 있는 만기 이율은 연준이 기꺼이 제공하는 금리보다 더 낮다. 한마디로 수익률 곡선의 스프레드, 유로달러 선물, 그리고 단기국채 수익률이라는 세 가지 지표에는 성장이 둔화하고 경기 침체의 가능성이 있으며 글로벌 유동성 위기가 전망된다는 빨간불이 켜진 것이다. 이러한 조건은 인플레이션이 아닌 디플레이션과 디스인플레이션과 궤를 같이한다.

스나이더와 칼리노프스키는 두 가지 또 다른 요점을 설파했다. 첫 번째는 그들의 데이터가 학문적 모델이나 단순한 의견이 아닌 실제 시장의 측정치라는 것이다. 실제 트레이더가 진짜 돈으로 투자한 정보로 계속해서 업데이트된다. 물론 트레이더가 언제나 옳다는 뜻은 아니다. 이는 베이즈 추론(통계적 추론의 한 방법으로, 추론 대상의 사전 확률과 추가적인 정보를 통해 해당 대상의 사후 확률을 추론하는 방법－옮긴이) 기법을 사용해 디스인플레이션과 경기 침체에 대한 사전 예상치를 업데이트함으로써 시장을 다른 방법보다 더 잘 예측할 수 있다는 뜻이다. 두 번째는 이러한 예측이 향후 몇 년간 연준의 금리 인상 예상치와는 실질적으로 다를 것이라는 뜻이다. 사실 연준의 정책이 경기가 둔화되거나 나빠질 원인이 될 확률은 없다. 시장 참가자들은 연준이 긴축하는 것을 보고 경기가 둔화되거나 불황이 올 것이라고 추론한다. 이는 연준의 정책은 거의 언제나 틀렸고 시장에서 일어나는 일을 항상 마지막으로 알아차린다는 이 책의 견해와 일치한다.

다음에 일어날 디플레이션의 역학은 막대한 수준의 연방 부채에서 나올 것이다. 다시 말해 이 사실은 명백하다. 이 연구는 미국이 성장의 둔화, 심지어는 경제 침체라는 결과로 향하고 있다는 견해를 뒷받침한다. 미국 국가 채무는 최근 30조 달러를 돌파했다. 더 중요한 것은 그 액수가 미국 GDP의 130%라는 점이다. 점점 더 많은 연구 결과들은 GDP의 90%를 초과하는 국가 채무 수준은 GDP 증가율을 1.2% 하락시킨다고 한다. 선진국에서 부채 비율이 90% 미만일 때 연평균 GDP 증가율은 3.5%다. 부채 비율이 90%를 넘으면 증가율은 약 2.3%로 감소한다. 1.2% 포인트 하락이 사소하게 들리지만 그렇지 않다. 20년 동안 부채가 높았을 때 추정되는 손실은 부채가 낮았을 때보다 GDP가 4분의 1이 줄어든다는 것을 의미한다. 오늘날의 GDP 수치를 보면 GDP 하락 수준은 6조 달러의 손실을 입은 것과 마찬가지다. 이 이론을 보여주는 실제 사례를 찾아보려면 팬데믹 전에 가장 마지막에 쓰인 미국 GDP 보고서를 살펴보면 된다(팬데믹으로 인해 보기 드물 정도의 일시적인 쇠퇴와 회복이 일어났고 평균 GDP 성장률이 왜곡되었다. 팬데믹 이전 보고서는 더 의미 있는 기준선을 제공한다). 1980년 이후의 경제 회복기를 통틀어 보았을 때 연평균 GDP 성장률은 3.22%에 달했다. 2009년부터 2019년까지 장기 경제 회복기의 연평균 성장률은 2.1%였다. 장기적인 평균치를 최근 경제 회복기와 비교해봤을 때 연평균 성장률은 1.1% 하락했는데 이는 성장이 더뎌지고 부를 잃을 것이라고 예측하는 고부채 모델과 거의 정확히 일치한다.

이 분야의 선도적인 학자로는 카르멘 M. 라인하르트Carmen M. Reinhart와 케네스 S. 로고프Kenneth S. Rogoff가 있으며 빈센트 R. 라인하트와 공동 연구를 진행했다. 2021년에 공동 저술한 논문은 1800년대 이후 높은 부채가 성장에 미치는 위협적인 영향을 중점적으로 다뤘다.[9] 이 연구에서는 정부부채 비율이 높은 선진국에서 일어난 에피소드 26개를 소개한다. 높은 정부 부채란 GDP의 90%를 초과하는 빚을 의미한다. 각 에피소드에서는 예외적이거나 비정상적인 상황을 제외하기 위해 5년 이상 지속되는 부채를 다뤘다. 저자들은 이렇게 결론지었다. "부채가 높았던 에피소드 대부분, 그러니까 26개 중 23개 에피소드에서는 실질적으로 경제성장이 더뎠다." 요점은 저자들이 고부채·저성장 에피소드가 반드시 고금리와 관련이 있는 것은 아니라고 결론지었다는 것이다. "국가 채무 비율이 높다고 해서 반드시 언제나 실질 금리가 상승하거나 자본시장 접근이 어려운 것은 아니라는 점을 발견했다. 실제로 26건 중 11건은 국가 채무가 GDP 대비 90%를 넘으면, 실질 금리는 낮아지거나 GDP 대비 국가 채무가 낮았던 때와 거의 같아졌다." 이러한 발견은 부채가 증가하고 성장이 더뎌졌지만 금리는 제로 또는 제로에 가까운 수준이었다. 미국 재무부가 채무를 갚는 데 어려움이 없었던 2009년~2019년 경제 회복기의 미국과 전적으로 일치한다.

중앙은행이 화폐를 찍어 높은 채무를 지면 반드시 하이퍼인플레이션이 발생한다는 생각은 사실이 아니다. 하이퍼인플레이션이 일어날 수 있지만 국가 채무가 GDP의 200% 이상으로 늘어나고 성장률이 서서히 0에 수렴하는 채무자의 감옥Debtor's Prison(중세 시기 유럽에서는 가족이 빚을 갚을 때까지 채무자를 하나의 커다란 감방에 감금했다. 채무를 갚기 전에는 나오지 못한다는 것을 의미한다－옮긴이)으로 갈 확률이 높다. 어떤 결과가 초래될지 이해하려면 바이마르 독일 대신 1989년 이후의 일본을 떠올려보라.

자국 통화로 자금을 조달하는 국가와 외화, 보통 미국 달러로 자금을 조달하는 국가 사이에는 실질적인 차이가 있다. 달러로 자금을 조달하나 달러를 찍어내지 않는 국가는 자국의 통화를 평가 절하하거나 바로 채무 불이행을 선언하고 재협상할 수 있다. 라인하트와 로고프의 연구에서는 아르헨티나를 경제 선진국으로 분류하지 않지만 연속적인 채무 불이행과 채무가 유발하는 하이퍼인플레이션이 어떤 것인지 보여주는 좋은 예다. 자국이 찍어내는 화폐로 채무를 지는 국가는 채무 불이행을 할 필요가 없다. 돈을 찍어내서 부채를 갚으면 된다. 미국을 포함한 국가들은 이런 옵션을 선택해 느리고 꾸준한 인플레이션을 추구할 수 있다. 경제공황을 일으키거나 일반 소비자들의 행동을 변화시키지 않으면서 부채의 실질 가치를 깎아내리는 것이다. 이 정책은 재정정책 우위(중앙은행의 통화정책이 재정 당국의 자금 조달 수요에 종속되는 상황-옮긴이)라는 이름 아래 행해지는데, 이는 재정정책(채무)이 통화정책(화폐 찍어내기)을 지배한다는 것을 의미한다. 미국은 1946년부터 1980년까지 이러한 정책을 성공적으로 해냈다. 하지만 1976년 이후 인플레이션은 통제 불능 상태에 빠졌다. 재정정책 우위의 성공 열쇠는 화폐 환상에 달렸다. 이 현상은 낮은 수준의 인플레이션이 시민들의 구매력을 낮춤에도 이 사실을 알아차리지 못한다는 것을 뜻한다. 재정정책 우위에 내재되어 있는 위험성은 어떤 외부적 사건이 화폐 환상의 버블을 터트려, 소비자들이 가격을 인상하기 전에 상품을 더 많이 사고, 구매력 보존을 위해 노동 인력 수요가 증가하면서 갑자기 수요 견인 인플레이션으로 행동이 전환된다는 것이다. 높은 유가로 공급 쇼크가 일어난 뒤 1970년대 후반 미국에서 일어난 일이었다. 휘발유 가격이 3배나 오르자 화폐 환상은 사라졌다. 한도 없이 적자를 내도 되고 화폐를 찍어낼 수 있다고 믿는 현대 화폐 이론이 오랫동안 지위를 유지한다면 또다시 그런 일이 일어날 수 있다.

장기적인 인플레이션을 배제할 수 없지만 채무의 덫이 어떻게 작용하는지를 고려했을 때 단기 디스인플레이션 또는 디플레이션이 일어날 가능성이 훨씬 크다. 라인하트와 로고프가 묘사한 것처럼, "채무를 져도 아무렇지 않다는 시나리오는 토머스 스턴스 엘리엇T. S. Eliot이 쓴《텅 빈 사람들The Hollow Men》의 한 구절을 연상시킨다. '세상이 이렇게 끝나는구나, 쿵 터지면서가 아니라 훌쩍이면서.'" 높은 채무의 사례는 오늘날의 미국에서 찾아볼 수 있다. 성장이 더뎌지고 디스인플레이션이 일어날 것이라는 증거는 설득력이 있다. 앞으로 몇 년 동안 인플레이션이 눈에 띄게 일어나는 일은 없을 것이다.

결국 디스인플레이션이나 디플레이션이 일어날 것이라고 주장하는 사람들은 인플레이션 기대치가 걷잡을 수 없게 되어 사람들이 적응적으로 행동하기 시작하고, 이 행동이 인플레이션을 낳는다는 주장을 접어야 한다. 실시간으로 인플레이션이 발생한다면 소비자는 당연히 인플레이션에 반응할 것이다. 그런데 미래에 인플레이션이 일어난다는 기대를 바탕으로 소비자들이 행동을 변화시킬 것이라는 증거는 무엇일까? 이러한 명제를 뒷받침하는 경험적 증거는 거의 없거나 존재하지 않는다. 연방준비제도이사회 경제학자 제러미 B. 러드Jeremy B. Rudd는 최근 연구 논문에서 이 주제를 심도 있게 탐구했다.[10] 그는 다음과 같이 요약했다.

많은 경제학자는 인플레이션 과정의 중심에 인플레이션 기대치가 있다고 본다. 마찬가지로 많은 중앙은행은 대중의 인플레이션 기대치를 중요한 정책 목표 또는 수단으로 '고정하거나' '관리'하고 있다. 필자가 관찰한 결과, 인플레이션 역학을 설명하기 위해 인플레이션 기대치를 이용하는 것은 불필요하고 부적절하다. 불필요한 이유는 설득력이 다소 떨어질지라도 대체할 만한 설명이 존재하기 때문이다. 부적절한 이유는 설득력 있는 이론적·실증적 근거가 없으며 심각한 정책상의 오류를 초래할 수 있기 때문이다.

러드는 인플레이션이 맹위를 떨치면 직원은 더 높은 임금을 주는 일자리를 찾을 것이고(상사와 대립하거나 높은 임금을 받기 위해 직장을 그만둔다) 기업은 가격을 인상할 것이라고 선뜻 인정한다. 하지만 인플레이션을 기대해서 이런 행동을 하는 것은 아니다. 실제 인플레이션이 있을 것이라고 예상되니까 이런 행동을 하는 것이다. 내년에 인플레이션이 예상된다고 해도(사람들 대부분은 아마 이런 생각을 하지 않을 것이다) 오늘날의 행동에 거의 또는 전혀 영향을 미치지 않는다. 물론 오늘날의 인플레이션이 지속된다면(4장에서 큰 틀을 설명했다) 기대가 현실이 되고 행동이 변할 수도 있다. 하지만 적응적 행동이 자성예언처럼 인플레이션을 진짜 유발하기까지는 몇 년이 걸릴 수 있다(1968~1975년 때처럼 말이다). 인플레이션 기대치가 인플레이션 유발에 아무런 영향을 미치지 않는다는 가장 설득력 있는 증거가 있다. 인플레이션이 계속해서 발생하면 행동이 바뀔 수 있지만 그렇다고 더 빨리 바뀌는 것은 아니다. 물가가 빠르게 상승하고 있더라도, 경제 둔화, 신규 투자, 높은 생산성과 채무로 인해 더뎌진 성장 등 복합적인 영향으로 인해 인플레이션은 완화될 것이다. 연준의 그릇된 판단으로 인한 긴축은 자성예언이 되기 전에 막을 내릴 것이다. 인플레이션 기대는 예측할 수 있는 미래에서 어떤 역할도 하지 않을 것이다. 최종 단계에서 인플레이션이 일어날 수는 있지만 아마 몇 년 뒤의 일일 것이다. 지금은 디스인플레이션과 디플레이션이 지배적이며 달러에 대한 신뢰가 상실될 때까지 이 현상이 유지될 것이다.

맺음말

카스트로 휘하의 쿠바나 소련, 베네수엘라 등과 같이 이데올로기가 법의 적용을 왜곡시키고, 실적으로 자격을 평가하지 않으며, 군중을 침묵시키고, 법이 불평등하게 적용된다면, 이런 사회는 고삐 풀린 사회다. 그런 이데올로기적 디스토피아 속에서는 결국 선반은 텅텅 비고 화폐는 무가치해지며 국가는 가난과 혼란으로 퇴보한다. 그것이 바로 우리가 기다리는 미래일까?

      – 빅터 데이비스 핸슨Victor Davis Hanson, 《왜 이데올로기는 고대부터 문명의 적이 되어왔는가Why Ideology Is the Ancient Enemy of Civilization》[1]

공급사슬은 소싱 업체와 중개 업체, 최종 사용자를 비롯해 창고, 항만, 공장 바닥 등 여러 중간 지점으로 구성된 복합적인 시스템이다. 선박, 트럭, 비행기와 드론을 통해 물건을 배송하는 운송 노선이 사이사이를 연결한다. 여느 복합적인 시스템과 마찬가지로 병목현상이 발생하거나 점검 지점이 막히면 붕괴될 수 있다. 또한 어떤 한 지점에서 문제가 생기면 전체 시스템으로 파급효과가 일어나면서 시스템은 완전히 붕괴될 수 있다. 그런 사건이 드물게 일어날 것이라고 기대하지만 사실은 정반대다. 공급사슬 시스템의 회복력은 신속하게 고장을 파악하고 효과적인 개선 조처를 하는 데서 기인한다. 이런 유형의 대응이 성공하는 것은 미리 시나리오를 돌려봤거나 준비가 되어 있었거나 성공적으로 리허설을 돌려보았기 때문이다.

오늘날 공급사슬 관리는 주문 규모가 한 사슬에서 끊어지는 연결고리보다 더 크다는 어려움을 마주하고 있다. 소위 메타 공급사슬이라고 부르는 것은 실제로 존재한다. 글로벌하고 보이지 않으며 규모를 측정할 수 없는 공급사슬이다. '글로벌'이라는 용어가 무엇을 의미하는지는 지난 30년 동안 초세계화가 일어난 이 시점에서 당연해 보일 수 있다. 하지만 글로벌 공급사슬은 상하이에서 시애틀까지 한쪽에는 공장이 또 다른 한쪽에는 유통센터가 있는 노선 그 이상을 의미한다. 한 공급사슬의 연결 지점이 그 공급사슬에 제품을 공급하는 업체와 연결이 되어 있다는 것을 뜻한다. 세계의 모든 국가가 매끄러운 망으로 연결되어 있다. 너무 넓게 펼쳐져 있어 눈에 띄지 않고 너무 빽빽하게 짜여 있어 전체를 보기 어렵다. 이를 이론화한다면 역학을 이해할 수 있겠지만 사실상 아무도 파악할 수 없다. 공급사슬의 규모는 중요하다. 치명적인 붕괴의 위험은 초선형 형태로 된 규모의 함수로 드러난다. 규모를 2배로 늘리면 붕괴 위험이 4배로 증가할 수 있다. 규모를 백만 배 늘리면 재앙이 발생하는 위험성은 1조 배 더 커진다. 다시 말해 이해할 수 없고 불확실하다. 어쨌거나 붕괴하는 것은 시간문제다.

이것이 바로 지금 세계가 직면한 상황이다. 메타 공급사슬이 붕괴하고 있다. 항만 적체, 트럭 부족, 빈 선반 등의 측정점들은 주요 사건이 아니라 증상이다.

붕괴 속도는 규모의 함수이기도 하다. 눈사태는 시스템 전체가 붕괴하는 현상의 예다. 눈송이 하나가 눈사태 한 번을 일으킬 때 그 눈사태는 탄력을 받아 기존의 범위를 벗어나 사방을 눈덩이로 뒤덮는다. 한 마을이 눈으로 덮이는 것이다. 눈사태는 몇 초 또는 몇 분 안에 일어날 수 있는 일이다. 다만 모든 시스템의 붕괴가 그리 빨리 진행되는 것은 아니다. 대영제국처럼 수십 년에 걸쳐서 붕괴하거나 로마제국처럼 수 세기에 걸쳐 붕괴한다. 메타 공급사슬이 붕괴에 수년이 걸리는 것은 놀라운 일은 아니다. 무엇보다 중요한 점은 그 과정이 시작되었다는 것이다.

특정 원인을 정확히 규명할 수 있지만 이러한 원인은 단순히 인과관계를 구성하는 요소보다는 휘발성을 띤 혼합물의 촉매에 가깝다. 특정한 행위가 아니라 메타 공급사슬의 규모와 복합성 때문에 붕괴가 일어난다. 무언가가 이 과정을 피할 수 없게 할 것이다. 2018년 트럼프 전 대통령이 중국과의 무역 전쟁을 선언하면서 공급사슬이 본격적으로 붕괴하기 시작했다. 팬데믹으로 항만과 유통 센터, 교통 노선 등이 폐쇄되자 붕괴의 규모는 더 커졌다. 채찍 효과는 문을 닫은 소매점에서 중국 공장을 향해 반대 방향으로 뻗어 나갔다. 그다음에는 팬데믹으로 공중 보건 대응이 등장했다. 데이터가 보여준 바로는 이러한 정책상의 의무 조치는 감염 확산을 적극적으로 막지 못했고 치사율에 영향을 미치지도 않았다. 하지만 공중 보건 정책이 경제 파괴에 미치는 영향력은 강력했다. 마치 무역 전쟁, 팬데믹, 그리고 공식적인 공포심 조장으로 충분하지 않았던 것처럼 억압적인 공공 정책을 펼쳤다. 시민들이 이에 반발해 불복종하는 사태를 피할 수 없었다. 시민 불복종은 시위, 파업의 형태로 전 세계에 나타났다. 그중에서 가장 사태를 날카롭게 지적한 것은 자유 호송대였다. 캐나다 오타와에서 캐나다 암스테르담까지 주요 도시를 폐쇄하는 노력이 있었다. 가장 위태로운 일은 캐나다 트럭 운전기사들의 반발로 인해 세계 1위 경제 대국인 미국과 9위 경제 대국 캐나다 간 무역 상품 거래의 30%를 차지하는 앰배서더 다리가 일시적으로 폐쇄되었다는 것이다. 이중 그 어떤 일도 메타 공급사슬을 무너뜨리기에 충분하게 강력하지 않았지만 이 모든 것이 합쳐지면 붕괴를 피할 수 없다.

문제는 이제 너무 심각해서 여태까지 시행한 구제책이 효과가 없을 것이라는 점이다. 로스앤젤레스항에서의 컨테이너 화물 적체가 점차 완화된다고 할지라도 트럭 부족 상황이 지속되면 상품을 배송받을 수 없을 것이다. 자유 호송대를 결성하는 중이라면 트럭 운전기사들은 항만으로 돌아가지 않을 것이다. 자유 호송대 운동에 참여하지 않는 트럭 운전기사들은 연대하는 사람들로 인해 지장을 받는다. 자율 주행 트럭의 등장으로 젊은 노동자들은 트럭 운전기사 대열에 합류하려고 하지 않는다. 중국의 제로 코로나 전략으로 인해 제조 및 운송 센터는 예측할 수 없게 폐쇄된다. 러시아가 우크라이나를 공격함으로써 에너지 가격은 상승하고 공급량은 줄어든다. 미국과 독일의 녹색 정책으로 석탄 발전소와 석유 파이프라인을 닫아야 했다. 풍력발전과 태양광발전이 규모를 키워 에너지 생산량의 빈틈을 메울 수는 없었다. 정전이 발생하거나 에너지 가격이 더 올라갈 날도 머지않았다. 다시 말해 이는 주요 원인이 아니라 증상에 가깝다. 공급사슬이 붕괴한 원인은 공급사슬 자체의 규모가 크고 복합적이기 때문이었다.

구멍을 때운다 해도 해결할 수 없다. 해결책은 재창조한 공급사슬, 즉 공급사슬 2.0이다. 공급사슬 2.0에서는 원자재 투입과 제조를 다시 미국과 호주, 일본, 대만, EU 국가와 영국을 포함한 동맹국에서 진행한다. 네트워크에는 인도, 칠레, 브라질 등 민주주의와 법치주의가 이끄는 국가가 추가될 수 있다. 튀르키예, 베트남, 나이지리아와 같이 여전히 독재가 이루어지거나 부패할 수 있는 국가는 개인적 자유와 인권에 관한 구체적인 조치에 동의하면 네트워크에 포함될 수 있다. 무엇보다 인권을 남용하거나 대량 학살을 저지르거나 발언과 종교의 자유를 억압하는 국가는 글로벌 무역 네트워크에서 배제되어야 한다. 배제되는 목록은 중국, 북한, 시리아, 쿠바, 베네수엘라, 이란 등 명백한 국가들로 시작될 것이다. 물론 이 목록에는 러시아부터 아르헨티나까지 두 그룹 중간에 있는 다수의 국가가 있다. 어느 편에 설지는 직접 결정해야 한다. 이러한 접근에 미국은 적어도 문을 열어두고 정치적이 아닌 실질적으로 대응함으로써 도움을 줄 수 있다. 결국 민주주의, 인권, 그리고 법치주의 무역을 추구하는 새로운 국가 공동체가 탄생할 것이다.

공급사슬의 재창조는 회원국 목록 작성에 국한되지 않는다. 공급사슬 2.0을 창조하려면 구체적인 단계가 필요하다. 예를 들면, 회원국은 제조 능력을 새롭게 갖춰야 하고, 자유주의를 추구하는 국가 간의 새로운 무역 조약을 체결해야 하며, 회원국 간의 운송 노선을 편리하게 하는 인프라를 마련해야 한다. 외국인의 직접 투자를 지원하고 쉽게 라이선스를 쓸 수 있게 해야 한다. 합리적인 수준의 로열티를 협의하기 위한 공정한 조항을 마련함으로써 지식재산권을 존중해야 한다. 국가 공동체에 속한 국가에서만 생산해야 한다는 지침이나 주요 기업에 판매 금지 조치가 내려질 것이다. 애플이 중국에서 아이폰을 만들어서 중국인들에게 판매하고자 하면 괜찮다. 하지만 미국 시장과 공동체 회원국들의 시장에서의 판매는 금지될 것이다. 차질이 빚어질 것처럼 보이지만 사실은 그렇지 않다. 미국의 수정 헌법 제5조에 따라 애플의 기술을 사용해 성장하려는 무수한 경쟁 제조업체들이 준비된 채 기다리고 있으니, 애플은 적당한 로열티를 받고 급부상하는 기업에 기술을 맡겨볼 수 있다. 공동체를 만들자는 것은 자유주의 국가 간의 무역 시스템을 창조하려는 아이디어다. 자유주의 국가들이 중국이 WTO에 가입하리라고 순진하게 믿었을 당시 만들고자 했던 시스템과 같다. 중국은 WTO와 IMF의 모든 규칙을 어겼고 중국의 가입을 허락했던 모든 양자 기구에서의 통치 체제를 와해시켰다. WTO와 IMF를 뒤로하고 새로운 국가 공동체College of Nation를 위한 신규 기구들을 창설할 때가 왔다.

이러한 접근법은 이미 글로벌 엘리트들 사이에서 흡인력을 얻고 있다. 2022년 4월 13일에 재닛 옐런 미국 재무장관은 대서양 협의회Atlantic Council 연설에서 이 아이디어를 신뢰할 수 있는 동맹국 사이에서 만든 '프렌드 쇼어링Friend-Shoring(미국을 중심으로 동맹국들끼리 핵심 기술의 공유 및 공급사슬을 구축하려는 움직임-옮긴이)' 기반 공급사슬이라고 언급했다. 2022년 5월 9일, 에마뉘엘 마크롱 프랑스 대통령은 유럽 의회 연설에서 투자, 인프라, 에너지 등의 분야에서 EU보다 더 광범위하고 유연한 민주주의 국가들의 연맹인 '유럽 연맹European Confederation' 창설을 제안했다. 유명 저널리스트 앰브로스 에반스-프리처드Ambrose Evans-Pritchard는 마크롱 대통령의 아이디어를 '민주·자유주의 국가의 집합체'라 언급하며, 동맹국 간의 무역과 투자를 희망했다.[2] 이러한 아이디어의 공통점은 전체주의 국가를 배제하면서 새로운 공급사슬을 촉진하는 것이다.

국가 공동체를 형성하려는 접근법은 실현될 수 있지만 비용이 든다. 중국과 다른 나라의 단위 노동비용(시간당 명목임금을 실질 노동 생산성으로 나눈 것인데 상품 하나를 만드는 데 필요한 인건비를 뜻한다-옮긴이)은 이미 상당히 좁혀졌지만 노동비용은 기존보다 더 높을 수 있다. 만약 노동 임금 차이로 비용이 발생한다면 로봇공학과 인공지능으로 비용을 낮출 수 있다. 한편 본국으로 이전한 산업이 높은 임금을 주는 일자리를 창출하도록 충분한 여지를 남길 수도 있다. 공정 회계 이론에 따르면 오늘날 초세계화된 세계에서 발생하는 비가시적인 비용에 의해 가시적인 비용은 상쇄된다. 중국의 대량 학살로 치르는 비용은 얼마나 될까? 사실상 노예제와 다름없는 콩고의 제도의 비용은 얼마나 될까? 멕시코에서 마약 카르텔이 진두지휘하는 비용은 얼마가 될까? 이는 초글로벌화와 무분별한 공급사슬 소싱으로 발생한 여러 비용의 몇 가지 예시다. 국가 공동체가 형성한 자유주의 세계무역 구조 내에서는 시간의 흐름에 따라 가시적인 비용이 줄어들 것이다. 또 보이지 않는 비용을 발생시키는 범죄자들이 비도덕적이고 비윤리적인 혐오스러운 일들을 지속하지 못하게 자원을 끊을 것이다. 공급사슬 2.0은 단기적이고 눈에 보이는 몇몇 조치에 비하면 효율성이 떨어지지만, 비가시적인 지표를 고려할 때 더 효율적이고 지속 가능할 것이다. 비도덕적인 다보스 포럼을 지지하는 부류만이 이의를 제기할 수 있을 것이다.

3장에서 살펴보았던 파이브 아이스 보고서는 좋은 청사진을 제공하지만 공동체 국가들에는 시작점에 불과하다. 아이디어의 핵심은 세계를 자유주의 국가와 비자유주의 국가로 나누자는 것이다. 몇몇 국가는 국가 공동체의 부차적인 회원국이 되거나 정식 회원국이 될 때까지 유예 기간을 둘 수 있다. 국가 공동체 시스템은 개방형 자본 계정, 외국인 직접 투자, 상대적으로 자유로운 무역, 그리고 효율적이고 탄력적인 새로 설계된 공급사슬을 기반으로 번창할 것이다. 자유와 인권을 거부하는 국가는 홀로 남겨질 것이다. 항상 실패했던 것처럼 앞으로도 실패할 것이다.

재구성된 공급사슬도, 세계무역에 대한 국가 공동체적 접근법도 건전한 화폐 없이는 성공하지 못할 것이다. 꼭 금본위제가 필요한 것은 아니지만 금본위제는 좋은 출발점이 될 수 있다. 낭설, 근거

없는 믿음, 통화로 권력을 계속 유지하고자 하는 통화주의자나 신케인스주의자, 중앙 은행가들이 뱉는 고상한 거짓말이 섞여 금을 반대하는 세력을 형성한다.³ 금 애호가들은 아이러니하게도 금 가격이 고정되면 달러로 얻는 이익이 끝난다는 것을 의미하므로 금본위제에 반대해야 하는 것이 맞다. 금을 소유한 사람들은 금본위제가 없고 물가상승률이 높은 세계에서 유리하다. 그러한 세계에서 금은 실질적·명목적으로 높은 자산 등급을 차지할 것이다.

인플레이션은 건전 화폐의 가장 큰 적이다. 물가가 상승하면 자본 형성이 어렵고 사람들은 저축하려 하기 때문이다. 자본은 더 잘못 배분되고 곧 터질 자산 버블을 만들며 가난한 사람에게 세금으로 작용한다. 남아 있던 기저 효과와 에너지 공급에 가해진 충격, 공급사슬에 빚어진 차질, 낭비성 연방 지출의 결과로 2021년 말에 인플레이션이 시작되었다. 인플레이션이 계속될 것인지 가속화될 것인지는 재정정책과 거의 상관이 없다. 소비자 심리가 이를 결정한다. 위험한 점은 인플레이션 기대치와는 달리 현재 인플레이션에서 사람들은 더 높은 임금을 요구하고, 더 높은 임금을 주는 곳을 찾아 직장을 그만두며, 비싼 내구 소모재(자동차나 텔레비전과 같이 한 번 사면 비교적 오래 쓰는 물품-옮긴이)를 더 빨리 구매하고, 레버리지 비율이 증가하는 등 행동을 변화시킨다는 점이다. 이러한 세계에서는 수요 견인 인플레이션이 저절로 강해지고 소비자 가격이 중앙 은행가들이 예상하는 것보다 더 빠르게 증가하는 피드백 루프가 생성된다. 또 다른 위협은 현대 통화 이론이다. 이 이론은 연준이 제한 없이 화폐를 발행할 수 있고 제한 없이 지출할 수 있다는 주장을 뒷받침한다. 돈을 찍어낸다고 해서 인플레이션이 일어나는 것은 아니지만 낭비성으로 지출하기가 더 쉬워진다. 이는 인플레이션을 통제 불가능한 수준으로 몰거나, 시장 붕괴와 불황을 예측해 정책적으로 대응하는 장을 마련해주었다. 둘은 동시에 일어날 수도 있다. 세 가지 인플레이션 시나리오(지속, 가속화, 붕괴)는 공급사슬을 개선하려면 필요한 물가 안정성과 정책적 일관성과 상반된다. 더 광범위한 사회적 비용을 떼놓고 얘기하더라도, 인플레이션은 앞서 설명한 물류 요인만큼 공급사슬의 효율성에 문제가 된다. 가장 좋은 사례는 물가상승을 저지하는 과정에서 일어나는 통화정책상의 실수 없이 인플레이션이 사라지는 것이다. 하지만 이러한 확률은 갈대와 같아서 기대기에는 무리가 있다.

디플레이션은 비록 수십 년 동안 일어나지 않았지만 공급사슬의 개선에 있어 또 다른 적이다. 현재 인플레이션에도 불구하고 인플레이션이 생각만큼 빠르게 발생하지 않으면 디플레이션 또는 디스인플레이션은 우세를 점할 것이다. 연준이 주도하는 중앙은행의 긴축정책, 노동시장의 둔화, 과도한 정부 채무, 통화유통속도의 지속적인 감소, 그리고 유로달러 시장에서 전 세계적인 달러 부족 등이 이러한 방향에 힘을 싣는다. 다시 말해 돈의 가치가 불안정하면 장기적인 계획은 손상을 입는다. 실질적인 성장 동력인 신용 창조(신용 창조는 예금액의 일부만 지급 준비금으로 남겨두고 나머지는 은행이 반복적인 대출 과정을 통해 예금통화를 창출하는 현상을 일컫는다. 이러한 대출 과정을 통해 통화 창출 과정이 반복되면 통화량은 애초에 중앙은행이 발행한 화폐액보다 훨씬 더 크게 늘어나는 승수 효과가 나타난다-옮긴이)는 자산의 가치가 하락할 때도 인플레이션이 일어나는 와중에는 부채의 가치가 증가하기 때문에 힘을 잃는다. 자산 배분가들은 상대적으로 현금을 보유하는 것이 더 좋고 정부 부채가 경감되는 상황에서는 아무런 행동도 하지 않는 것을 선호한다. 디플레이션이 일어나는 세계에서 공급사슬 인프라를 개선하려면 전쟁에 들이는 노력과 동등하게 정부의 개입이 필요하다. 가능한 시나리오지만 차선책이다.

화폐 안정성이 필요하다는 것은 화폐에 관한 생각이 변덕스러울 때 나온다. 1840년대 이후 세계적인 전자 환경은 마샬 맥루한Marshall McLuhan이 지구촌이라고 부르는 이미지가 지배하는 문자 이후 사회이자 비규칙적이고 조화로운 구로 변모하는 시점에 다다랐다. 구 안에 있는 사람들, 즉 모두는 스마트폰이나 트위터와 같은 신문물에 익숙해져 있으면서도 그 변화가 주는 교훈을 거의 인지하지 못하고 있다. 이러한 통찰은 이 책이 다루는 주제를 넘어선다. 하지만 돈으로 그 범위를 줄인다면 돈에 대한 개념은 포위 공격을 받고 있다. 돈이라는 개념은 금으로 시작해 금본위제를 기본으로 한 화폐로 변했다. 금본위제가 없어진 뒤에는 화폐만 사용했고, 최근에는 디지털화된 신용이 암호화폐와 중앙은행이 발행하는 디지털 화폐로 옮겨가 가상 세계에서 가상의 땅을 가상의 돈으로 살 수 있는 정도까지 확장되었다. 이는 비규칙적인 지구촌의 개념과 일치하지만 2500년간 지속되어온 이성적인 사고와는 일치하지 않는다. 정책 입안자들은 소비자 기대가 물가를 불안정하게 하고 인플레이션으로 향하게 할지도 모른다는 우려를 품는다. 그들은 돈이 그 자체로 불안정하다든가, 화폐성Moneyness을 띠거나 돈과 유사한 물질로 이동한다는 생각을 거의 고려하지 않았다.

이러한 교훈을 주는 변화는 몇 가지 경로를 취할 수 있다. 첫 번째 경로는 정부 자금과 사채, 돈의 가치를 가진 가상 화폐의 가격과 수량이 걷잡을 수 없을 정도로 날뛰는 디지털 혼란으로 향하는 것이다. 마치 귀신이 나오는 큰 저택에서 귀신들이 서로 부딪히는 형상에 비유할 수 있다. 이러한 상황은 무해하다. 아마 교환의 매개체로 쓰일 수 있을 것이다. 어쨌거나 저축과 투자에 대한 전망이 가장 큰 문제다. 우리가 이해하는 바와 같이 공급사슬의 효율성은 통화나 돈이 효율적이지 않은 세계에서는 별로 상관이 없을 수 있다. 두 번째 경로는 중앙은행의 디지털 화폐(디지털 법정통화)가 정부가 기존 화폐의 대안인 디지털 화폐(비법정통화, 비트코인)를 탄압하는 현상과 합쳐서, 다보스 포럼이 발표한 위대한 복귀The Great Reset라는 엘리트 의제를 선전하고자 하는 목적으로 사회 전체에 감시가 시작될 수도 있다는 점이다. 이에 반대하는 사람의 돈줄을 끊는 것은 집중 치료실에 입원한 환자들의 산소 호흡기를 떼는 것과 마찬가지다. 적어도 엘리트들은 결과를 예측할 수 있지만 실패할 것이라고 해도 시도하지 않는다는 뜻은 아니다.

공급사슬에 혼란이 빚어지고 상황이 악화되면서 인플레이션이 닥친다. 경기 침체와 디플레이션이 희미하게 나타나기 시작하고 본격적인 경제전이 진행되고 있어 투자자들이 당혹스러운 것은 당연하다. 인플레이션을 수비하는 포트폴리오를 구성하는 방법은 간단하다. 디플레이션을 수비하는 포트폴리오를 만드는 것도 역시 간단하다. 하지만 때가 되어 인플레이션이 디플레이션으로 기울어질 수 있다는 관점에서 보면, 흐름을 예측하며 인플레이션에 맞설 수 있는 포트폴리오를 구축하는 것은 생각보다 쉽지 않다. 시장이 폭락하고 예기치 않게 경기 침체가 발생하면 거의 하룻밤 사이에 디플레이션이 일어날 수 있다(시장 폭락은 언제나 예상하기 어렵다). 경제의 기조를 잘못 잡아서 발생하는 손실은 기조를 바꾼다고 해도 쉽게 극복되지 않는다. 더 최악은 어떤 기조를 세우게 되면 그 기조를 등지기가 어렵다는 것이다. 자산의 배치를 바꾸는 과정에서 생기는 투자금 락업 기간(환매 불가능 기간)이나, 일시적 환매 방지 조치, 탈퇴 비용, 유동성 부족, 기타 요금 징수 등이 그 이유다. 애초에 올바른 기조를 세웠다면 얻었을 이득이 재배치 비용이나 시장에서 입는 손실로 사라져버린다. 시작하기도 전에 디플레이션 거래의 매력이 사라질 수도 있다. 최선의 경우라고 할지라도 재배치 비용이 들기 때문에 기존의 기조로 얻은 이익이 줄어든다.

이보다 더 나은 접근법은 불확실성을 단단하게 버틸 수 있게 다각화된 포트폴리오다. 즉, 초기 포트폴리오는 인플레이션과 디플레이션으로부터 동시에 보호하는 방식으로 짜야 한다(현금도 보호해야 한다). 이러한 종류의 포트폴리오에는 인플레이션으로부터 보호하는 레버리지 비율이 높은 주거용 부동산, 금, 에너지 주식, 농지, 박물관에서 전시할 만한 수준의 미술품이 포함된다. 또한 디플레이션을 막기 위한 미국 국채, 공공사업 투자, 지방채, 연금보험, 생명보험도 포함된다. 현금에 많은 부분을 할당하면 포트폴리오의 변동성이 줄어들고 필요 시 인플레이션 방어에서 디플레이션 방어로 전환할 수 있는 옵션이 되어줄 것이다.

이러한 지침을 따른 포트폴리오는 정해진 형태가 없다. 인플레이션으로 인한 금전 손실을 막을 기회는 다양하다. 특히나 디플레이션이 시작되었을 때 레버리지 비율이 높은 부동산이 그렇다. 인플레이션이 사라지면 중기 국채 포지션을 추가할 수 있다. 가장자리에 재배치할 수 있는 공간이 충분하다. 요점은 시장 붕괴를 예상하고 포트폴리오를 재배치하지 않아도 된다는 것이다. 당신은 이미 어느 정도 디플레이션 거래에 참여하고 있다. 인플레이션 거래에서 퇴장할 때 내야 하는 수수료는 아직 내지 않아도 된다. 이는 포트폴리오의 균형 조정의 문제이기 때문이다.

일반 자산 관리자는 이러한 최적화에 이의를 제기할 것이다. 포트폴리오 일부가 다른 일부보다 더 많은 수익을 낼 때, '돈을 잃고 있다'라고 주장할 것이다. 이러한 비판은 포트폴리오의 다각화를 이해하지 못한다는 것을 반증한다. 다각화란 주식이 강세를 보일 때 10개 부문에서 각기 다른 회사 30곳의 주식을 소유하는 것을 뜻하지 않는다. 이는 다각화라고 볼 수 없다. 조건부 상관관계에 의해 무너질 수 있는 단일 자산을 의미한다. 무너지는 것은 시간문제다.

진정한 분산이란 서로 상관관계가 없는 자산을 하나의 요람에 모아놓은 것이다.

디플레이션 방지 자산은 인플레이션이 일어날 때 저조할 것이라고 추정된다. 소위 말하는 성과가 낮은 자산은 세계 어느 곳에서든 나를 보호해주는 보험료다. 집에 불이 나기를 바라는 사람은 없지만 불이 나면 화재 보험료를 내기 잘했다는 생각이 들 것이다.

사실 투자자들이 맞닥뜨린 가장 큰 도전은 자산 분배가 아닌 건전한 화폐(통용력과 구매력이 어떠한 수단에 의해서 확보되어 있는 화폐-옮긴이)의 종말이다. 건전 화폐 시스템은 저절로 생겨나지 않는다. 시스템 구성원 간의 신뢰를 통해 획득된다. 디지털 화폐는 새로운 교훈을 줄 수도 있지만 인간의 본성을 바꾸지 못한다. 감정적인 우뇌와 계산적인 좌뇌가 합쳐졌을 때 신뢰가 생겨나며 그 신뢰는 마을과 중앙은행 이사회실에 존재한다(존재하지 않을 수도 있다). 공급사슬 붕괴와 금전적 혼란에 대한 해결책은 민주적 규범을 지키고, 인권과 공화주의적 거버넌스를 추구하기 위해 노력하는 마음이 맞는 국가들끼리 새롭게 공동체를 만드는 것이다. 낮은 임금과 잃어버린 자유가 발생시키는 비가시적 비용을 적절하게 고려하면서 효율성과 회복 탄력성을 추구한다면 그러한 국가들과의 교역은 멀리하게 된다. 중국과 다른 나라들은 전체주의적 이데올로기를 버릴 때까지 배제될 것이다. 중국과 갈라선 세상에서 인권을 소중하게 여기고 신뢰를 키우는 쪽에 선 국가들은 돈이 스스로 작동한다는 사실을 알게 될 것이다.

감사의 말

이 책을 출판하기까지 격려와 지원을 아끼지 않은 포트폴리오·펭귄 랜덤하우스 출판사 팀원들 에이드리언 잭하임Adrian Zackheim, 니키 파파도풀로스Niki Papadopoulos, 킴벌리 메이룬Kimberly Meilun, 제인 카보리나Jane Cavolina에게 진심으로 감사드립니다. 이 책을 쓰고 출판하는 과정을 조화롭게 이끌어가고 보람을 느끼게 해준 최고의 전문가들입니다. 출판사 팀뿐만 아니라 제가 개인적으로 꾸린 팀의 팀원들, 앨리 리카즈Ali Rickards 비즈니스 매니저와 윌 리카즈Will Rickards 에디터에게도 감사의 말씀을 전합니다. 미루는 성향이 있는 저에게 압박은 긍정적으로 작용하더군요. 이런 전문가로 구성된 팀을 완성한 스타급 출판 저작권 대리인 멜리사 플래시맨Melisa Flashman에게도 감사의 인사를 전합니다. 촉매제 역할을 해준 그녀가 없었다면 이 모든 일을 해내지 못했을 겁니다.

글로벌 기업 센터Center for Global Enterprise 회장이자 전 IBM 최고경영자인 샘 팔미사노Sam Palmisano에게 특별한 감사를 표합니다. 샘은 IBM에서 근무하던 시절, 21세기형 공급사슬을 실질적으로 개발해 IBM을 계속 추앙받고 흠잡을 데 없는 글로벌 기업으로 거듭나게 했습니다. 이로써 IBM은 세계화와 공급사슬의 효율성에 있어 학계에서 금본위제와 같은 위상을 지니게 되었습니다. 샘은 현대의 공급사슬이 어떻게 구축되었는지, 그리고 왜 재건하는 데 시간이 걸리는지 뛰어난 통찰력을 보여주었습니다.

정보의 출처를 알려주고 넘쳐나는 정보의 홍수 속에서 쉽게 놓칠 수 있는 점을 꼬집어준 수많은 특파원과 동료, 친구들에게 고마움을 전합니다. 아트 산텔리Art Santelli, 프랭크 기우스트라Frank Giustra, 데이브 다보스 놀런Dave Davos Nolan, 트레이더 스테프Trader Stef, 벨리나 차카로바Velina Tchakarova, 셰 러셀Shae Russell, 래리 화이트Larry White, 한스-요아힘 뒤벨 댄 아모스Hans-Joachim Dübel Dan Amoss, 프랭크 데베키오Frank Devechio, 줄리아 케인Julia Kane, 테리 리카드Terry Rickard… 정말로 고맙습니다.

이 책은 이제 4대까지 뻗어나간 점점 가족 구성원이 늘어나고 있는 우리 가족의 사랑과 지원이 없었다면 불가능했을 겁니다. 고마운 사람들의 목록은 길어지겠지만 그렇다고 해서 덜 중요하다는 것은 아닙니다. 스콧Scott, 돔Dom, 롭Rob, 앨리Ali, 윌Will, 애비Abby, 그리고 특히나 다음 세대의 토머스Thomas, 샘Sam, 제임스James, 피파Pippa, 레미Remi에게 모두 고맙다고 말하고 싶습니다. 이 책을 쓰기 시작할 때 모든 이들에게 책이 완성될 때까지는 거의 아무도 만나지 않을 거라고 말했습니다. 하지만 글을 다 쓰면 그동안 함께하지 못했던 시간을 만회할 거라고 약속했지요. 물론 아내 앤Ann이 저를 피해 갈 수 있던 것은 아닙니다. 저에게 한결같은 사랑을 베풀어주고 영감을 주었으며 꼭 필요할 때는 일침을 놓았습니다. 팬데믹으로 세상이 공황 상태에 빠졌을 때 피츠버그에 있는 앤디 워홀 박물관과 필라델피아에 있는 미술관 마르셀 뒤샹 갤러리까지 운전을 해주고 가이드 역할을 자처했을 뿐만 아니라 즐겁게 동행해주었습니다. 예술 작품이 걸려 있는 곳을 방문하는 것은 코로나19의 광기로 물든 세상에서 집중력을 유지하게 해주는 최고의 방법이었습니다. 그렇게 얻은 통찰 덕분에 이 책의 질을 높일 수 있었습니다. 아내에게 감사와 사랑을 전합니다.

그리고 이 책에 실수가 있다면 온전히 제 책임이라는 점을 밝힙니다.

주

머리말

1. Reuben E. Slone, J. Paul Dittmann, and John J. Mentzer, *The New Supply Chain Agenda: The 5 Steps That Drive Real Value* (Boston: Harvard Business Press, 2010).
2. John Maynard Keynes, *The Economic Consequences of the Peace* (Las Vegas, NV: IAP Press, 2019), 9.

1부 글로벌 공급사슬

1장 텅 빈 선반

1. Yossi Sheffi, *The Resilient Enterprise: Overcoming Vulnerability for Competitive Advantage* (Cambridge, MA: MIT Press, 2005), 35.
2. Sheffi, *The Resilient Enterprise*, 35.
3. Michael Hugos, *Essentials of Supply Chain Management*, 4th ed. (Hoboken, NJ: John Wiley & Sons, 2018), 21–22.
4. Reuben E. Slone, J. Paul Dittmann, and John J. Mentzer, *The New Supply Chain Agenda: The 5 Steps That Drive Real Value* (Boston: Harvard Business Press, 2010), 172.
5. Lionel Shriver, *The Mandibles: A Family, 2029–2047* (New York: HarperCollins, 2016).
6. Kerry J. Byrne, Steven Vago, and Melissa Klein, "Candy Cane Shortage Fueled by COVID, Weak Peppermint Harvest," *New York Post*, December 18, 2021.
7. Hannah Frishberg, "Cream Cheese Shortage Forces Junior's to Pause Cheesecake Production," *New York Post*, December 9, 2021.
8. Jaewon Kang, "Supermarkets Play Supply-Chain 'Whack a Mole' to Keep Products on Shelves," *Wall Street Journal*, October 31, 2021.
9. Jared Malsin, "Turkey's Currency Crisis Slams the Nutella Global Supply Chain," *Wall Street Journal*, December 20, 2021.
10. Patrick Reilly, "Champagne Shortage Ahead of New Year's Eve Due to Supply Chain

Issues: Report," *New York Post*, December 30, 2021.

11. Hillary Richard, "A Perfect Storm of Disruptions Will Create a Global Champagne Shortage," *Wine Enthusiast*, December 15, 2021.

12. Matt Stoller, "What the Great Ammunition Shortage Says About Inflation," BIG, Substack, January 5, 2022.

13. Tim Higgins, "Apple Warns of Supply Chain Woes While Amazon Faces Increased Labor Costs," *Wall Street Journal*, October 28, 2021.

14. Francesco Casarotto, "Europe's Fertilizer Crisis Could Become a Food Crisis," Geopolitical Futures, December 14, 2021.

15. "South Korea: CJ Logistics Delivery Workers' Strike to Impact Local Businesses," Stratfor Situation Report, December 28, 2021.

16. Helaine Olen, "American Airlines' Cancellations Are a Window into Why People Are So Upset with the Economy," *Washington Post*, November 2, 2021.

17. Daniel Henninger, "No, Joe Biden Didn't Save Christmas," *Wall Street Journal*, December 29, 2021.

18. Emma Loop, "Black Friday Deals Expected to Be Weaker This Year amid Supply Chain Problems," *Washington Examiner*, November 9, 2021.

19. Stephanie Yang and Jiyoung Sohn, "Global Chip Shortage 'Is Far from Over' as Wait Times Get Longer," *Wall Street Journal*, October 28, 2021.

20. Peter S. Goodman, "A Car a Minute Used to Flow Through Here, but Chaos Now Reigns," *New York Times*, December 2, 2021.

21. Cassie Buchman and Alex Caprariello, "Looters Raid L.A. Cargo Trains, Leaving Tracks Covered in Damaged Packages," KTLA5, Los Angeles, January 14, 2022.

22. Rich Calder, "Supermarkets Face Empty Shelves from Labor Shortages, Shipping Costs," *New York Post*, January 15, 2022.

2장 누가 공급사슬을 무너뜨렸는가?

1. Michael Hugos, *Essentials of Supply Chain Management*, 4th ed. (Hoboken, NJ: John Wiley & Sons, 2018), 89.

2. Lori Ann LaRocco, *Trade War: Containers Don't Lie, Navigating the Bluster* (Stamford, CT: Marine Money, 2019). Much of the shipping data in the 2018–2019 stage of the trade war in the following pages is derived from this book.

3. LaRocco, *Trade War*, 103.

4. James Rickards, *Currency Wars: The Making of the Next Global Crisis* (New York: Portfolio/ Penguin, 2011), 203. The analysis also draws on lectures under the title "Understanding Complexity," delivered in 2009 by Professor Scott E. Page of the University of Michigan.

5. Edward N. Lorenz, "Deterministic Nonperiodic Flow," *Journal of the Atmospheric Sciences* 20 (March 1963).

6. Rickards, *Currency Wars*, 218, as adapted from Eric J. Chaisson, *Cosmic Evolution: The Rise of Complexity in Nature* (Cambridge, MA: Harvard University Press, 2001).

7. Joseph A. Tainter, *The Collapse of Complex Societies* (Cambridge: Cambridge University Press, 1988).

8. Daniel Stanton, *Supply Chain Management for Dummies*, 2nd ed. (Hoboken, NJ: John Wiley & Sons, 2021), 27.

9. Todd Shields and Alan Levin, "Buttigieg Asks AT& T, Verizon to Delay 5G over Aviation Concerns," *Bloomberg*, December 31, 2021; Drew FitzGerald, "AT& T, Verizon Refuse FAA Request to Delay 5G Launch," *Wall Street Journal*, January 2, 2022; and Andrew Tangel and Drew FitzGerald, "AT& T and Verizon Agree to New Delay of 5G Rollout," *Wall Street Journal*, January 3, 2022.

10. Tina Bellon and Eric M. Johnson, "From Boeing to Mercedes, a U.S. Worker Rebellion Swells over Vaccine Mandates," Thomson Reuters Foundation News, November 2, 2021.

11. Nicole Ogrysko, "Biden Will Now Require Vaccines for All Federal Employees via New Executive Order," Federal News Network, September 9, 2021.

3장 상품이 계속 부족한 이유

1. Anthea Nicolas and Robert Lamp, *Six Faces of Globalization: Who Wins, Who Loses, and Why It Matters* (Cambridge, MA: Harvard University Press, 2021).

2. Jeff Mordock, "Biden Administration Won't Remove Tariff That Experts Say Could Ease Supply Chain Bottleneck," *Washington Times*, December 3, 2021.

3. Julian Evans-Pritchard, "U.S. China Trade Deal Stalemate Will Drag On," Capital Economics, February 10, 2022.

4. Jeffrey Wilson, "Australia Shows the World What Decoupling from China Looks Like," *Foreign Affairs*, November 9, 2021.

5. Daniel Michaels and Drew Hinshaw, "EU Hits Back at China over Trade Limits, Taking Lithuania Fight Global," *Wall Street Journal*, January 27, 2022.

6. Allysia Finley, "California Is the Supply Chain's Weakest Link," *Wall Street Journal*, November 4, 2021.

7. Madeleine Ngo and Ana Swanson, "The Biggest Kink in America's Supply Chain: Not Enough Truckers," *New York Times*, November 9, 2021.

8. Ngo and Swanson, "The Biggest Kink in America's Supply Chain."

9. Daniel Michaels, "China's Growing Access to Global Shipping Data Worries U.S.," *Wall Street Journal*, December 20, 2021.

10. Interview of Kendra Phillips by Craig Fuller, CEO of FreightWaves, Domestic Supply Chain Summit, December 15, 2021.

11. Thomas V. Inglesby et al., "Disease Mitigation Measures in the Control of Pandemic Influenza," *Biosecurity and Bioterrorism: Biodefense Strategy, Practice, and Science* 4, no. 4 (2006), https:// pubmed.ncbi.nlm.nih.gov/ 17238820/.

12. Chris Bertman, " 'Have the Military Run It': CNBC's Jim Cramer Wants Military Enforcement of Vaccine Mandate," *Daily Caller*, November 30, 3021.

13. "Ambassador Bridge Protest: Truckers Block Vital Canada US Border Crossing," BBC

News, February 9, 2022.

14. Liyan Qi and Natasha Khan, "Covid 19 Lockdowns Ripple Across China—'I Wonder How Long I Can Hang On,'" *Wall Street Journal*, November 4, 2021.
15. 이곳에 쓰인 데이터 및 분석은 다음에서 참조했다. Steven E. Koonin, *Unsettled: What Climate Science Tells Us, What It Doesn't, and Why It Matters* (Dallas: BenBella Books, 2021).
16. Edward N. Luttwak, "From Geopolitics to Geo-Economics: Logic of Conflict, Grammar of Commerce," *National Interest*, no. 20 (Summer 1990): 17–23.
17. James Rogers et al., "Breaking the China Supply Chain: How the 'Five Eyes' Can Decouple from Strategic Dependency," Henry Jackson Society, May 2020.
18. Steven Lee Meyers and Alexandra Stevenson, "China's Births Hit Historic Low, a Political Problem for Beijing," *New York Times*, January Madison.
19. Darrell Bricker and John Ibbitson, *Empty Planet: The Shock of Global Population Decline* (New York: Broadway Books, 2020), 163.
20. Bricker and Ibbitson, *Empty Planet*, 163.
21. Thomas J. Duesterberg, "Economic Cracks in the Great Wall of China: Is China's Current Economic Model Sustainable?," Hudson Institute, December 2021, 11.
22. Michael Beckley and Hal Brands, "The End of China's Rise," *Foreign Affairs*, October 1, 2015.
23. Daniel H. Rosen, "China's Economic Reckoning," *Foreign Affairs*, July/ August 2021.
24. Duesterberg, "Economic Cracks in the Great Wall of China," 40.
25. Thilo Hanemann et al., "Two Way Street—An Outbound Investment Screening Regime for the United States?," Rhodium Group, January 26, 2022.
26. See Beckley and Brands, "The End of China's Rise," and Hal Brands and Michael Beckley, "China Is a Declining Power—and That's the Problem," *Foreign Policy*, September 24, 2021.
27. Jared M. McKinney and Peter Harris, "Broken Nest: Deterring China from Invading Taiwan," *U.S. Army War College Quarterly: Parameters* 51, no. 4, article 4 (November 17, 2021), 23–36.
28. Rogers et al., "Breaking the China Supply Chain," 37.
29. "Background Press Call by Senior Administration Officials on Russia Ukraine Economic Deterrence Measures," White House, January 25, 2022.

2부 화폐의 역할

4장 물가상승은 지속될 것인가?

1. Frederick Taylor, *The Downfall of Money: Germany's Hyperinflation and the Destruction of the Middle Class* (New York: Bloomsbury Press, 2013), 226.
2. Adam Tooze, as quoted in an interview by Cameron Adabi, "The Fall and Rise of the Russian Ruble," *Foreign Policy*, April 8, 2022.
3. Thomas Barrabi, "Inflation Hits Another 40 Year High as Consumer Prices Surge to 7.5%," *New York Post*, February 10, 2022.

4.	This data and the following price-increase data are taken from the U.S. Bureau of Labor Statistics, Consumer Price Index: 2021 in Review, January 14, 2022 (prices not seasonally adjusted), https://www.bls.gov/opub/ted/2022/consumer-price-index-2021_in_review.htm.
5.	Consumer Price Index, Federal Reserve Bank of Minneapolis, https:// www. minneapolisfed.org/aboutus/monetary-policy/inflation-calculator/consumer-price-index-1913-.
6.	다음을 참조하라. Stephanie Kelton, *The Deficit Myth: Modern Monetary Theory and the Birth of the People's Economy* (New York: Public Affairs, 2020).
7.	다음을 참조하라. Darrell Bricker and John Ibbitson, *Empty Planet: The Shock of Global Population Decline* (New York: Broadway Books, 2020); and Charles Goodhart and Manoj Pradhan, *The Great Demographic Reversal: Ageing Societies, Waning Inequality, and an Inflation Revival* (London: Palgrave Macmillan, 2020).
8.	Walter Scheidel, *The Great Leveler: Violence and the History of Inequality from the Stone Age to the Twenty-First Century* (Princeton, NJ: Princeton University Press, 2017).
9.	Larry H. Summers, "Trump's $2,000 Stimulus Checks Are a Big Mistake," *Bloomberg*, December 27, 2020.

5장 디플레이션은 위협적인가?

1.	Jeremy Grantham, "Let the Wild Rumpus Begin," GMO Jeremy Grantham Viewpoints, January 20, 2022.
2.	Daniel Alpert, "Inflation in the 21st Century," Cornell Research Academy of Development, Law, and Economics, October 2021. Much of the analysis of why conditions today are not supportive of inflation in the U.S. in this section are based on Alpert's work in this paper.
3.	Federal Reserve Press Release, January 26, 2022, Board of Governors of the Federal System, https://www.federalreserve.gov/monetarypolicy/files/ monetary20220126a1.pdf.
4.	Grantham, "Let the Wild Rumpus Begin."
5.	Louis-Vincent Gave, "Of Prices, Profits, Energy and Markets," Gavekal Research, January 4, 2022.
6.	Gave, "Of Prices, Profits, Energy and Markets," 3.
7.	Grantham, "Let the Wild Rumpus Begin," 7.
8.	Jeff Snider, "Financial Market Indicators of Global Liquidity Risks," Alhambra Partners, June 15, 2019.
9.	Carmen M. Reinhart, Vincent R. Reinhart, and Kenneth S. Rogoff, "Public Debt Overhangs: Advanced Economy Episodes Since 1800," *Journal of Economic Perspectives* 26, no 3 (Summer 2012), 69–86.
10.	Jeremy B. Rudd, "Why Do We Think That Inflation Expectations Matter for Inflation? (And Should We?)," Board of Governors of the Federal Reserve System, Series 2021-

062, September 23, 2021.

맺음말

1. Victor Davis Hanson, "Why Ideology Is the Ancient Enemy of Civilization," *Las Vegas Review-Journal*, February 12, 2022.
2. Ambrose Evans-Pritchard, "Emmanuel Macron's 'Confederation' May Be the Perfect Home for Brexit Britain," *The Telegraph*, May 13, 2022.
3. 다음을 참조하라. James Rickards, *The New Case for Gold* (New York: Portfolio/ Penguin, 2016).

참고 문헌

기사

Acemoglu, Daron. "The Supply-Chain Mess." Project Syndicate, December 2, 2021.

Acemoglu, Daron, Vasco M. Carvalho, Asuman Ozdaglar, and Alireza Tahbaz-Salehi. "The Network Origins of Aggregate Fluctuations," *Econometrica* 80, no. 5 (September 2012): 1977–2016.

Alic, Haris. "Detour Ahead: Biden Infrastructure Package Faces Delays from Workforce Shortage, Supply Chain Snares." *Washington Times*, November 11, 2021.

Alpert, Daniel. "Inflation in the 21st Century." Cornell Research Academy of Development, Law, and Economics, October 2021.

"Ambassador Bridge Protest: Truckers Block Vital Canada US Border Crossing," BBC News, February 9, 2022.

Anthes, Emily, and Noah Weiland. "As Omicron Spreads, Officials Ponder What It Means to Be 'Fully Vaccinated.' " *New York Times*, December 29, 2021.

Antràs, Pol, and Elhanan Helpman. "Global Sourcing." *Journal of Political Economy* 112, no. 3 (2004): 552–80.

Barrabi, Thomas. "Inflation Hits Another 40 Year High as Consumer Prices Surge to 7.5%." *New York Post*, February 10, 2022.

———. "Walmart Faces Backlash on Chinese Social Media." *New York Post*, December 27, 2021.

Bass, George F. "Oldest Known Shipwreck Reveals Splendors of the Bronze Age." *National Geographic* 172, no. 6 (December 1987): 692–733.

Beckley, Michael, and Hal Brands. "The End of China's Rise." *Foreign Affairs*, October 1, 2021.

Bellon, Tina, and Eric M. Johnson. "From Boeing to Mercedes, a U.S. Worker Rebellion Swells over Vaccine Mandates." Thomson Reuters Foundation News, November 2, 2021.

Bergman, Judith. "China in Latin America—Part 1." Gatestone Institute, December 23, 2021.

Bertman, Chris. " 'Have the Military Run It': CNBC's Jim Cramer Wants Military Enforcement of Vaccine Mandate." *Daily Caller*, November 30, 3021.

Blankley, Bethany. "Vaccine Mandate Could Drive Truckers Off the Road, Worsen Supply Chain Crisis, Industry Warns." Just the News, November 8, 2021.

Bobrowsky, Meghan. "Intel to Invest at Least $20 Billion in Ohio Chip-Making Factory." *Wall Street Journal*, January 21, 2022.

Bonifai, Niccolo W., Ifran Nooruddin, and Nita Rudra. "The Hidden Threat to Globalization." *Foreign Affairs*, December 3, 2021.

Bordoff, Jason. "Why This Energy Crisis Is Different." *Foreign Policy*, September 24, 2021.

Borrell, Josep, and Vladis Dombrovskis. "Joint Statement on China's Measures Against Lithuania." EIN Presswire, December 8, 2021.

Bradley Jr., Robert. "The Climate Movement and Its 10 Biggest Failures of 2021." Natural Gas Now, December 29, 2021.

Brands, Hal. "In the Next War, America's Homeland Will Be a Target." *Bloomberg*, December 15, 2021.

———. "The Overstretched Superpower." *Foreign Affairs*, January 18, 2022.

Brands, Hal, and Michael Beckley. "China Is a Declining Power and That's the Problem." *Foreign Policy*, September 24, 2021.

———. "Washington Is Preparing for the Wrong War with China." *Foreign Affairs*, December 16, 2021.

Buchman, Cassie, and Alex Caprariello. "Looters Raid L.A. Cargo Trains, Leaving Tracks Covered in Damaged Packages." KTLA5 Los Angeles, January 14, 2022.

Byrne, Kerry J., Steven Vago, and Melissa Klein. "Candy Cane Shortage Fueled by COVID, Weak Peppermint Harvest." *New York Post*, December 18, 2021.

Calder, Rich. "Supermarkets Face Empty Shelves from Labor Shortages, Shipping Costs." *New York Post*, January 15, 2022.

Camara, Santiago. "Spillovers of US Interest Rates—Monetary Policy & Information Effects." Arxiv.org, November 17, 2021, arXiv:2111.08631v1.

Casarotto, Francesco. "Europe's Fertilizer Crisis Could Become a Food Crisis." *Geopolitical Futures*, December 14, 2021.

Catenacci, Thomas. "Biden Mulls Shutting Down Pipeline That Supplies Energy to Midwest." *Daily Caller*, November 8, 2021.

"China's Major Port City Under Partial Lockdown to Curb Virus Surge." Global Times, January 4, 2022.

Choi, Joseph. "Top Economist Says Supply Chain Issues Could 'Contaminate' Demand." *The Hill*, November 28, 2021.

Chokshi, Niraj. "Why Christmas Gifts Are Arriving on Time This Year." *New York Times*, December 22, 2021.

Chung, Christine. "Facing a Shortage of Truck Drivers, Pilot Program Turns to Teenagers." *New York Times*, January 9, 2022.

Clark, Joseph. "Cargo Ship Backup Worsens After Biden Attempts to Untangle Supply Chain." *Washington Times*, November 15, 2021.

Cochrane, John M. "The Revenge of Supply." Project Syndicate, October 22, 2021.

Coleman, Justine. "WTO Faces Renewed Scrutiny amid Omicron Threat." *The Hill*, December 5, 2021.

Colias, Mike. "Ford Steps into the Chips Business." *Wall Street Journal*, November 18, 2021.

Colibasanu, Antonia. "Globalization After the Pandemic." Geopolitical Futures, January 3, 2022.

Cookson, Richard. "Shunning Fossil Fuels Too Soon May Be Ruinous." *Bloomberg*, October 21, 2021.

Cox, Jeff. "Wholesale Prices Measure Rises 9.6% in November from a Year Ago, the Fastest Pace on Record." CNBC, December 14, 2021.

Coyle, Diane, et al. "Supply-Shock Therapy." Project Syndicate, October 21, 2021.

Crane, Emily. "Hundreds More Flights Canceled over COVID-Driven Staffing Issues." *New York Post*, December 27, 2021.

Curran, Enda. "The 'Mother of All' Supply Shocks Lurks in China's Covid Crackdowns." *Bloomberg*, January 12, 2022.

Dacey, Elisha. "Crossing Delayed Monday at Manitoba U.S. Border as Truckers Protest Vaccine Mandate." Global News, January 17, 2022.

Datoc, Christian. "The Supply Chain Crisis Is Exacerbated by Biden's Union Allies." *Washington Examiner*, October 26, 2021.

Daye, Chu. "China Unveils State-Owned Logistics Giant to Improve Competitiveness Globally." Global Times, December 6, 2021.

DeLong, Bradford J. "Why All the Inflation Worries?" Project Syndicate, November 8, 2021.

DePasquale, Ron. "Covid Live Updates: U.S. Daily Record for Cases Is Broken." *New York Times*, December 29, 2011.

Domm, Patti. "Not Since Americans Came Home from World War II Has Inflation Run Through the Economy Like It Is Now." CNBC, November 24, 2021.

Dorsey, James M. "China's Belt and Road Initiative: Slowly Imploding?" The Globalist, December 17, 2021.

Duesterberg, Thomas J. "Economic Cracks in the Great Wall of China: Is China's Current Economic Model Sustainable?" Hudson Institute, December 2021.

Economy, Elizabeth. "Xi Jinping's New World Order." *Foreign Affairs*, January/ February 2022.

Evans, Ailan. "Biden Administration Relying on Informants to Enforce Vaccine Mandates." *Daily Caller*, November 10, 2021.

Evans-Pritchard, Ambrose. "Europe's Energy Crisis Is Fast Turning into a Political and Strategic Disaster." *Daily Telegraph*, December 21, 2021.

———. "Omicron Is a Horrible Dilemma for Zero-COVID China." *Daily Telegraph*, December 7, 2021.

Evans-Pritchard, Julian. "U.S. China Trade Deal Stalemate Will Drag On." Capital Economics, February 10, 2022.

Federal Aviation Administration. "Airworthiness Directives; Transport and Commuter Category Airplanes." *Federal Register* 86, no. 234 (December 9, 2021): 69984–87.

Federal Trade Commission. "FTC Launches Inquiry into Supply Chain Disruptions." Press Release, November 29, 2021.

Feuer, Will. "Cargo Thefts Spike as Backlog of Container Ships Continues to Grow." *New York Post*, November 3, 2021.

——. "Inflation Crisis Slamming US Troops, Pentagon Warns of 'Readiness Issue.' " *New York Post*, November 18, 2021.

——. "Plot of Digital Land in the Metaverse Sells for Record $2.43 Million." *New York Post*, November 25, 2021.

Fickenscher, Lisa. "COVID's Labor Market Shakeup: This Is Where the Missing 3.6M Workers Went." *New York Post*, December 17, 2021.

——. "Food Prices Are Reportedly Expected to Rise Again in January." *New York Post*, December 27, 2021.

Fickling, David, Brooke Sutherland, Daniel Moss, and Tom Orlik. "Everything You Need to Know About the Global Supply Chain Crisis." *Bloomberg*, November 26, 2021.

Finley, Allysia. "California Is the Supply Chain's Weakest Link." *Wall Street Journal*, November 4, 2021.

FitzGerald, Drew. "AT& T, Verizon Refuse FAA Request to Delay 5G Launch." *Wall Street Journal*, January 2, 2022.

Flatley, Daniel. "Democrat Blocks Uyghur Forced-Labor Bill over Child Tax Credit." *Bloomberg*, December 15, 2021.

Fosler, Gail. "Awaiting Powell's Next Pivot." GailFosler Group, December 21, 2021.

Fosler, Gail, and Frank Zuroski. "China's Modernization at Risk." GailFosler Group, November 8, 2021.

——. "Fed Asset Purchases Have No Effect on Credit." GailFosler Group, December 20, 2021.

Friedman, George. "The Republic of COVID 19." Geopolitical Futures, December 13, 2021.

Frishberg, Hannah. "Cream Cheese Shortage Forces Junior's to Pause Cheesecake Production." *New York Post,* December 9, 2021.

Galvin, Gabby. "Nearly 1 in 5 Health Care Workers Have Quit Their Jobs During the Pandemic." *Morning Consult*, October 4, 2021.

Gamio, Lazaro, and Peter Goodman. "How the Supply Chain Crisis Unfolded." *New York Times*, December 5, 2021.

Gangitano, Alex. "Rising Omicron Cases, CDC Guidance Threatens Businesses." *The Hill*, December 29, 2021.

Gave, Louis-Vincent. "Of Prices, Profits, Energy and Markets." Gavekal Research, January 4, 2022.

Georgieve, Kristalina, and Ceyla Pazarbasioglu. "The G20 Common Framework for Debt Treatments Must Be Stepped Up." International Monetary Fund IMF Blog, December 2, 2021.

Gertz, Bill. "Global Reach: China Expands Port and Military Base Network to Boost Commerce, Clout." *Washington Times*, January 4, 2022.

Giustra, Frank. "Is the U.S. Purposely Under-Reporting Inflation? It's Hard Not to Wonder When You Look at How It's Calculated." *Toronto Star*, January 11, 2022.

Glenn, Mike. "Aircraft Carrier Moves Closer to Deployment." *Washington Times*, December 24, 2021.

Goodman, Peter S. "A Car a Minute Used to Flow Through Here, but Chaos Now Reigns." *New York Times*, December 2, 2021.

———. "How the Supply Chain Broke, and Why It Won't Be Fixed Anytime Soon." *New York Times*, October 31, 2021.

———. "The Real Reason America Doesn't Have Enough Truck Drivers." *New York Times*, February 9, 2022.

Goodman, Peter S, and Keith Bradsher. "The World Is Still Short of Everything. Get Used to It." *New York Times*, November 14, 2021.

Grande, Peggy. "America's Supply Chain Issues Begin in Our Schools, Not Our Shipyards." *Washington Times*, October 29, 2021.

Grantham, Jeremy. "Let the Wild Rumpus Begin." GMO Jeremy Grantham Viewpoints, January 20, 2022.

Greenfield, Daniel. "Can Feminism Destroy China?" Sultan Knish, December 26, 2021.

Halaschak, Zachary. "Truckers Needed to Help Alleviate Supply Chain Woes Across the Nation." *Washington Examiner*, November 16, 2021.

Hamby, Chris, and Sheryl Gay Stolberg. "Beneath a Covid Vaccine Debacle, 30 Years of Government Culpability." *New York Times*, December 23, 2021.

Hanemann, Thilo, et al. "Two Way Street—An Outbound Investment Screening Regime for the United States?" Rhodium Group, January 26, 2022.

Hanson, Victor Davis. "Hosea's Prophecy for the Democrats." To The Point News, December 28, 2021.

———. "Why Ideology Is the Ancient Enemy of Civilization." *Las Vegas Review-Journal*, February 12, 2022.

———. "Why the Left Always Projects." To The Point News, November 16, 2021.

Hawes, Clarissa. "Exclusive: Central Freight Lines to Begin Closure Proceedings Monday." FreightWaves, December 11, 2021.

Hawley, Sen. Josh. "The Only Way to Solve Our Supply Chain Crisis Is to Rethink Trade." *New York Times*, October 29, 2021.

Hayashi, Yuka. "Retreat from Globalization Adds to Inflation Risks." *Wall Street Journal*, December 5, 2021.

Henninger, Daniel. "No, Joe Biden Didn't Save Christmas." *Wall Street Journal,* December 29, 2021.

Higgins, Tim. "Apple Warns of Supply Chain Woes While Amazon Faces Increased Labor Costs." *Wall Street Journal*, October 28, 2021.

Hille, Kathrin. "Lithuania Shows China's Coercive Trade Tactics Are Hard to Counter." *Financial Times*, December 14, 2021.

Hiller, Jennifer. "Wind Manufacturers Blown Off Course." *Wall Street Journal*, November 6, 2021.

Hiller, Jennifer, and Katherine Blunt. "Wind-Turbine Makers Struggle to Profit from Renewable-Energy Boom." *Wall Street Journal*, August 23, 2021.

Hunt, J. B. "Dwell: How Intermodal Terminal Congestion Impacts Capacity and Service." J. B. Hunt Transport, Inc. White Paper, 2015.

Jiang, Yun, and Jordan Schneider. "The United States Needs More Wine to Stand Up to

Chinese Bullying." *Foreign Policy*, December 10, 2021.

Johnson, Keith. "Winter Is Coming, and It's Only a Preview." *Foreign Policy*, October 19, 2021.

Johnson, Stephen, and Dominic Giannini. "Unemployed Australians Could Be Forced to Work for Their Centrelink Benefits to Solve Supply Chain Crisis Leaving Supermarket Shelves Bare." *Daily Mail*, January 12, 2022.

Kang, Jaewon. "Supermarkets Play Supply-Chain 'Whack a Mole' to Keep Products on Shelves." *Wall Street Journal*, October 31, 2021.

Kelley, Alexandra. "FTC Investigating Major Retailers over Supply Chain Backlog." Nextgov, November 30, 2021.

Kelly, Laura, and Brett Samuels. "Biden Sparks Confusion, Cleanup on Russia-Ukraine Remarks." *The Hill*, January 1, 2022.

Klatzkin, Shmuel. "Lockdowns Have Continuing Tragic Consequences." *American Spectator*, November 19, 2021.

Kofman, Michael. "Putin's Wager in Russia's Standoff with the West." War on the Rocks, January 24, 2022.

Kofman, Michael, and Andrea Kendall-Taylor. "The Myth of Russian Decline." *Foreign Affairs*, November/ December 2021.

Kolmar, Chris. "17 Stunning Supply Chain Statistics [2021]: Facts, Figures, and Trends." Zippia, September 28, 2021.

Kuo, Simon. "Progress in Importation of US Equipment Dispels Doubts on SMIC's Capacity Expansion for Mature Notes for Now, Says TrendForce." TrendForce Press Center, March 5, 2021.

Lane, Sylvan. "Consumer Prices Rise 0.9 Percent in October, 6.2 Percent in Past Year." *The Hill*, November 10, 2021.

LaRocco, Lori Ann. "HIDA: Millions of Critical Medical Supplies Delayed at Congested Ports." FreightWaves, December 17, 2021.

Lee, Hau, V. Padmanabhan, and Seungjin Whang. "The Bullwhip Effect in Supply Chains." *MIT Sloan Management Review*, Spring 1997.

Lee, Julian. "Saudis Are Right to Warn of a Collapse in Oil Supply." *Bloomberg*, December 19, 2021.

Lee, Yen Nee. "2 Charts Show How Much the World Depends on Taiwan for Semiconductors." CNBC, March 15, 2021.

Lee, Yimou, Norihiko Shirouzu, and David Lague. "T Day, The Battle for Taiwan." Reuters, December 27, 2021.

Letter from the Secretary of Transportation and the FAA Administrator to AT& T and Verizon, December 31, 2021.

Lichtenstein, Sam. "What Unrest Provoked by Inflation Could Look Like in 2022." Stratfor, December 27, 2021.

Lighthizer, Robert. "The Era of Offshoring U.S. Jobs Is Over." *New York Times*, May 11, 2020.

Lim, Naomi. "Biden Supply Chain Spin Adds Political Kinks to Policy Response." *Washington Examiner*, December 14, 2021.

Lincicome, Scott. "America's Broken Supply Chain." *Washington Examiner*, October 19, 2021.

Liu, Jiangwei, and Xiaohong Huang. "Forecasting Crude Oil Price Using Event Extraction." IEEE Access 9 (2021): 149067–76.

Liu, Melinda. "China's Energy Conundrum." *Foreign Policy*, November 5, 2021.

Loop, Emma. "Black Friday Deals Expected to Be Weaker This Year amid Supply Chain Problems." *Washington Examiner*, November 9, 2021.

Lorenz, Edward N. "Deterministic Nonperiodic Flow." *Journal of the Atmospheric Sciences* 20 (March 1963).

Lott, Jeremy. "The Administration's 'Mission Accomplished' on Container Bottleneck Didn't Hold Up." *Washington Examiner*, November 2, 2021.

———. "Rail Freight Is at the Center of the Supply Chain Crisis." *Washington Examiner*, October 26, 2021.

———. "Shortage of Electronic Parts Making Car Repairs More Expensive." *Washington Examiner*, December 7, 2021.

———. "The Supply Chain Crisis Puts Pete Buttigieg in an Unfriendly Spotlight." *Washington Examiner*, December 14, 2021.

Luttwak, Edward N. "From Geopolitics to Geo-Economics: Logic of Conflict, Grammar of Commerce." *National Interest* 20, no. 20 (Summer 1990): 17–23.

Maheshwari, Sapna, and Michael Corkery. "Retailers Scramble to Attract Workers Ahead of the Holidays." *New York Times*, November 8, 2021.

Mahtani, Shibani. "Hong Kong Bans All Flights from U.S. and Seven Other Countries as Omicron Spreads." *Washington Post*, January 5, 2021.

Makarov, Igor, and Antoinette Schoar. "Blockchain Analysis of the Bitcoin Market." SSRN Abstract 3942181, October 13, 2021.

Malsin, Jared. "Turkey's Currency Crisis Slams the Nutella Global Supply Chain." *Wall Street Journal*, December 20, 2021.

McCabe, Caitlin. "Day Traders as 'Dumb Money'? The Pros Are Now Paying Attention." *Wall Street Journal*, January 16, 2022.

McKinney, Jared M., and Peter Harris. "Broken Nest: Deterring China from Invading Taiwan." *U.S. Army War College Quarterly: Parameters* 51, no. 4, article 4 (November 17, 2021): 23–36.

Menge, Margaret. "Indiana Life Insurance CEO Says Deaths Are Up 40% Among People Ages 18–64." Center Square Contributor, January 1, 2022.

Metcalf, Tom, and Alex Morales. "Carney Unveils $130 Trillion in Climate Finance Commitments." *Bloomberg*, November 3, 2021.

Meyers, Steven Lee, and Alexandra Stevenson. "China's Births Hit Historic Low, a Political Problem for Beijing." *New York Times*, January 17, 2022.

Michaels, Daniel. "China's Growing Access to Global Shipping Data Worries U.S." *Wall Street Journal*, December 20, 2021.

Michaels, Daniel, and Drew Hinshaw. "EU Hits Back at China over Trade Limits, Taking Lithuania Fight Global." *Wall Street Journal*, January 27, 2022.

Michta, Andrew A. "Russia and China's Dangerous Decline." *Wall Street Journal*,

December 14, 2021.

Miller, Greg. "It's Official: 96 Container Ships Are Waiting to Dock at SoCal Ports," FreightWaves, December 5, 2021.

———. "Ships in California Logjam Now Stuck Off Mexico, Taiwan and Japan." FreightWaves, December 5, 2021.

Moore, Mark. "Top Economist Warns Conditions Are Ripe for 1970s-Style 'Stagflation.'" New York Post, November 28, 2021.

Moran, Rick. "Report: Russia Is Planning a Military Offensive Against Ukraine in Early 2022." PJ Media, December 4, 2021.

Mordock, Jeff. "Biden Administration Won't Remove Tariff That Experts Say Could Ease Supply Chain Bottleneck." Washington Times, December 3, 2021.

Moynihan, Lydia. "Wall Street's Smartest Hedge Funds Are Now Getting Smacked by Inflation." New York Post, November 3, 2021.

Murphy, Colin. "Covid Zero Challenge Spells Trouble for Xi." Bloomberg, January 7, 2022.

Myllyvirta, Lauri. "The Real Reasons Behind China's Energy Crisis." Foreign Policy, October 7, 2021.

Nakashima, Ellen, and Jeanne Whalen. "U.S. Threatens Use of Novel Export Control to Damage Russia's Strategic Industries If Moscow Invades Ukraine." Washington Post, January 23, 2022.

Newman, Kesse, and Jaewon Kang. "U.S. Food Supply Is Under Pressure, from Plants to Store Shelves." Wall Street Journal, January 23, 2022.

Ngo, Madeleine, and Ana Swanson. "The Biggest Kink in America's Supply Chain: Not Enough Truckers." New York Times, November 9, 2021.

Ogrysko, Nicole. "Biden Will Now Require Vaccines for All Federal Employees via New Executive Order." Federal News Network, September 9, 2021.

Olen, Helaine. "American Airlines' Cancellations Are a Window into Why People Are So Upset with the Economy." Washington Post, November 2, 2021.

O'Neil, Shannon K. "Why the Supply Chain Slowdown Will Persist." Foreign Policy, December 21, 2021.

O'Neill, Jesse. "Hundreds of More Flights Canceled as Omicron Surge Wreaks Havoc on Christmas Travel." New York Post, December 26, 2021.

Orr, Michael. "Four Scenarios for Rising Russia-Ukraine Tensions." Stratfor, December 23, 2021.

Ortiz, Alfredo. "Bideninflation Is the Next Pandemic." RealClearPolitics, November 12, 2021.

Palacio, Ana. "Five Visions for a New International Order." Project Syndicate, October 13, 2021.

Petrova, Magdalena. "We Traced What It Takes to Make an iPhone, from Its Initial Design to the Components and Raw Materials Needed to Make It a Reality." CNBC, December 14, 2018.

Philipp, Joshua. "'I'm the Big Problem': COVID 19 Whistleblower on Why She Won't Be Silent Despite Threats to Her Life." Epoch Times, December 21, 2021.

Porter, Jack. "Viewpoint: 'As I See It' from the Trucking Activist—To Vax or Not to Vax."

FreightWaves, November 17, 2021.

Puzder, Andy, and Will Coggin. "Meatpackers Are Biden's Latest Inflation Scapegoat." *Wall Street Journal*, January 9, 2022.

Qi, Liyan, and Natasha Khan. "Covid 19 Lockdowns Ripple Across China—'I Wonder How Long I Can Hang On.'" *Wall Street Journal*, November 4, 2021.

Rasmussen Reports. "Americans Concerned About Supply Chain Crisis, Expect Federal Action," October 14, 2021.

———. "82% Worry Supply-Chain Problems Could Cause Shortages," November 12, 2021.

Rasoolinejad, Mohammad. "Universal Basic Income: The Last Bullet in the Darkness." Arxiv.org, arXiv:1910:05658v2, November 24, 2021.

Rees, Daniel, and Phurichai Rungcharoenkitkul. "Bottlenecks: Causes and Macroeconomic Implications." Bank for International Settlements, BIS Bulletin 48, November 11, 2021.

Reilly, Patrick. "Champagne Shortage Ahead of New Year's Eve Due to Supply Chain Issues: Report." *New York Post*, December 30, 2021.

Reinhart, Carmen M., and Clemens Graf von Luckner. "The Return of Global Inflation." Project Syndicate, February 11, 2022.

Reinhart, Carmen M., Vincent R. Reinhart, and Kenneth S. Rogoff. "Public Debt Overhangs: Advanced Economy Episodes Since 1800." *Journal of Economic Perspectives* 26, no. 3 (Summer 2012): 69–86.

Reuters. "Chinese Manufacturing Hub Fights Its First 2021 COVID 19 Outbreak," December 13, 2021.

———. "Delta, Alaska Air Cancel Hundreds of Flights Due to Bad Weather, Omicron Cases," December 29, 2021.

Richard, Hillary. "A Perfect Storm of Disruptions Will Create a Global Champagne Shortage." *Wine Enthusiast*, December 15, 2021.

Rogers, James, et al. "Breaking the China Supply Chain: How the 'Five Eyes' Can Decouple from Strategic Dependency." Henry Jackson Society, May 2020.

Rogoff, Kenneth. "Why Is the IMF Trying to Be an Aid Agency." Project Syndicate, January 3, 2021.

Roos, Michael, and Matthias Reccius. "Narratives in Economics." Arxiv.org, arXiv:2109.02331, September 6, 2021.

Rosen, Daniel H. "China's Economic Reckoning." *Foreign Affairs*, July/ August 2021.

Rudd, Jeremy B. "Why Do We Think That Inflation Expectations Matter for Inflation? (And Should We?)." Board of Governors of the Federal Reserve System, Series 2021-062, September 23, 2021.

Salai, Sean. "Pandemic, Supply Shortages Transform Black Friday into Monthlong Event." *Washington Times*, November 11, 2021.

Scheer, Steven. "IMF, 10 Countries Simulate Cyber Attack on Global Financial System." NASDAQ, December 9, 2021.

Schnell, Mychael. "Biden Adviser Points to Spending Package as Solution to Inflation." *The Hill*, November 14, 2021.

Scott, Heather. "IMF Warns of 'Economic Collapse' Unless G20 Extends Debt Relief." Agence France-Presse, December 2, 2021.

"SCRLC Emerging Risks in the Supply Chain 2013." Supply Chain Risk Leadership Council White Paper, 2013.

Seneff, Stephanie, and Greg Nigh. "Worse Than the Disease? Reviewing Some Possible Unintended Consequences of the mRNA Vaccines Against COVID 19." *International Journal of Vaccine Theory, Practice, and Research* 2, no. 1 (May 10, 2021): 38–79.

Shaffer, Brenda. "Is Europe's Energy Crisis a Preview of America's?" *Foreign Policy*, October 5, 2021.

Shan, Shi, and Anne Zhang. "US and China Race to Control the Future Through Artificial Intelligence." Epoch Times, November 27, 2021.

Shepardson, David. "Biden Holding Meeting on Supply Chain Issues." Reuters, December 22, 2021.

Shields, Todd, and Alan Levin. "Buttigieg Asks AT& T, Verizon to Delay 5G over Aviation Concerns." *Bloomberg*, December 31, 2021.

Smialek, Jeanna. "Consumer Prices Popped Again in December as Policymakers Await an Elusive Peak." *New York Times*, January 12, 2022.

Smialek, Jeanna, Sara Chodosh, and Ben Casselman. "Millennials Confront High Inflation for the First Time." *New York Times*, November 28, 2021.

Smith, Adam M. "SWIFT and Certain Punishment for Russia?" *Foreign Affairs*, January 4, 2022.

Smith, Brandon. "Here's Why U.S. Supply Chain Problems Will Only Get Worse." Alt-Market.us, November 6, 2021.

Smith, Jennifer, Paul Berger, and Lydia O'Neal. "Shipping and Logistics Costs Are Expected to Keep Rising in 2022." *Wall Street Journal*, December 19, 2021.

Sneider, Jeff. "Financial Market Indicators of Global Liquidity Risks." Alhambra Partners, June 15, 2019.

Sohn, Jiyoung. "Samsung to Choose Taylor, Texas, for $17 Billion Chipmaking Factory." *Wall Street Journal*, November 22, 2021.

Soper, Spencer, Michael Tobin, and Michael Smith. "Amazon Driver Texts Reveal Chaos as Illinois Tornado Bore Down." *Bloomberg*, December 16, 2021.

Spence, Michael. "Regime Change in the Global Economy." Project Syndicate, January 14, 2022.

———. "Why Are Supply Chains Blocked?" Project Syndicate, November 3, 2021.

Stock, James H., and Mark W. Watson. "Has the Business Cycle Changed and Why?" National Bureau of Economic Research, Working Paper 9127, September 2002.

Stoller, Matt. "What the Great Ammunition Shortage Says About Inflation." BIG, Substack, January 5, 2022.

Stratfor. "South Korea: CJ Logistics Delivery Workers' Strike to Impact Local Businesses," December 28, 2021.

Summers, Lawrence H. "The Fed's Words Still Don't Measure Up to the Challenge of Inflation." *Washington Post*, December 17, 2021.

———. "On Inflation, It's Past Time for Team 'Transitory' to Stand Down." *Washington Post*, November 16, 2021.

———. "Trump's $2,000 Stimulus Checks Are a Big Mistake." *Bloomberg*, December 27, 2020.

"Supply Chain Risk Management: A Compilation of Best Practices." Supply Chain Risk Leadership Council, August 2011.

Swanson, Ana, and Keith Bradsher. "Supply Chain Woes Could Worsen as China Imposes New Covid Lockdowns." *New York Times*, January 16, 2022.

Tan, Huileng. "China Is Imposing Quarantines of Up to 7 Weeks for Cargo Ship Crew, and It's Bad News for the Supply Chain." *Bloomberg*, November 26, 2021.

Tangel, Andrew, and Drew FitzGerald. "AT& T and Verizon Agree to New Delay of 5G Rollout." *Wall Street Journal*, January 3, 2022.

Tankersley, Jim, and Alan Rappeport. "As Prices Rise, Biden Turns to Antitrust Enforcers." *New York Times*, December 25, 2021.

Timiraos, Nick, and Gwynn Guilford. "How Do You Feel About Inflation? The Answer Will Help Determine Its Longevity." *Wall Street Journal*, December 12, 2021.

Tita, Bob, and Austen Hufford. "Workers Sick with Omicron Add to Manufacturing Woes. 'The Hope Was That 2022 Would Get Better.' " *Wall Street Journal*, January 10, 2022.

Tracinski, Robert. "The Left's Magical Thinking." *Washington Examiner*, November 23–30, 2021.

Tracy, Marc, Daniel Victor, Adeel Hassan, and Ana Ley. "Flight Disruptions Continue with Thousands More Cancellations as Omicron Thins Airline Crews." *New York Times*, December 27, 2021.

"Vax Mandates Will Disrupt Supply Chains Further, Truckers Warn." Newsmax, December 3, 2021.

Vigna, Paul. "Bitcoin's 'One Percent' Controls Lion's Share of the Cryptocurrency's Wealth." *Wall Street Journal*, December 20, 2021.

Wang, Orange. "Xi Jinping Says China Must Be 'Self-Sufficient' in Energy, Food and Minerals amid Global Challenges." *South China Morning Post*, December 14, 2021.

Weise, Karen, and Glenn Thrush. "As Omicron Overshadows Christmas, Thousands of Flights Are Cancelled." *New York Times*, December 24, 2021.

Welling, Kate. "Disinflation Isn't Dead." Welling on Wall Street 11, no. 15, November 19, 2021.

White House. "Background Press Call by Senior Administration Officials on Russia Ukraine Economic Deterrence Measures." January 25, 2022.

White House. "Building Resilient Supply Chains, Revitalizing American Manufacturing, and Fostering Broad-Based Growth." June 14, 2021.

Williams, Jordan, and Laura Kelly. "Five Things to Know About Russia's Troop Buildup Near Ukraine." *The Hill*, December 6, 2021.

Wilmerding, Harry. "Republican Leaders Slam Biden as 'Inflation Contagion' Plagues the Nation." *Daily Caller*, December 10, 2021.

Wilson, Jeffrey. "Australia Shows the World What Decoupling from China Looks Like."

Foreign Affairs, November 9, 2021.

Wood, Molly. "Video Games Went from Virtual Currency to Real Money, and It Changed the Business." Marketplace Tech, June 11, 2009.

Xi, Yu. "Birth Rates in 10 Provincial-Level Regions Fall Below 1% in 2020." Global Times, January 4, 2022.

Yang, Stephanie, and Jiyoung Sohn. "Global Chip Shortage 'Is Far from Over' as Wait Times Get Longer." *Wall Street Journal*, October 28, 2021.

Yergin, Daniel. "Oil and War: Why Japan Attacked Pearl Harbor." danie lyergin.com, December 2021.

Zhu, Charlie, et al. "China's Property Developers Struggle to Find Buyers for Billions in Assets." *Bloomberg*, November 2, 2021.

Ziobro, Paul, and Tarini Parti. "FTC Asks Amazon, Walmart for Information About Supply-Chain Issues." *Wall Street Journal*, November 29, 2021.

Zumbrun, Josh. "Biden's China and Climate Goals Clash over Solar Panels." *Wall Street Journal*, December 20, 2021.

도서

Allison, Graham. *Destined for War: Can America and China Escape Thucydides' Trap?* Boston: Mariner Books, 2018.

Alpert, Daniel. *The Age of Oversupply: Overcoming the Greatest Challenge to the Global Economy*. New York: Portfolio/ Penguin, 2015.

Anton, Michael. *The Stakes: America at the Point of No Return*. Washington, DC: Regnery Publishing, 2020.

Ayers, James B. *Handbook of Supply Chain Management*, 2nd ed. Boca Raton, FL: Auerbach Publication, 2006.

Bricker, Darrell, and John Ibbitson. *Empty Planet: The Shock of Global Population Decline*. New York: Broadway Books, 2020.

Brunnermeier, Markus K. *The Resilient Society*. Colorado Springs: Endeavor Literary Press, 2021.

Carroll, Lewis. *Alice's Adventures in Wonderland*. Vancouver: Royal Classics, 2020.

———. *Through the Looking-Glass*. Vancouver: Royal Classics, 2021.

Chaisson, Eric J. *Cosmic Evolution: The Rise of Complexity in Nature*. Cambridge, MA: Harvard University Press, 2001.

Chopra, Sunil, and Peter Meindl. *Supply Chain Management: Strategy, Planning, and Operation*, 6th ed. Harlow, Essex, UK: Pearson, 2016.

Flynn, Stephen. *America the Vulnerable: How Our Government Is Failing to Protect Us from Terrorism*. New York: HarperCollins, 2004.

Gattorna, John. *Dynamic Supply Chains: Delivering Value Through People*, 2nd ed. Harlow, Essex, UK: Prentice Hall, 2010.

Goldratt, Eliyahu M., and Jeff Cox. *The Goal: A Process of Ongoing Improvement*. Great Barrington, MA: North River Press, 2014.

Goodhart, Charles, and Manoj Pradhan. *The Great Demographic Reversal: Ageing Societies, Waning Inequality, and an Inflation Revival.* London: Palgrave Macmillan, 2020.

Gurri, Martin. *The Revolt of the Public and the Crisis of Authority in the New Millennium.* San Francisco: Stripe Press, 2018.

Hemingway, Ernest. *The Sun Also Rises.* New York: Scribner, 2016.

Hugos, Michael. *Essentials of Supply Chain Management,* 4th ed. Hoboken, NJ: John Wiley & Sons, 2018.

Kelton, Stephanie. *The Deficit Myth: Modern Monetary Theory and the Birth of the People's Economy.* New York: Public Affairs, 2020.

Keynes, John Maynard. *The Economic Consequences of the Peace,* Las Vegas: IAP Press, 2019.

———. *The General Theory of Employment, Interest, and Money.* New York: Harcourt, Brace, Jovanovich, 1964.

Kissinger, Henry, Eric Schmidt, and Daniel Huttenlocher. *The Age of AI: And Our Human Future.* New York: Little, Brown and Company, 2021.

Knapp, Georg Friedrich. *The State Theory of Money.* Eastford, CT: Martino Fine Books, 2013.

Koonin, Steven E. *Unsettled—What Climate Science Tells Us, What It Doesn't, and Why It Matters.* Dallas: BenBella Books, 2021.

LaRocco, Lori Ann. *Trade War: Containers Don't Lie, Navigating the Bluster.* Stamford, CT: Marine Money, 2019.

Leonard, Mark. *The Age of Unpeace: How Connectivity Causes Conflict.* London: Bantam Press, 2021.

Mackinder, Halford. *Democratic Ideals and Reality: The Geographical Pivot of History.* Singapore: Origami Books, 2018.

McDonough, Ashley. *Operations and Supply Chain Management: Essentials You Always Wanted to Know.* Broomfield, CO: Vibrant Publishers, 2020.

McLuhan, Marshall. *The Gutenberg Galaxy: The Making of Typographic Man.* Toronto: University of Toronto Press, 2011.

———. *The Medium and the Light: Reflections on Religion.* Eugene, OR: Wipf & Stock, 1999.

———. *Understanding Me: Lectures and Interviews.* Cambridge, MA: MIT Press, 2003.

———. *Understanding Media: The Extensions of Man.* Cambridge, MA: MIT Press, 1994.

McLuhan, Marshall, and Quentin Fiore. *The Medium Is the Massage: An Inventory of Effects.* Berkeley, CA: Gingko Press, 1996.

McLuhan, Marshall, and Eric McLuhan. *Laws of Media: The New Science.* Toronto: University of Toronto Press, 1988.

McLuhan, Marshall, and Bruce Powers. *The Global Village: Transformations in World Life and Media in the 21st Century.* Oxford: Oxford University Press, 1992.

Ong, Walter J. *The Presence of the Word: Some Prolegomena for Cultural and Religious History.* Albany: State University of New York Press, 2000.

Prasad, Eswar S. *The Future of Money: How the Digital Revolution Is Transforming Currencies and Finance.* Cambridge, MA: Belknap Press, 2021.

Reinhart, Carmen M., and Kenneth S. Rogoff. *This Time Is Different—Eight Centuries of Financial Follies*. Princeton, NJ: Princeton University Press, 2009.

Rickards, James. *Aftermath: Seven Secrets of Wealth Preservation in the Coming Chaos*. New York: Portfolio/ Penguin, 2019.

———. *Currency Wars: The Making of the Next Global Crisis*. New York: Portfolio/ Penguin, 2011.

———. *The New Case for Gold*. New York: Portfolio/ Penguin, 2016.

———. *The New Great Depression: Winners and Losers in a Post-Pandemic World*. New York: Portfolio/ Penguin, 2021.

Roberts, Anthea, and Nicolas Lamp. *Six Faces of Globalization: Who Wins, Who Loses, and Why It Matters*. Cambridge, MA: Harvard University Press, 2021.

Rogoff, Kenneth S. *The Curse of Cash*. Princeton, NJ: Princeton University Press, 2016.

Russell, Stuart. *Human Compatible: Artificial Intelligence and the Problem of Control*. New York: Penguin Books, 2020.

Sarkar, Suman. *The Supply Chain Revolution: Innovative Sourcing and Logistics for a Fiercely Competitive World*. New York: AMACON, 2017.

Sassen, Saskia. *The Global City: New York, London, Tokyo*, 2nd ed. Princeton, NJ: Princeton University Press, 2001.

Scheidel, Walter. *The Great Leveler: Violence and the History of Inequality from the Stone Age to the Twenty-First Century*. Princeton, NJ: Princeton University Press, 2017.

Schreiber, Zvi. *Importing from China: The Experts Guide*. Hong Kong: Freightos, 2021.

Schwab, Klaus, and Thierry Malleret. *COVID 19: The Great Reset*. Geneva: Forum Publishing, 2020.

Schweizer, Peter. *Red-Handed: How American Elites Get Rich Helping China Win*. New York: HarperCollins, 2022.

Sheffi, Yossi. *The Resilient Enterprise: Overcoming Vulnerability for Competitive Advantage*. Cambridge, MA: MIT Press, 2005.

Shiller, Robert J. *Narrative Economics: How Stories Go Viral & Drive Major Economic Events*. Princeton, NJ: Princeton University Press, 2019.

Shlaes, Amity. *Coolidge*. New York: HarperCollins, 2013.

———. *The Forgotten Man: A New History of the Great Depression*. New York: HarperPerennial, 2008.

———. *Great Society: A New History*. New York: HarperCollins, 2019.

Shriver, Lionel. *The Mandibles: A Family, 2029–2047*. New York: HarperCollins, 2016.

Shum, Desmond. *Red Roulette: An Insider's Story of Wealth, Power, Corruption and Vengeance in Today's China*. London: Simon & Schuster, 2021.

Slone, Reuben E., J. Paul Dittmann, and John J. Mentzer. *The New Supply Chain Agenda: The 5 Steps That Drive Real Value*. Boston, MA: Harvard Business Press, 2010.

Somary, Felix. *The Raven of Zürich: The Memoirs of Felix Somary*. New York: St. Martin's Press, 1986.

Stanton, Daniel. *Supply Chain Management for Dummies*, 2nd ed. Hoboken, NJ: John Wiley & Sons, 2021.

Tainter, Joseph A. *The Collapse of Complex Societies*. Cambridge: Cambridge University

Press, 1988.

Taylor, Frederick. *The Downfall of Money: Germany's Hyperinflation and the Destruction of the Middle Class.* New York: Bloomsbury Press, 2013.

Tooze, Adam. *Shutdown: How Covid Shook the World's Economy.* New York: Viking Press, 2021.

Wells, H. G. *The New World Order.* New York: Orkos Press, 2014.

———. *The Open Conspiracy: Blue Prints for a World Revolution.* Naples, FL: Albatross Publishers, 2017.

옮긴이 **조율리**

한국외국어대학교에서 국제통상학·스페인어를 전공하고 동 대학 통번역대학원을 거쳐 독일 하이델베르크대학교 석사과정을 졸업했으며 캐나다 킹스턴대학교에서 영어 연수를 마친 뒤 주한 멕시코 대사관에서 통번역사로 근무했다. 이후 독일에 거주하면서 심리학 학사를 취득하고 스페인 AULASIC 의학번역 석사과정을 졸업했으며 코칭과 심리 관련 과정을 다수 수료했다.

현재 출판번역 에이전시 글로하나에서 영어, 스페인어, 독일어 번역가로 활발하게 활동하면서 언어 전문 기업 플루마PLUMA를 이끌고 있다. 역서로《조셉 머피 잠재의식의 힘》,《조셉 머피 부의 초월자》,《조셉 머피 끌어당김의 기적》,《조셉 머피 영적 성장의 비밀》,《조셉 머피 성공의 연금술》,《브레이브》,《스토아 수업》,《돈의 감정》등이 있다.

솔드 아웃

1판 1쇄 인쇄 2023년 3월 27일
1판 1쇄 발행 2023년 4월 12일

지은이 제임스 리카즈
옮긴이 조율리

발행인 양원석 **편집장** 차선화
책임편집 박시솔 **디자인** 김유진, 김미선 **교정교열** 임주하 **해외저작권** 임이안
영업마케팅 윤우성, 박소정, 이현주, 정다은, 백승원

펴낸 곳 ㈜알에이치코리아
주소 서울시 금천구 가산디지털2로 53, 20층 (가산동, 한라시그마밸리)
편집문의 02-6443-8890 **도서문의** 02-6443-8800
홈페이지 http://rhk.co.kr
등록 2004년 1월 15일 제2-3726호

ISBN 978-89-255-7677-0 (03320)